创业者

ENTREPRENEUR

不一样的孙陶然

邓蕾 —— 著

四川人民出版社　　后浪出版公司

CHUANG YE ZHE |目 录|

人生就是与世界结缘

佛家说缘分，江湖说交情，都是一个意思。

"缘"是有关联。

"分"是关联的程度深浅。

"交"是交集。

"情"是交集之后产生的情分。

不论缘分还是交情，都包含两个含义，一是你和别人要发生关联，产生交集；二是这种关联和交集要有正向结果，让对方受益，如此你们之间便有了"缘分"，有了"交情"，彼此享受这个过程之余，在未来你们之间也将继续是彼此可信赖可依赖的对象。

不是所有的人之间都有缘，不是所有的人都有交集。地球上有七十五亿人，一个人一生中能够遇见的人也许只有几万，能够彼此认识的也许只有几千，能够有共同经历的也许只有几百，共同经历之中能够彼此产生情分的也许只有几十，彼此有血缘关系的也许只有几个，能够成为姻缘的只有一个……可见有缘分是多么稀罕的一件事。

不是所有的交集都能够产生情分，只有彼此在物质上、精神上、灵魂上相互给予了才会产生情分，否则即便有交集也是形同陌路甚至彼此怨怼。

同样是同窗四年的缘分，同样是一个宿舍住四年的缘分，有人彼此是莫逆之交，有人彼此只是同窗之谊。

人生是一个过程，生命从某种程度上可以用你和世界的缘分和交情深浅来度量。读万卷书、行万里路的人和这个世界缘分很深、交情很深；足不出户、坐井观天的人和这个世界缘分很浅、交情很浅。

之前看包凡接受采访说，他所做的无外乎是投资人情，说得很对。人之所以异于动物在于人有感情，感情很影响决策，感情也让人愉悦满足。与更多的人有缘、与更多的人有交情的人，路会走得更顺，自己也会更开心，所以老祖宗说"多个朋友多条路"。

有情怀的人会与人更有缘分更有交情，因为情怀就是考虑他人而非自己、考虑未来而非现在、考虑精神而非物质。

做个有情怀的人吧，能帮助别人的时候一定要出手，尤其是你举手之劳对别人是雪中送炭时。

做个开放的人吧，不要总是在自己的情绪和得失上兜圈子，走出去，到大自然中去，到世界上去，你会发现很多新天地，你会遇到很多新人。

拓展你和世界的缘分，你会拥有一个更美好的世界，拓展你和他人的交情，你会拥有一个更美好的人生。

孙陶然

作者序

陶然记

我做纪录片，做了二十二年。

学习与人沟通，洞察人性。

在这期间，采访和拍摄了上万人。

有的人，如浮光掠影，擦身而过，并无痕迹。

有的人，则从此驻足，再不离开，以某种名义成为你生命中重要的一员：或者给你某种引领，或者予你某种技能，或者，开启你某种心智。

孙陶然便是后者中，负责开启你的那个人。

对我而言如此。我相信，对许多人而言，也是如此。

其实，除了采访，我们还是高中同窗。我们一直生活并成长在同样的年代里，经历同样的世事变幻与同样的花落花开。我在自己的生命轨迹上纪录，他在自己创业与开拓的领域中飞奔。

所有的交集，貌似匆匆而过，他却给每一个时代都留下了一些印记。

在我眼里，孙陶然不仅仅是一个成功者，他还是一个分享者，以及一个有智慧的企业家。

在当下，各种"家"层出不穷，而真能匹配上这个字的人，寥寥无几。并非苛责，实在是评判标准的泛滥，每个人似乎都具备某些区别于他人的能力；再由于自媒体的普及，每个人又似乎都可以教诲他人，展示自我。而事实上，确有积淀者，当经过时间的检索，时代的考量，世事的洗礼。

而我说的这些，孙陶然全部都经历过。

所以，我主动承担了为他撰写传记这件事，意图通过对他成长与创业足迹的梳理，趁机也给自己一次任何人都无法获取的学习机会。同时，借由陶然的生命细节展示，不仅仅是写清楚他这个人，更想由此回望我们这一代人走过的每一段历史。

"一切过往，皆为序章。"

邓　蕾

第一章

儿童相见不相识

人的命运是由多方面因素决定的，既有人自身努力，也有机遇的影响。有人认为自身努力重要，有人认为机遇重要，我的观点是：在自身情况既定下，或者说对一个具体的人、一个具体时期而言，机遇对于人的命运起决定性的作用，但人可以通过自己的努力不断改变自身情况来把握自己的机遇。

——孙陶然《论机遇》

1969年。那个年代还在提倡深挖洞，广积粮。中国无数知识分子在县城、乡镇的各个角落落地生根，备战备荒。那是一个既贫瘠又富有的年代。孙陶然就生于那个年代。

小时候的陶然就显示出其聪明的特质。据陶然妈妈回忆，才三岁不到，陶然就已经能够认识街上的各种标语，而且都是教一遍就能够记住的那种。陶然从小就认路，爸爸妈妈带着去一次的地方，第二次陶然就记得该怎么走。

陶然的童年时代，家境贫寒。尽管陶然的父母都是大学生，但陶然的爷爷奶奶、姥爷姥姥都是农民。

陶然的家谱，在土改和"文革"时便遗失殆尽。爷爷和父亲都已去世，对于自己的家事，陶然除了依稀记得爷爷和父亲在世时的一些谈论，其他都无从考证了。所以陶然自然无法被考证出类似"中山靖王之后"的光荣先祖之类。不过，陶然从不在意。他认为，未来他将是自己这一脉的光荣先祖。他的后人将会以"先祖孙陶然"为骄傲。如此，便够了。

陶然的爷爷是"玉"字辈，父亲是"绍"字辈，不过到了陶然这一代，父亲并没有按照族谱上的字来给孩子取名，因为生平最喜爱李白的纵情山水，所以他自白居易"更待菊黄家酿熟，与君一醉一陶然"中给陶然取名"陶然"，又以李白的好友孟浩然给陶然的弟弟取名"浩然"，妹妹的名字则取自《红楼梦》中"沁芳亭"的沁芳。

陶然的父亲晚年曾热衷于考证族谱，但是，仅凭零散的信息，无法还原整体的面貌。这是近代中国人的悲哀，很多祖宗传下来的东西，因为种种变故而无法得以传承，甚至连家从何而来都无从得知了。

"仗义"家风

陶然的祖上闯关东落脚在了东北。爷爷说，当年兄弟三个闯关东走到河北乐亭，因兵荒马乱走丢了一个。剩下的两个，一个留在了辽宁铁岭附近的昌图县后窑村。陶然后来填写祖籍的时候，一直填写的就是这里。另一个则到了黑龙江的佳木斯。

陶然家这一支，后来经过几代人的努力，逐渐成了当地拥有很多土地的地主。等到陶然爷爷的父亲，即陶然的太爷这一代，因为太爷不到三十岁就去世了，只留下太奶带着陶然的爷爷。孤儿寡母被族人欺负，到后来，只分到了很少的家产。因此，陶然爷爷这一代，家道更加衰败。

爷爷所生活的二十世纪二十年代，中国正值军阀割据时期，东北更是如此。那个时候，东北的土匪叫"胡子"，都是极其凶悍的打家劫舍之辈。

传说，爷爷年轻时好玩，喜欢结交各路人等。因此花销很大，加上土匪的强取豪夺，各种折腾下来，家产损失了大半。但是，爷爷又是个心地善良并敢于出头的人。村里人讲过陶然爷爷的壮举：当时，村里有一个小伙子被当局抓走了，说他是共产党，要杀头。那家人去求陶然爷爷帮忙救人。爷爷并不知道什么是共产党，只是觉得，都是乡里乡亲的，而且小伙子平时为人也很好，便很热心地帮忙救人。当局的人开价1000块大洋赎人，陶然爷爷真就拿出了1000块大洋，把人救了出来。

这种慷慨解囊的行为，后来在陶然的身上也时有发生。古道热肠和行侠仗义的冲动以及骨子里的正义感，应该是爷爷传给陶然的基因。

解放后，东北各地根据每家每户土地的占有量划分成分，如果被划分成地主、富农这类成分，不但要被"打土豪分田地"，交出土地和家产，还要受到批斗和其他惩罚。子女未来的事业和前途都会受到不同程度的影响。

当时，陶然爷爷的财产虽然已经减少到了不能称为地主的程度，但是，划到富农一类还是可能的。最终，陶然爷爷的成分幸运地被划为下中农。

这是因为两个偶然事件，一个是：前一年，突发大水，把陶然家河边的地都淹了。等到土改时，村里人为了保护陶然爷爷这位仗义的"老孙头"，没有一个人告诉土改工作组河边还有陶然家的地。另一个是：土改组长就是当年陶然爷爷花1000块大洋救出的那个小伙子。

于是，从土改工作组到村里人，大家的一致呼声就是"老孙头"必须是"下中农"，是我们一伙儿的，不是阶级斗争的对立面。就这样，陶然的家庭出身成了"下中农"。

不了解这段历史的人可能不会明白这件事的重要性——正是从那时候开始，直到改革开放之前，家庭出身一直都是决定中国人命运的重要因素。陶然爷爷靠着自己的人品和运气，给陶然的父亲以及陶然留下了一个不会受到上一代成分和出身影响的发展空间。

这使得后来，陶然的父亲能有资格读大学，能有机会认识同样是大学生的陶然妈妈。一切都是命运的安排。但是在冥冥之中也有必然的成分。

父亲说，陶然的性格就像他爷爷，既刚直不阿又常常有行侠仗义的本能。只是，和爷爷相比，陶然身上多了一种"世事洞明皆学问，人情练达即文章"的务实精神。他不抱怨不逃避，而是深刻地认知环境，并在坚持底线

3

的基础上，寻求在不同境遇中达成自己的理想。这是后话。

陶然爷爷，陶然父亲，他们所经历的人生，就是那个时代里绝大多数人的写照。

子弟学校第一个跳级生

陶然父母是家里的第一代大学生，当时，家里因为供养他们上大学"拉下了很多饥荒"（东北话，欠了很多债）。因此，父母工作后要反过来接济家里，所以，陶然家的经济条件一直很拮据。

陶然出生后不久，国家便开始大搞三线建设，陶然母亲的工厂搬迁到了山沟里。最初两年，因为照顾陶然和弟弟，陶然妈妈并没有随工厂搬迁，而是留在家里做了全职母亲，一家四口仅仅靠陶然爸爸每月54元的工资生活，每月还要给爷爷和姥爷家各自寄几块钱。一家人生活的艰难程度可想而知。

妈妈曾经讲过一个细节，有一年陶然生病了，实在是想吃点好吃的，妈妈咬着牙跟邻居借了两块钱给他买了一瓶罐头。结果陶然一不小心把罐头弄翻了，汤汁全洒到了地上。一家人心疼得无以复加。这就是那个时代生活状态的真实写照。

十岁之前，陶然一直生活在吉林省磐石县（今磐石市）永宁镇。那里四面环山，里边就是当时的吉林省机床大修厂。在母亲恢复工作后，因为她和陶然父亲的工作单位分别在长春、磐石两地，所以夫妻只好两地分居。这也是那个时代典型的家庭状态之一，造成的结果就是因为不知道该在哪边上学，陶然直到八岁才正式开始进入学校读书。

不过这之前，在父亲的辅导下，孙陶然将小学的课程已经全部自学完毕了。方法是：父亲自己用钢笔在白纸上编写所有教材，鸡兔同笼，各种相向相背和进出水管同时开关等经典数学题，然后一一教予陶然。

身为唐山铁道学院的高才生，后来的吉林建筑工程学院教授，教学对父亲来说毫无难度。儿子作为聪慧少年，学起来也毫无压力。陶然说，直到现在，他也并没有见过和当年父亲给自己编写的教材类似的课本，这说明他父亲是完全自创的。而这，让陶然敬佩不已。

当然，陶然身上还有两个明显的特征遗传自父亲，一个是写作基因，陶然的父亲虽然是建筑学教授，但一生写了很多古体诗；另一个是喜欢名山大川，陶然的父亲一生走遍了中国的山山水水，而且每游历一个地方都会去研究当地的人文和地理，每每写诗作记，陶然把六分之一时间留给户外的生活方式，无疑便源自父亲的遗传。

父亲教导陶然的最终结果是：当孙陶然开始在母亲工作的机床厂小学上学时，整个学校不到五名教师，如果某位老师临时有事请假，教学工作就演变成孙陶然给全班同学做辅导。

如果1978年某个初秋的下午，你路过吉林省磐石县的机床大修厂子弟小学的教室，会看见一个神态认真的小朋友，正在给一群神情茫然的小朋友描

述：有很多只鸡和兔子在同一个笼子里，从上面数，有三十五个头；从下面数，有九十四只脚……你可能不知道，这是小学四年级才有的数学题。

小学时代，陶然经历了生命里的第一次生死考验。

当时的人们看电影固然有电影院，但是更多时候，是在露天支起一个屏幕放映。二年级时的一个晚上，陶然和小伙伴们一起去看露天电影，一阵大风把支银幕的木头柱子吹倒了，直接砸在了陶然的脑门儿顶上。幸亏陶然身后的一个大人用手挡了一下倒下的木头柱子，减缓了冲击力，否则后果不堪设想。即便如此，陶然的脑门儿还是被砸了一个深深的大口子，流血不止。被送到医院的时候，当医生的妈妈吓坏了。

小学时代，陶然最大的亮点是跳级。因为上学比别人晚了一年，加上陶然上学之前父亲教授的知识远远超过同班同学，所以父母决定让陶然跳级。经过学校组织的考试，陶然在二年级结束时直接升入了四年级。

这在当年的机床大修厂子弟学校可是开天辟地的一件大事。厂里的广播站把这件事儿反复播送了好几次：厂里工程处孙绍文和厂医院薛淑珍的儿子孙陶然，通过了跳级考试，成绩优异，直接从二年级升入四年级……

在陶然九岁那年，奶奶去世了。这是陶然生平第一次感受死亡。和那个时代的许多孩子一样，陶然很多时候都是由奶奶照顾着。妈妈说，奶奶一直非常疼爱陶然，因为他是那个最有出息的儿子的大儿子，从小又聪明又伶俐。

奶奶去世那天，陶然放学回家，得知奶奶去世了。因为东北的习俗是要用土填充枕头，于是，陶然走到院子里，用手刨土给奶奶装好了枕头，以送别奶奶。

1980年，孙陶然十一岁。

这时的孙陶然，跟随父母亲回到了省会长春，就读小学五年级。因为只读了一年就参加了小升初考试，所以他以0.5分之差错过了当时吉林省最好的中学——东北师大附中，去了区重点中学——长春五中。东北师大附中，

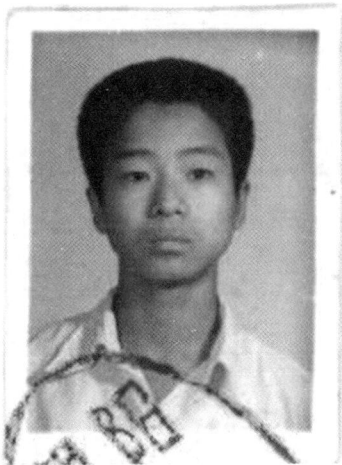

从此成为少年孙陶然的一个并非遥远的梦想。几年后，他将重新与自己的梦想相遇。

特别能学习，特别能捣蛋

1980年的少年，处在一个精神生活匮乏的时代。我与陶然同年，彼此拥有差不多的时代记忆。那时，我读的书是小人书，是《智取威虎山》《小马倌儿和大皮靴叔叔》《小灵通漫游未来》。陶然读的书则是《我们爱科学》《动脑筋爷爷》。我的书来自在编辑部当总编的父亲私藏，陶然的书则是父亲专门为他订阅的。

而最初，启蒙我们识文断字的，是糊在墙上的报纸。那是那个年代每一个普通人家唯一可以享受得起的消费。大约二十年之后的"春晚"上，宋丹丹和黄宏表演了小品《回家》。宋丹丹骑着黄宏的肩膀看顶棚上贴的报纸，那一幕，是无数60后的童年映像。

1981年，陶然十二岁了。

在我看来，长大之后要是想做成一些有创意的事情，打小的时候不能是好孩子，得是那种有特点的孩子。在中国，好孩子的第一要素，需要特别听话。特别听话的孩子长大之后，执行力有可能很强。不过，常年听话的后果，就是缺失了冒险精神。

以此为标准，孙陶然的初中时代，恰恰可以用三个"特别"来形容：特别能学习，特别能玩耍，特别能捣蛋。长春市五中在当时是区重点中学。生性调皮的孙陶然显然无法获得老师的青睐。

陶然似乎打小就有一种喜欢"惊世骇俗"的倾向。初二那一年，有一天陶然和几个要好的男女同学一时兴起，一起逃课去逛了逛公园，而且，还一起看了一场电影。陶然初中的班主任是一位五十多岁的中年妇女，被同学们称为"老吴太太"，那个年代加上这个年纪的班主任，一贯把"男女之防"视为天底下头等大事，侦知此事那还得了，又是谈话又是训诫又是找家长，着实折腾了一顿。

当然，与高中时代那一次"惊世骇俗"相比，这一次算是"小儿科"了。高二时，因为班级一位和大家关系都比较好的在校住宿的女同学过生日，陶然和当时同班好友吕彤以及另外一个男生受邀去该女生宿舍开"生日趴"，大家一边喝着偷买来的啤酒一边海阔天空地畅想未来。到了锁门时间，不知谁提议不如玩个通宵，于是大家集体躲过楼长巡查，继续畅谈畅饮。最后，困得实在不行，六个女生挤在三张床上，让出三张床给三个男生过夜……

这在1986年那个年代，着实"惊世骇俗"。后来，还是让当时开明的班主任老师知道了。那一次，陶然和吕彤是凭借着老师的溺爱，以及两个人团支部书记和班长的身份，才得以最终大事化小小事化无了。

说回初中，为了管束陶然这个刺儿头，班主任老师特地安排班里最乖巧听话的女班长给陶然做同桌。女班长姓朴，是一位朝鲜族美女。班主任老师没想到的是，这个分配却导致了另外一种完全不同的效果。

当时班级里的调皮男生自习课说话、看课外书，甚至溜到操场去玩是常态，而每每班主任都会得知并教训大家。因此，大家推测是女班长在向班主任"打小报告"，所以，调皮的男生们便集体孤立女班长，甚至经常故意"起坏"，对她的书包座椅动些手脚。

那时候，陶然也认为是女班长在"打小报告"，所以，两个人成为同桌后，一方面陶然依旧故我，上课说话，下课踢球，闲暇玩闹，偶尔打架，没有任何改变。另一方面，他也"顿起歹意"，希望通过"勾引"女班长自习课说话而将之"拉下水"。很多年后女班长跟陶然说，大家冤枉了她，她从来没有打过小报告。

不过，很快女班长就被陶然"拉下水"了。她自习课时偶尔也会说话了，并且对陶然的印象也发生了改变。慢慢地，她开始认为陶然只是表面上故意调皮捣蛋，实质上是一个"不简单"的同学，他有自己的思考，有自己的性格。

一切，在某一天下午彻底发生了改变。放学时，女班长给了陶然一个笔记本，陶然放学回到家打开一看，是女班长的日记。并没有隐私的描述和内心的展示，而是一篇篇读书笔记。女班长课余看了很多课外书，每一篇都写了读后感，还做了许多文字的摘录。陶然被吸引，于是跟女班长借书，然后开始阅读。班长同桌借给陶然的第一本书是戴厚英的《人啊，人！》，这本书一瞬间震撼了陶然。

这也是孙陶然开始大量读书的最初动因。陶然说，这是当年自己的小青春。我倒觉得，这是当年所有60后的小青春。

多年以后，回忆起自己的成长，陶然发现了一个很有意思的现象，就是在人生的各个关键阶段，好像总能遇到为自己打开一扇窗的那个人。初中时代是这位美丽的女班长；高中时代有三位，分别是：理科班的班花之一董同学、死党吕彤以及传奇人物甘琦。以至于后来他说，上天是非常公平的，它会把对你重要的人在你大学毕业之前都送到你身边来。

正是和朴同学的交往，使得陶然与那些每天一起踢球一起玩耍的小伙伴们渐渐变得不同，他开始更多地阅读课外书，更重要的是，开始思考人生。

从陶然的回忆中不难发现，初中时代，陶然身上更多的是一种"天生我材必有用"以及"我命由我不由天"的豪情。在他初中毕业照上，我看到他用略显稚嫩的字迹写着"中华之光"以及"不想当元帅的士兵不是好士兵"等字句。那是一个十来岁少年最初的远大志向。

在后来陶然的文章中，他也多次写过，人的很多东西是天生的，包括好奇心、好胜心以及责任心，等等。他甚至戏称，如果要找未来的领袖，应该去幼儿园寻找那些调皮捣蛋的孩子王。

影响未来的两门选修课

性格决定命运，而性格很大程度上确实是天生的。不过在和陶然探讨这个话题时，他也认为没有必要悲观，不必因为自己似乎天生缺乏某些特质就自暴自弃，后天的读书和与人的交往很大程度上能够改变一些天生的东西。

而这，同样是陶然建议年轻人在一流大学二流专业和二流大学一流专业之间选择前者的原因。初中时代，除了朴同学这样的榜样，对陶然影响最大的是阅读名人传记。《拿破仑传》《华盛顿传》都是陶然在那个阶段读到的有限书籍中的一部分。

虽然陶然读书的总数不是最多，但他非常善于思考，也很有悟性，加上他一直遵循构建自己认知体系以及挑战自己认知体系的思路，所以他读书的效率很高，只要是读过的书都会最大限度地咀嚼吸收。

这些名人传记，让他了解到了伟人们是如何成长、如何思考，以及如何行动的。同时也推动他开始思考这个世界是怎么回事，以及应该如何度过自己的一生，应该树立什么样的价值观。

这些在别人看来至少是青春期之后才会有的行为，在陶然的身上，早早地发生了。

1984年，陶然中考。放榜那天一早，陶然骑上自行车，来到东北师大附中校园，站在墙上张贴的红榜前，仔细查找自己的名字。

彼时的心情，早已经无从揣摩。彼时的情境，却始终难忘。那天阳光正好，照射在大红榜上。榜上赫然写着孙陶然的名字，他被分配在东北师大附中高一四班。那一年，东北师大附中高中部共录取了二百人，其中本校初中部学生一百六十四人，外校初中部学生三十六人。孙陶然成为三十六分之一。

东北师大附中，成立于1950年。是全国十三所重点中学之一，也是全世界最好的中学之一。在美国教育机构给出的中国著名中学排行榜上，东北师大附中始终名列前十位。

高中生涯是孙陶然在未来许多日子、许多场合反复提及的一段校园经历，他不同阶段的合作伙伴和挚友同道中，有很多人都来自高中和大学同学。

如果说很多人上高中还只是想着好好学习考上一个好大学的话，那么，那时的孙陶然，已然开始逐渐建立三观，形成对世界的认知，对未来的梦想，以及对自己成长的设计。

这一切，并非刻意，并非出自父母督促，只是自然萌发。每个人的成功都有不同的轨迹。不过，也有共性在其间，可供归纳与提炼。那就是格局。什么是格局？一是自知，二是胸襟，三是价值观。

孙陶然深知自己的弱项：来自普通家庭，没有父母背景做倚仗和靠山；之前读书少，书本知识储备充分，课外知识储备贫瘠；除了读书，没有更强的课外项目……

知道哪里有问题，就要找到解决这些问题的方法。

通常人有两种思维定式，一是判断性思维：这个人靠不靠谱？我到底行不行？你到底爱不爱我？

判断性思维的落点会导致人会不自觉地去考验。这个人靠不靠谱？去调查一下，结果被对方知道了，感觉你缺乏对彼此的信任。我到底行不行？忐忑地问了问别人，发现自己似乎不太行。你到底爱不爱我？查一下对方的手机，结果则是发现了许多自己不应该也不愿意知道的信息。

人性通常经不起考验。

第二种思维定式是衡量性思维定式：不管这个人靠谱还是不靠谱，怎么样才能让他靠谱？不管我行不行，我要让自己变得更行。无论他是否爱我，我会为自己的爱做更多的努力。

衡量性思维定式的落点，是人的行动力。

陶然是一个极具行动力的人。即使那年他才十五岁。

东北师大附中之所以对于孙陶然，对于我，对于现在的许多毕业生都有着无法替代的地位，是因为在当时那个年代，附中已然走在了许多学校的前列，无论是教学能力、学生素质，还是对教育模式的探讨、教学方法的开拓。其表现之一，就是给学生们开辟了许多课外选修课。孙陶然当时选择了两门课程：英文打字和演讲与口才。这两门课程都对他的未来产生了影响。

陶然高一第一学期选修的是英文打字，这个选择的结果就是后来他一直打字特别好，会指法，会盲打。后来，他曾经不无炫耀地告诉我，即使是在工作之后单位还配有专业打字员的时期，他也是单位打字最快的人之一。当时的英文打字机不同于现在的电脑键盘，而是一种非常古老的英文打字机。大家都不知道将来学了这个会有什么用，但是大家仍然会蜂拥而至去学它。

八十年代的东北，我们用录音机和卡带听邓丽君，看山口百惠和《血疑》，并将《上海滩》和许文强作为精神寄托和人生偶像。

八十年代的我们，以穿父母亲给我们的军大衣为自豪，以背画着五角星的军用书包为时髦，以冬天在冰冻如镜的长春南湖上和异性搭伴回家为炫耀的资本。

八十年代的中国，即便是东北师大附中这样走在教育改革前列的学校，教务主任依然会偶尔在早晨上学时，站在校门口检查学生们"喇叭裤"裤脚的宽度，以及男同学们头发的长度。

陶然选择的第二门选修课是演讲与口才。在那之前，陶然在附中的新世界里，是一个有一点自负又有一点内向的小男生。从外校考进这个全国顶级高中，周遭大多是陌生面孔，自己一向引以为傲的学业尚不知能否经得住新的考验，陶然的内心还是有些忐忑的。

他选择演讲与口才作为另外一门选修课，就是希望通过这门课提升自己的表达能力。孙陶然从初中时代就把拿破仑说的"不想当元帅的士兵不是好士兵"以及父亲告诉自己的"生当作人杰，死亦为鬼雄"两句话写在日记本上，从那时起，他就已经有意识地为未来能够脱颖而出而准备自己的技能了。

附中开设演讲与口才选修课，让他如获至宝。事实证明，后来这门课的确带给了陶然前所未有的提升。陶然至今依旧认为，那门课是他在高中阶段印象最深的课，因为那门课增强了他·项最重要的特质。

那就是自信。

第二章

远冲飞雪过书堂

人生三层境界，经历、体验和感悟。感悟，是人生的最高境界。我们经历过的事儿有多少，这是我们人生的宽度；从这些经历中我们体验到了多少，这是我们人生的深度；从这些体验之中我们感悟到了什么，这是人生的高度。经历、体验和感悟，也就是我们的物质生活、精神生活和灵魂生活。

——孙陶然《谁也没有权力干预你的人生，即便是父母》

可能命运真的会把机会留给那些内心纯良坚定的人。从某种程度上来说，孙陶然和我，都生长在一个幸运的年代。

如今，我们学习的机会比我们上学的年代多了不知道多少倍，所能触碰的领域也广之又广。但让我唯一不敢恭维的就是机会本身的品质。那些所谓的学习机会，很多不过是为了圈钱而设置的工具，更多的，则是为了某些人获取更高地位而设置的包装。

我曾经在辞职之后学习过数次跟新媒体与互联网相关的课程，学费交了很多，学到的东西，却不过是对我自己的碎片化学习和阅读的整合与叠加，并无更大的提升。

所幸，我们少年时那个时代不是这样的。它给到我们的，用现在的话讲，更多的是情怀。演讲与口才是一门课外选修课，开这门课的老师非常有名。因为这门选修课，李光琦老师第一次走进了孙陶然的世界。李光琦老师之于那时候的我们，有点像后来的袁腾飞之于他的学生拥趸。李光琦一直是东北师大附中首屈一指的语文老师之一，口才极佳，才华横溢，同时又幽默风趣。后来我上大学的时候，有些大学老师的大课门口挤满了人的场景，常会让我想起李光琦老师。开设演讲与口才选修课，是他的爱好，应该也有他想发现和培养学生中一些好苗子的意图。

李光琦老师的课对陶然来讲有一个重大意义，就是极大地增强了陶然的自信。后来，陶然自己也承认，刚上附中时，自己是有一种小小的自卑感的。他深知和初中便就读于东北师大附中的同学相比，自己知识面以及特长等方面有不少劣势。虽然骨子里，陶然以"金鳞本非池中物"自诩，但是毕竟还不够自信。而李光琦老师以及后来的文科班班主任李颖老师对陶然的肯定甚至包含着一点点溺爱，极大地激发了陶然骨子里自带的自信。

而这一点，对于陶然的成长至关重要。

最好的朋友

多年以后的2015年，陶然受邀在北京大学应届毕业生的毕业典礼上演讲。他讲到北大带给了自己四个受益终身的财富，其中第一个就是自信。一个自信的人可能不是必然会成功，但一个不自信的人，必然不可能成功。

陶然的自信，源于天生，发端于父亲在学前对他的授课以及小学时代的跳级，坚定于高中时以李光琦老师、李颖老师为代表的教师对他的培养，提升于大学时代他的再次成长。作为陶然的同学，我记得自己选修的是英文打字与厨艺，因此没有机会在当时跟李光琦老师学习演讲。据陶然讲，他就是因为上了一个学期的演讲与口才，才真的把口才给练出来了。李光琦训练口才颇有招数，他先讲一点点理论，然后就是各式各样的实战操作：给一个题目，一个人上去硬说三分钟；不同的人给不同的题目或是给相同的题目但是演讲不许重复……

后来一直讲素质教育，现在回望，我们那个时代在东北师大附中所接受的，就是素质教育，那不是某个门类知识的死记硬背，而是方法、意识、门道和规律。孙陶然经由这门选修课之后，在性格上也有了一些小的变化，他比过去更喜欢表达，也更善于表达了。之前说过，进入东北师大附中这片新的天地，陶然的心里还有些小忐忑和小自卑。开学第一天，有两个新同学向他率先伸出了友谊之手。这两位同学，一位叫丛林涛（后来成为国内尿素行业具有影响力的大咖），一位叫吕彤（现为美国休斯敦大学教授）。

丛林涛的家境很好，父亲当时是省里外贸系统的一位领导。在那个电视还是凭票供应的年代，普通人家想买一台电视需要从单位弄到电视票，才能凭票拿钱去商场购买。在物资匮乏的年代，人们对精神生活的诉求因为物质的缺乏更显得急迫难耐。陶然家里就没有那样一张电视票，父母也没有能搞到电视票的资源和人脉。但是丛林涛做到了。得知孙陶然家里想买彩色电视机但没有电视票，第二天，丛林涛就从家里拿了一张电视票送给陶然。

这件事给陶然的触动非常大。陶然当然非常感激丛林涛，但另一方面，他也深深地意识到，这个世界人和人并不是平等的，人和人之间是有差别的，有强者也有弱者。他暗暗立志今生要成为一个强者，成为一个帮助别人而非需要别人帮助的人。他希望自己成为舞台中央的主角，至少是舞台上的一个主要角色，不允许自己成为甲乙丙丁群众演员甚至是观众。

后来很多很多年的时间里，孙陶然对所有的同学都很好，只要听说了同学有事，或者有任何同学有求于孙陶然，陶然都会尽可能地提供帮助。电视票的事情，陶然也在不同的场合讲述过许多次。因为在他心里，那是强大的别人对他的好。所以，他希望自己能够成为可以帮助别人的强者而非需要别人帮助的弱者。当他有能力的时候，他愿意用更多的好，帮助更多的人。这是一种分享精神。也是一种阳光型人格。

第二位同学叫吕彤，父亲是"四野"的一位转业干部。吕彤是一位特立独行的男生，诗人气质，诗人风范，诗人才气，诗人视角。

这个世界上确实有一种东西叫作缘分，也有一种东西叫作气场。这两个人，机缘巧合，报到的第一天，不仅被分配在了同一个班级，放学取单车回家，又发现单车也停在一起。然后，两个人一起骑车回家，最后又发现家也在这个城市的同一方向。与孙陶然初相识，吕彤便开始跟他聊诗词歌赋。这让孙陶然觉得意外、觉得新鲜，更让孙陶然觉得无法对话。于是，吕彤像一个传道者一样，开始了对孙陶然的文学启蒙。从相识不久开始，吕彤每天都会给孙陶然抄录一首古诗词，上面写满了注释，那是吕彤对这首诗的解读。有些生僻的词汇，吕彤还加注了拼音。

后来的陶然每次讲起这段经历，都乐此不疲。初上高中的陶然原本一心只有学业和玩耍，对文学还完全没有感知。经由吕彤主动的，甚至带有传道式的熏陶，孙陶然开始发现，自己也有这方面的天赋。

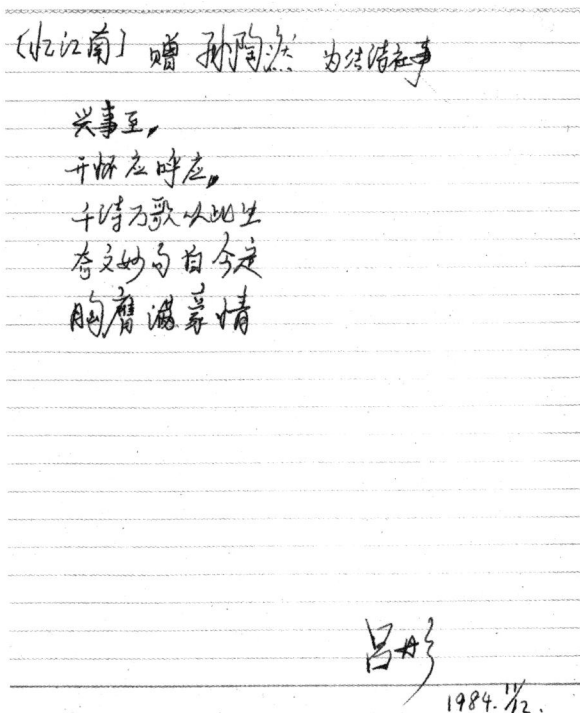

处女作风波

回想高中岁月，那是一段自由开放、才情萌发的日子。那时没有电脑，没有互联网，没有游戏，没有家长强加的课外辅导，甚至大多数人家没有电视的诱惑。在这样的氛围中，每一位学生都在想尽办法挖掘自己内心的东西展示给他人。

刚进入高一生活没多久，各个班级的学生便开始争相用自己的方式，让更多的学生和老师知道自己。高一一班在傅辉的主持下出了墙报《小荷》，取自杨万里的"小荷才露尖尖角，早有蜻蜓立上头"。我所在的高一二班，在我的带领下，出了一本油印刊物《原野》，取"原野浩渺，才情尽展"之意。我们那时所谓的刊物，是像小说《红岩》里那样，手工刻写蜡纸，然后用印刷滚筒自行印制，一张蜡纸大概能印刷几百张，印好之后，再一一分张装订，手工成书，手工发放，一切费用由所有爱好者和参与者自行均摊。热爱，永远是最好的老师。擅长，也永远是最好的引领。

我一直想找几本自己在高中时印刷的刊物，可惜年代久远，不知所终。不过，那些放了学留在教室里，一笔一划在蜡纸上创作的感受，只如烙印般留存不去。在一班和二班分别出了刊物之后，吕彤和陶然所在的四班随即也推出了自己的墙报，陶然为之起名为《同窗》。创刊号征集伊始，吕彤开始撺掇陶然写诗。陶然坚决拒绝："我哪里会写诗啊！"于是吕彤拉着陶然去了长春南湖公园，在南湖公园中央的湖心岛上，吕彤将纸和笔递给了陶然。"你想写什么，就写什么！"彼时阳光耀眼，树影婆娑。一排排杨树偏向湖心，横斜而立。陶然说："非要我写，我就写这排向心树吧！"于是，陶然生平创作的第一首诗《再见吧 向心树》由此诞生。陶然觉得自己写得很烂，吕彤却道："非常好！"这首诗在高一四班的墙报《同窗》创刊号上发表。当然，陶然最后并没有出落成一位诗人。这件事对于陶然一生的影响，也并不是他文学素养的形成和诗人气质的爆发。不过经由此事，陶然身上更添了许多自信。

学生时代建立的自信，往往对一个人的未来会产生深远影响。少年情怀，挥斥方遒，大多数情形下没有成人世界的虚伪与包容，做了，必须等着别人的评判，不做，只能看着机会被别人抢走。

十五岁的孙陶然开始明白，自信的时候，你遇到任何事情都不会往后退，你会往前去冲，去做。甚至别人都往后退的时候，你还会往前去，因为这个时候，你的潜能已经被激发。很多事情，大多数人不是不能做，而是不敢做，或者不相信自己能做成，那么，可能从此，你就没有机会再做此事。

高一时一本小小的文学刊物，一篇完全称不上专业的诗文，一位强迫症式的传授者，激发了陶然骨子里的小自负，让陶然由此而产生了伴随终生的强大自信。他的眼中，不再有谁从农村来，谁从外校来，谁曾经获过奖，谁的知识渊博等比较，更不再将这些信息化成自己内心的自卑感。他开始确立起完全属于自己的价值观。

当然，即便如此，因为觉得处女作实在拿不出手，陶然还是没有用自己的名字发表，对照吕彤的笔名"旋行"，他给自己起了一个叫"茹雪"的笔名，想借由一个有些女性化的名字，让别人不要联想到自己。

然而这件事的结果，却与陶然的期望值大相径庭。班里恰恰有一位姓茹的女同学。因为大家以为诗歌是她写的，每天都有人在她面前品头论足。茹同学一怒之下发表声明，要求冒名顶替者自行站出来，敢做要敢认。最终，大家都知道了这首诗的作者原来是孙陶然。

再后来，一首由高年级同学自创的藏腰诗在校园里广为流传，诗歌原文已佚，藏着的字连起来是一句话：孙陶然有帅才，李光琦好先生。这是同学们能给到另外一个同龄人的最高评价了。

吕彤揎掇孙陶然的第二件事情，是和他一起每天中午去学校的广播站，给全校同学读半小时的课外书。那时的校广播站的威望和影响力不亚于后来的人人网，中午的那段时间被学校命名为《读书时间》。学校指定文学功底好、读书多的同学担任《读书时间》的广播员。这个职务有点像现在直播网站的主播。这是那个时代，一个中学生能参与校园文化的最大平台了。

八十年代的文艺

那时的中国，经济才刚刚起飞，普通家庭的生活并不宽裕，但是，精神生活的积累却在不知不觉中达到一定高度，许多优秀的文学作品纷纷问世。很多已经被当下遗忘的作家，在那个年代创造出了一大批高质量的小说、诗歌、报告文学等作品。

对于一个时代来讲，丰富多彩的优秀作品带来了丰厚的营养；对于那个时代的许多个体来说，除了幸福感，几乎没有别的词汇可以形容。在那个年代，比我们年龄大些的群体在寻找人生伴侣的时候，在自己的个人条件展示中，加上"喜爱文学"是非常必要的，因为这绝对是一个加分项。

那个时代，有两位作家曾经影响了包括孙陶然在内的一批人。这两名作家，一位叫戴厚英，一位叫刘亚洲。

戴厚英的代表作是陶然初中时代就经同桌推荐读过的长篇小说《人啊，人！》，这部小说因为对人性和人道主义的深入探讨曾在很长时间里引起过巨大争议。而作家刘亚洲是一名军人，他创作的《恶魔导演的战争》等系列报告文学和小说，因其彻头彻尾的阳刚气而为陶然所喜爱。孙陶然最爱的，是刘亚洲写的报告文学《海水下面是泥土》，讲了一位从台湾驾机起义的空军少校的故事，此外还有《两代风流》，写的是一群中国年轻军人的故事。

高中时代，陶然几乎读了高阳、金庸、琼瑶、刘亚洲，以及尼克松的全部作品。这些文学作品所展示的人性与人格，成为孙陶然早期树立人生观与价值观的参考：什么事情可以做，什么事情永远也不能做；大丈夫有所不为，有所必为；要做英雄，不要做枭雄，因为枭雄"宁可我负天下人，不可天下人负我"，为达目的不择手段，而英雄则有所为有所不为，为了底线和情怀可以"不肯过江东"。

于是，在吕彤的带领下，两个人每天中午在校园广播站广播一节《恶魔导演的战争》，两个人一人一段，每天读上半小时，直到最后将这部报告文学读完。

因为他们的带动，我和许多同学纷纷去买了刘亚洲作品集，我还写了很长很长的读书笔记。这件事给陶然带来的影响是巨大的，它让陶然完全摆脱了自己是一个来自其他初中的外来人的小自卑；摆脱了连校服都没有，上课间操的时候感觉自己无法融入的孤独感，让陶然成为那个年龄段里自信满满的少年。由陶然和吕彤在高中生群体中引发的热爱文学的圈层也逐渐开始形成，成为当年校园最火爆的一个小团体。后来，这个群体里的大多数人选择了学习文科，并成为各个行业的翘楚。

在之后数十年的时间里，陶然一直说：我感谢附中，我的三观发端于高中时代，完成于大学时代。幸运的是，我就读的东北师大附中和北京大学，都是中国最好的学校，对我的成长起到了非常大的帮助。

陶然在成功之后的岁月里，对东北师大附中的回报是清晰可见的。校园里，有以他的名字命名的奖学金。每年他都要至少抽出一次时间回到学校去跟一届又一届新生互动。每一位老师来到北京，他都要组织师生之间的相聚。校庆、毕业周年，所有的纪念日他都出钱出力……附中因为他的存在而倍感骄傲，他也因为曾经就读于附中而更加感恩。

而这一切的因由，在陶然看来，更多的是因为附中是那个时代的附中，而那个时代的附中造就了那一代的人。

"玉立风姿一少年"，少年，是附中的少年；附中，是少年的附中。

第三章

天生我材必有用

所谓心力，心的力量，即人的心理素质，这是一种精神的能量，这是一种意志力，心力强大的人有三个突出特点：第一是志存高远永不满足，第二是百折不挠愈挫愈奋，第三是永远自信永不言败，不达目的誓不罢休。

——孙陶然《心力强大者胜》

说起附中的事，除了上课，陶然印象最深的，就是参加各种活动。

高一那年，学校举办"一二·九"文艺会演。那个时候，我们是要到高二下学期才开始真的意识到高考要来了。所以，在那之前的日子，每个人都利用学校给予大家的平台，充分展示、学习和体验人生。

那次演出，高一四班的陶然和吕彤，以及班级的文艺委员张翠薇在吕彤的倡议下，三个人一起创作了一台诗歌联唱，里面大概有四五首自己创作的诗，以及四五首自己创作的歌曲。自作的诗词歌曲，加上又辛苦地花了那么多时间排练，效果自然是轰动全场。

联唱中的诗和歌词都是孙陶然和吕彤的创作，作曲是班级的文艺委员张翠薇在她的音乐课外老师指导下完成，主题是《青春》。经过三个人的努力，它成了附中史上第一个由高一学生创作并自导自演的类似于黄河大合唱的诗歌联唱作品。演出完成，全场沸腾。陶然说，那种成就感，会让你觉得，那就是你的舞台和天地。

如今，这些事情对陶然而言仿佛是难上加难，可对于那个年代的陶然来讲，简直是小儿科。

高中生书单

一切时代的印记都是双刃剑，彼时并非知识爆炸的年代，也没有更多的信息流通。因为没有那么多书可读，因此每一本读到的书都让人如饥似渴。

偶然的机会，孙陶然读到了德国作家安娜·玛莉·沙林格描写拿破仑情史的小说《德希蕾日记》。也是从这本书开始，陶然形成了自己的读书风格，他不太在意书中的知识点，而是关注书中的观点或者各种为人处世的方法论（思考问题和解决问题的方法），此外书中故事背后的世界观、价值观以及人生观，陶然也会拿来挑战自己脑中原有的认知体系。

陶然认为，人的天花板就是自己的见识，即自己的认知体系，包括三观以及各种为人处世的方法论。所以，成长的核心就是不断提高自己的见识，主要手段是行万里路和读万卷书，而行万里路和读万卷书应该以挑战自己的认知体系为目的，而不是为了行路而行路，为了读书而读书。

但凡当时的人读到这样一本书，都会沉浸于拿破仑这样一个巨人的情感世界，而孙陶然却深深感受到拿破仑身上不屈不挠的勇气和坚忍，感受到书中描述的拿破仑身上强烈的使命感和把握机遇的能力，当时也有对拿破仑弃真爱而选择对自己事业有帮助的约瑟芬而感慨，因为这种感受，陶然还特地去买了《拿破仑传》精读。

那时，还有一本书也让孙陶然读起来欲罢不能。这便是作家蒋子龙的中篇小说《赤橙黄绿青蓝紫》，通过几个不同性格的年轻人之间的爱情、友谊和信念的冲突，告诉人们，时代青年只有投入到时代改革的洪流中，人生才有意义。

蒋子龙的小说在当时触及的是经济改革的最前沿。《赤橙黄绿青蓝紫》

中的男主人公刘思佳，让陶然产生了极强共鸣，仿佛就是自己人生的写照：有点不合群但才华横溢，表面玩世不恭但实际胸怀大义且古道热肠，不做当权者的乖孩子，但为群众和弱者仗义代言，关键时刻挺身而出挽救大局，当然，身边还有一个懂他识他的美女知己。

熟悉这种形象吧？金庸笔下的令狐冲、杨过，美国好莱坞大片有良知的小人物奋起拯救大局的核心逻辑……这些元素和形象都似曾相识。

这也就不难理解，为什么金庸小说中陶然最喜欢令狐冲和杨过了。在本质上，他很认同那种人设：不想遵循不合理的世俗和礼教，骨子里又有傲骨和正义。陶然说，他中学时代读到的书，似乎是多一本嫌多，少一本嫌少，总之是读了所有该读的书，从中汲取了生命中所需的全部营养。

同时，他也开始逐渐形成了自己的三观：他不要做所谓的主流人物，不要做那些从小就被各种模板固定住的"好孩子"，他要做他自己，一点点叛逆，一点点小坏，一点点不羁，一点点骄傲，剩下的是对自己的认定和执着，是去完善和成就自己的坚定。

他不要听从别人的安排和策划，他要做纯粹的自己。他要有属于自己的成功和属于自己的影响力，不谄媚，不逢迎，不矫饰，不做作。

谈到高中时代的读书，我和陶然都非常惊讶，回忆起来，我们高中时代竟然读了那么多的书，大家好像完全没有把高考压力放到眼里。不像现在的中学生，恨不得从初一开始就打出标语："距离高考还有2000天。"而我们，是直到高二下学期期末才开始意识到高考，并开始备考的。

此前，我们花了大量的时间在课外书和自己感兴趣的事情上。有些书，有些事，连老师都不知道，却是我们那一代人成长的必由之路。就读书而言，陶然列出了高中时代他的书单：

每期阅读《世界经济导报》《上海译报》《北京青年报》。
全套《走向未来》丛书。

全套的金庸小说，"飞雪连天射白鹿，笑书神侠倚碧鸳"。

全套的琼瑶小说四十六本（我借给陶然的，大多数还是盗版），其中陶然最推崇的是《人在天涯》和《烟雨蒙蒙》。那时，"还珠"系列和后来的一些系列还没有问世。

刘亚洲的全套作品《海水下面是泥土》《两代风流》《写给男儿的书》。

高阳的全套作品。尤其是《胡雪岩》三部曲、《母子君臣》《御座珠帘》等。

尼克松的作品《领袖们》等。

收录了徐敬亚、王小妮、舒婷、北岛等人诗作的《朦胧诗集》（也是我借给陶然的，这也是我为数不多的保留了三十年的当年的书籍）。

此外还有一些当时最流行的单行本小说《柳絮飞了》《晚霞消失的时候》等。

这些书，不是为了消遣，不是为了看热闹。虽说有故事看故事，有观点看观点，但看完了，陶然都会借着它们里面别人的人生故事，别人的理论思想，成就自己思考三观的"引子"和"印证对象"。

这里还要对那个年代做一些补充和说明。那不是知识爆炸的时期，人们能读到的书非常有限。但那是一个某一位作家能随时因某一部作品引发整个社会争论的时代。

在那样的背景下，重新梳理陶然当年读过的书目，我还是有些震撼的。因为这些书，来自不同领域，从不同渠道获取。可以想见，陶然当年如饥似渴地投入到读书中的心情和状态。想要学习，其实，什么年代，什么条件，只要想做，都可以做到。

与同龄人读书的角度不同，陶然读书，从来不是看热闹。比如金庸的武侠小说一直是陶然的最爱，其中一些书目他多次阅读。虽说他至今还是记不住里面的武功招式和名称，但他的兴奋点在于郭靖的"为国为民，侠之大者"，在于杨过于世俗非议、众人误解之下的特立独行，在于黄药师玩世不恭、嬉笑怒骂之外的不合常理和反世俗，在于乔峰宁愿付出生命也不背叛中原的大节大义。

陶然为此还专门写了一篇作文，讲述为什么要看武侠小说。他认为，好的武侠小说是最深刻的作品，因为主人公有武功，所以作者可以把作品中的爱恨情仇、是是非非用矛盾更加集中、更加激化的方式体现出来，也能因此表达得更深刻、更形象。

陶然始终认为，正是高中时代的这些阅读，对他的三观乃至认知体系的形成产生了重大影响。多年以后，他曾经在自己的微信公众号中公开自己的读书方法：

> 读书的目的是为了形成和完善自己的认知体系。大量的书泛读，一本书半个小时一个小时浏览完毕足矣；有价值的书精读，反复阅读并且一定要写读书笔记，要完全把书中的内容吃透。

读书重在书中的认知内容，以及借着书中的人物和故事参悟自己的认知体系。所以，他并不会记忆书中人物的名字、武功的招式等内容，往往是一本书读完了，他连书中各个人物名字都记不住。但是对于书中人物的三观，人物对事物的处理方式却往往深有感悟。感悟之下，要么吸收，要么摒弃。

关键选择

1985年的夏天，我们读完了高中一年级，即将开始按照学文学理的选择重新分班。孙陶然违拗了家中的安排，毫不犹豫地选择了文科。在他看来，如果当年中考报考附中还是一种被动选择的话，那么选择文科，则是他人生中最重要的一次主动选择。

在高中一年级的时候，孙陶然的学习成绩就已经名列前茅了。那时候，理科生普遍瞧不起文科生，成绩好的，不偏科的，大都选择学理。当时的班主任老师也对陶然寄予厚望，不仅希望他选择学理，还希望他在将来的高考时一展身手。

没想到的是，孙陶然不仅放弃了学理，还和吕彤一起，挨个劝说那些成绩好的同学学文。在他们的劝说下，当时好几个文理皆佳的同学跟他们一起来到了文科班。

陶然选择学文，跟父亲对他的影响分不开。只是，这种影响给他带来的是相反的效果罢了。陶然的父亲是新中国成立初期开始读书，毕业之后就经历"文革"的那一代知识分子，既有一身不愿踏入仕途、不屑攀附权贵的傲骨，也有一种一心钻研学问专业，不去闻问其他的专注。

陶然对父亲的作为认可但并不认同，他认为情商很重要——当然那个年代，还没有情商一词，我们还在讲《红楼梦》里提及的"世事洞明皆学问，人情练达即文章"。用陶然的话讲，即要适应，要入世，才能放大自己的影响力，才能做更多的事情。

陶然还觉得，父亲一辈子就是当螺丝钉，虽勤恳专注，但却一直无法施展自己的才华与抱负，所有的回报以及风光都与父亲无关，而自己要立志成为自己命运的主导，成为舞台上的明星，最次也要成为舞台上的主演而不是跑龙套的演员，更不能成为台下的看客。在陶然看来，学文就是向着这种活法迈出的第一步。

陶然的选择遭到了父亲的反对。因为父亲是钢结构方面的教授，自陶然小时候就给他灌输理科知识和理念，希望儿子将来"学好数理化，走遍天下都不怕"，希望儿子有一门手艺在身。

陶然跟父亲讨论再三，还是坚持了自己的选择。陶然对父母说："虽然你们生养了我，但这不意味着你们有权决定我的一生怎么过，我也不可能成为你们弥补自己人生遗憾的替代品，更不会成为你们检验自己人生想法的试验品。你们不能替我做决定，我的命运，我自己做主！"这几乎百分之百是当时十六岁的陶然的原话。

在那时的陶然看来，人的智力、体力和能量，很大程度上，都出自天然。一个有着天然的好奇心和好胜心的人，一个天然有着分享意识和助人精神的人，注定可以选择和决定自己的命运。

陶然的这种对自我选择能力的重视在他成人之后对子女的教育上也得到了充分体现。从小，家里的孩子穿什么衣服自己选，假期去哪里玩自己挑。甚至大女儿被选上去奥数班，也可自行决定不去。这种对孩子自我意识的培养，正是源于陶然自己在少年时，曾自行决定自己未来想要走的那条路。

在陶然和吕彤逐一劝说他们认为适合学文的同学学文的情况下，原本实力最强的四班，最后一下子有十几个学生选择了学文，而且大多数都是文理皆佳的学生，占了文科班最初三十八人中的几乎半壁江山，这些人走后，也让四班的元气大伤。

后来每每谈起此事，陶然和吕彤还是感到有些遗憾，因为在他们二人看来，一班、二班、三班以及四班，还是有几个应该学文的人最后没有选择学文，结果便在自己不喜欢也不擅长的领域一直平庸了下去。而本来，他们可能有更好的未来。

其中，最让陶然感到遗憾的是一班的一位才女朱同学，陶然认为她的现代诗清新独特，可在高中的小伙伴中排第一。可她没有学文，按照家长的要求选择了学理，最后考了建筑系。后来上研究生时，她自己学回了哲学。现在，她在美国教授哲学。陶然说，如果高中两年和大学四年不是走了弯路，这位才女也许会发展得更好，幸亏最终走回了自己喜欢并擅长的社会科学领域。如果一辈子从事自己不喜欢也不擅长的领域，那简直太不人道了。

风云人物

上了文科班的孙陶然可谓如鱼得水，先不说学习成绩始终在全班前三名，东北师大附中高中生活的丰富和充实更是超出了他自己的预期。

班主任老师李颖，后来先后担任东北师大附中初中部的校长、长春外国语中学的校长，五一劳动奖章获得者和全国三八红旗手，也是全国教育领域的优秀教师。当时的我们班，就是后来著名的高三五班，是李颖老师作为班主任带的第一个班，孙陶然是她最宠爱的一位学生。

那时，班里才子多，才女多，点子多，想法多。大家在学习之余，可以弹琴纵歌；在南湖畔骑车共游；学校有宿舍，可以在中秋吟诗赏月；有同学的哥哥姐姐已经升入大学，我们可以跟这些大学生们一起小聚，听他们谈及那些我们的思想从未去过的天地，听他们说萨特、朦胧诗、哲学以及人为什么活着。

1986年元旦是文科班成立后的第一个元旦，我还清晰地记得开联欢晚会时挂在班级门口的对联，那是陶然和吕彤的文笔，上联吕彤所写，下联陶然应对。那一年是虎年，吕彤写"虎威虎风虎跃腾观自然界"，陶然对"才子才女才高笑傲理科班"，横批"不服不行"。

那是我们这一代高中生最充实的业余时光。和大学生们聚餐，看他们每个人掏空自己的口袋凑钱买单的情景，总会让陶然升起"人生得意须尽欢，莫使金樽空对月"的感叹。

某月，某天，陶然理科班的同学董同学邀请陶然一起去找她的表姐玩，表姐在吉林大学读书，爱好文学、思想前卫，和吉林大学当时最活跃最有才华的一批同学在一个小圈子里每天聚会活动交流往来。小圈子的中心人物是一位才子，给了陶然一篇他写的文章，还是用油墨打印出来的，题目叫《体验》。

陶然后来多次跟我提及那个瞬间，他说，那个题目让他豁然开朗，让他瞬间清晰了自己人生价值的落脚点，就是体验。体验生命，体验幸福，体验苦难，体验一切没有尝试过的事物，人虽不可能延长生命的长度，却可扩展其深度和广度。

后来，陶然又将这种注重体验的人生观升华为一种理念：我们每个人生下来就开始进入倒计时，人生就像一列快速开向死亡的列车，每个人都注定要离开这个世界。如果在离开时，回忆起来这一生感到欣慰多多，遗憾少少，那就是没有虚度。这便是他要追求的人生。

陶然父亲去世时，他给父亲撰写了一副挽联，"种瓜得瓜，今生功德了无憾；因缘轮转，来世修行自可期"，这也体现了他自己的人生观。

当然，那会儿还有少年时的情窦初开，懵懂恋情。陶然那时虽然没有班里一些体育健将们风流倜傥，却也以自己的才情、自信、广博的见识和自带的骄傲，吸引了同龄一帮女生。只是，很多故事早已如春梦了无痕，似春风过往，没了印记，又涉人隐私，陶然一再叮咛慎重处理。

当然，当年暗恋他追求他以及他暗恋他初恋的故事，我们这些同学大都熟知，常常在聚会上拿来调侃和揶揄。不过，这已经是属于我们自己的小秘密与青春记忆，无须分享。

你只要知道，我们那时和现在青春懵懂的少年没有区别，只是内心更单纯，更天真。那时没有游戏的干扰，没有网络的眼花缭乱，更没有各种外来的冲击与诱惑，一部《上海滩》便能令我们着迷一两年，费翔一曲《故乡的云》我们能从寒假唱到暑假。

那是一个经典频出的时代。也是一个让我们心无旁骛的年代。

1987年的夏季，孙陶然以六科总分559分、全省文科第四名的成绩，考入北京大学国民经济管理系（后来的北京大学光华管理学院），开启了他成为一代创业者的新路程。

回顾高中三年，孙陶然的才情和才艺在这一段时间得到了最初和最好的激发。所谓"天生我材必有用"，他变得更有自信，也获得了在那个阶段所应当获得和可以获得的最好成长。

未来，北大教会陶然的东西，此时，附中已经给他打好了基础。现在，所有的一切只在等待。

等待他踏上新的征途，等待他离开家乡，等待他再去另一个地方延续和经历自己更精彩的人生。

第四章

读书不作儒生酸

大学四年大家在同一个校园师从同一批老师住同一个宿舍，受的是同样的熏陶，大学毕业虽然去向不同但也算是同一个起跑线，但十年以后成就天差地别的原因是什么？我的体会是三个原因：第一是志向，志存高远，一心想做事业的在天上，鼠目寸光，追逐眼前收入的在地下；第二是态度，把工作当自己的事儿，把工作当作品竭尽全力的在天上，拿多少钱做多少事，当一天和尚撞一天钟的在地下；第三是学习，善于学习的在天上，不虚心学习的在地下。

——孙陶然《北大带给我什么？》

无论是在公开场合，还是在私下里，陶然都讲过很多次，这辈子他最感谢两所学校，一所是东北师大附中，一所是北京大学。

东北师大附中自不必重述，在那里度过的时光加速了孙陶然三观的形成，少年时梦想的殿堂帮助他完成应对这个世界的种种方法论的初设。而对于北大，如果也非要总结一下的话，那就是，北大这所校园，促进了陶然三观的完善与稳固，也让他在高中时初设的应对世界的方法论更加系统和健全。

其实，对北大带来的收获，陶然自己就有很好的总结。2015年，陶然受邀作为北京大学经济学院毕业典礼的校友演讲嘉宾。在演讲中，他谈到，北大给他留下了四个财富，让他受益终身。

第一个是自信，陶然认为自信是成功者最重要的品质。北大极大地增强了孙陶然的自信。考上北大，就读于北大，在这所百年学府浸润成长，自信早已经深入陶然的骨髓。

　　第二个是情怀。所谓情怀，就是对未来的而非现在的，精神和灵魂的而非物质的，别人的而非自己的东西的希冀与情愫。两个中学同学，一个考入北大一个考入其他学校，四年大学生活下来，就读北大的同学身上必然多了一种以天下为己任的情怀。在北大人看来，天下者我们的天下，我们不说谁说？国家者我们的国家，我们不管谁管？这是北大人身上独有的魅力和情怀。

　　北大人不论是经商还是做官，身上总是比别人多一些对普世价值的认同以及推动人类进步的使命感，他们总是比别人更敢为人先，更兼容并包。这样的情怀是北大带给所有学子的。而在陶然身上尤其明显。

　　第三个是圈子。北大学生中的活跃者，往往不会囿于本班本系，而是更多地与跨系跨年级的同学交往，陶然说，毕业至今，他生活中的朋友，事业上的伙伴，甚至生意场上的合作伙伴，多半都是北大的同学，同系的不同系

北大28楼427室和43楼124室的六名室友，俗称"六镜斋"

的，同级的不同级的。

这是北大给予自己一生的财富。校友资源虽然每个学校都有，但是北大的校友因为出色者多，共同的价值观较强，往往彼此之间的促进作用更加明显。

第四个是学习能力。学习能力是现代社会被强调得最多的一种能力。一个人的学习能力建立得越早，越稳固，对于未来自身的成长便越有益。

在陶然看来，大学毕业时，大家在一个起跑线上，但三年以后就会有好有坏，十年之后就会有人在天上有人在地下。没有人生来就会做总经理、工程师、艺术家，能成为这些人，靠的是学习。北大的四年，学到的知识再多于一生而言也是有限的，北大给大家更多的是学习的能力，在今后的漫漫人生中是否愿意学习以及是否会学习，是能否成功的关键之一。古往今来，凡有所成者，都是善于学习之辈。

学习有三种方式。一种是向前人学。读书，向前人学理论，借鉴他们的人生。陶然认为，不论男女，为人处事爱读书的都不会太差。一种是向先进学。三人行必有我师，发现身边的人哪里做得好就去琢磨，人家是怎么做的，人家为什么这么做。如果能从每个比自己有所专长的人身上学一手，想不成为高手都难。

第三种，也是最重要的一种学习方式，是向自己学。方法是复盘。复盘是柳传志先生倡导的联想文化之一，即通过对过去的冷静分析，发现战略及战术上的经验教训，总结规律，以指导未来的战略并提升自己的执行能力。复盘有大复盘和小复盘，大复盘例如年度季度的工作复盘、项目完成后的项目复盘，小复盘如一个会议一个会谈的复盘，甚至是每天入睡前，对当天事情的一个快速回顾和思考，类似古人所说的君子一日三省吾身。一个善于学习的人如同在随时随地汲取宇宙间的精华，想不强大都不可能。

异类

1987年的秋天，当陶然考上北大，与身边数位好友一同踏进北大门槛时，他既有小激动，小自豪，心中又揣着一丝忐忑和紧张。而四年后的1991

年，当大学生涯宣告结束的时候，陶然已经是坦然坦荡，自信满满，再无丝毫稚嫩模样。

这其中的改变，诚然如陶然所说，北大带给了他很多的教诲与滋养，但是，终究，陶然在四年当中自身所做的选择，才是他如今与众不同的真正原因。

事实上，陶然的选择，从某种程度上讲并非正常学生所走的路径。如陶然所说，从大二后他就没再怎么上过课。但是，也不是什么课都不上，那些有内容有思想的课，陶然上得比谁都积极。

陶然说，他印象最深的一门课是"现代经济讲座"，那门课的形式是每周两节课，每次请一位著名的当代经济学者讲一个主题。陶然记得，像洪小源、刘伟、孙来祥、朱善璐等当时最活跃的青年学者都来讲过课，其中的内容涉及从国企为什么没有活力到现代企业制度等不一而足。例如，当时一位学者讲到，国企搞不好是因为没有活力，没有活力是因为没有动力，没有动力是因为产权不明晰。这些，都给陶然留下了深刻印象，带来了最初始的关于社会和改革的思考。

另外，在北大读书的日子，让陶然记忆最深刻的还包括李其老师（现任北大光华管理学院副院长）的课。那是陶然大学一年级的第一学期，李其给大家用数学方法推演了马克思的剩余价值理论，这原本是同学们为了高考背得滚瓜烂熟的东西，但是经过李其老师用数学方法的计算，便又给大家带来了另外的视角和震撼。

回顾陶然的大学生活，他参与各类社团，组织各种活动，听各种讲座，读各种书，结交包括各系各年级的同学。这些，是他这段生活中的主项。作为起点，它所导致的，是陶然后来所接触的，除了同系同级同学，更多是其他系、非本届的学生。人群的不同，先是带给他目不暇接的新鲜感；与高年级同学的相识相处，给了他更高的起点和更开阔的视角；不断地在不同人群中体验，让他逐渐明晰了自己的与众不同。是的，陶然从小就是一个与众不同的人。这首先取决于他与多数人不同的思维视角。就如陶然上高中时，整个时代背景都在说"学好数理化，走遍天下都不怕"，但他仍然自主地，义无反顾地与父亲争执，一定要报文科。

陶然很早就明白，只有利用自身优势，投入自身最擅长和最感兴趣的地方，才能发挥自己最强的才能，创造出最好的成绩。而这一点，日后也成为孙陶然在创办公司时选人用人，争取实现员工价值最大化的理念核心。

陶然更大的与众不同，是他在非常年轻的时候，就懂得随时随地自我复盘，不但自我总结经验教训以及认知规律，而且随时随地从他人身上汲取营养。

北大精神

上高中时，在学校对陶然影响最大的是吕彤。而上了大学，不，还没上大学，另一个对陶然有着巨大影响力的人就已经登场。这个人就是甘琦。

甘琦，现在的香港中文大学出版社社长，著名诗人北岛的妻子。

在上高中时，甘琦是我们这些小学弟学妹们的榜样。她比我们高三届，孙陶然上高中的时候，甘琦就已经就读于北大。

因为甘琦的父母与孙陶然的父母是同事，两家又是楼对楼。每当甘琦放假回家，他们就会经常碰面聊天。甘琦给了孙陶然许多建议，其中很重要的一条就是一定要去北大读书，"因为中国只有两所大学，一所北京大学，一所其他大学"。

她给孙陶然描述了北大的校园生活，这番描述，让陶然不禁心向往之。回忆起来，陶然清晰地记得，在甘琦家的客厅，甘琦坐在沙发上眉飞色舞地给他讲北大的讲座，北大的青年教师，北大的才子才女们，那些他们写的诗，那些他们石破天惊的想法，以及校园里面的竞选和社团。

所有的一切，给了陶然清晰的画面感，让陶然从直觉上感知到，自己的未来只属于北大。所以，在孙陶然高考报志愿前，他心目中的大学就已经非北大莫属了。

陶然到达北大的第一天，就找到了甘琦。通过甘琦，他认识了很多北大的学长，还有一些最出色的青年教师。这不仅加速了陶然对北大的融入，也交付给了陶然一个全新的世界——他很快意识到，在课业之外有一方更广阔的天地，也许是他更应该着力探寻的所在。

当时的北大，有一批非常优秀的大师级教授和青年教师，无论是大师还是青年教师，都不但自身学问出色，而且非常用心地教书育人。陶然给我讲的时候，常常会回忆起一些他亲身经历的事情。那些事情，听起来让人十分神往。

大一的时候，陶然和几个同学决定办一本班刊，于是他和好友李辉（现任深圳证券交易所副总经理）、赵欣舸（现任中欧商学院金融EMBA副教务长）一起去厉以宁老师家中，请厉以宁老师题词。

厉老师热情地接待大家，并且给班刊题词。

厉以宁老师给大家讲，一个二十多岁的人可能成为非常好的艺术家，但不可能成为非常好的经济学家，因为经济学家需要的不仅仅是理论，还要有对社会的深刻洞察。他由此勉励大家，让大家不仅要钻研学问，更要接地气。

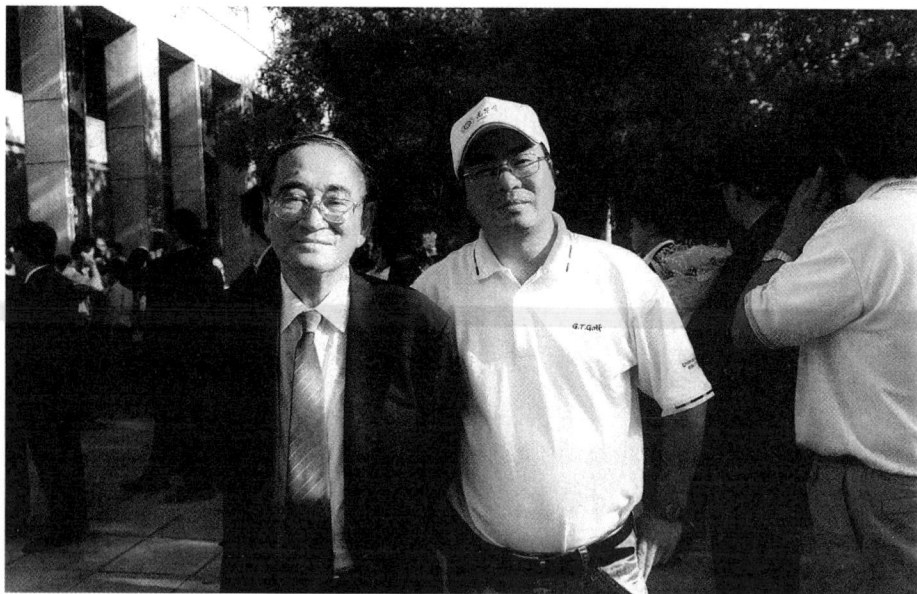

左为当年的系主任厉以宁老师

当时的厉以宁先生已经以"厉股份"名闻天下，他身兼四十多个社会职务，但是依然坚持为每一级本科生亲自授课。

这些，都是北大给予陶然的重要财富。

那时候，陶然他们最喜欢的青年教师刘伟（现任中国人民大学校长）、李其、张来武（当时的北大团委书记，后任科技部副部长）等人的宿舍，几乎成了他们的半个家。大家常常跑过去，既是做客，更是畅谈，用陶然的话说：书生意气、挥斥方遒。师生之间亦师亦友的感觉，深深地感染了陶然，也浸润了陶然。

1988年，是北大建校九十周年，学校举办了系列庆祝活动。在那届活动当中，陶然印象最深的是两件事，一件是北大出版了一本书——《精神的魅力》，邀请优秀教师和校友撰写北大。

其中厉以宁老师写道："北大一直有两个北大，一个是表面上的北大，一个是表面下的北大，后一个北大在任何时期都不曾改变，那就是北大的精神，北大的魅力。"

这段话后来一直激励着陶然。就是从那时起，陶然在心底开始有了自己是北大传人，要继承北大"自由之思想，独立之人格"衣钵的使命感。

不仅仅如此，后来，在连续创业的过程中，对于自己一直持师徒礼以待的柳传志先生，陶然也一直有意识地效法和传承其管理思想。这，当是一个负有使命感的人本能地拥有的责任意识。

另一件事，是陶然生平第一次的商业活动并以失败告终。

当时，陶然和好友赵欣舸合资购进了一批北大九十周年校庆的纪念品，在三角地摆摊销售，当时两个人的想法是，将社会实践与发点小财相结合。结果却是陶然发现，站在地摊儿前的自己，根本就张不开口来吆喝。最后还是赵欣舸鼓起勇气吆喝了一阵子，最终以没有卖出任何一件货品狼狈收场。

后来，在成功创办了几个企业之后，陶然曾经提起这次狼狈的商业处女作经历。他的解释是，自己是韩信一样的将才，只能扫天下，不会扫一屋。

1988 年，北大九十周年校庆时出版的《精神的魅力》

古语云：师傅领进门，修行在个人。命运将陶然送进北大校园，甘琦带陶然探寻了北大，而陶然，则用自己的行为，和北大之间，建立了一份长长久久的关联。

社团发烧友

1987 年到 1991 年间的北大，其精彩程度，用陶然的话讲，不亚于五四运动、"一二·九"运动期间以及刚刚恢复高考的老三届期间的北大。

这个心有江湖、胸有韬略、面如平湖的东北大男孩儿，一开始还是在朋友的鼓励和簇拥下，半推半就地参加各类社团活动，没过多久，就开始成为众多社团里的核心分子。在他所在的学生组织里，他做活动策划；在他牵头的各种互动中，他引领头脑风暴；在各级学长学弟聚集的校园团体中，他是发表意见最积极的人……

常常有人问：什么是领袖？我的感受，领袖是那种不见得去争，也不见得去抢，但是最终大家会自然朝他聚拢的那个人，是每个人在内心不自主地想要倾听和拥戴的那个人。领袖的基因和他的体能、活力与自我掌控力一样，与生俱来。

陶然在某种程度上，就是一位领袖。他在高中时就已经露出端倪，只是那时，他还在努力克服自己内心在成长中的脆弱与犹疑。等到上了大学，他的领袖气质便开始展示无疑。

如今，每每提起当年的社团往事，陶然依旧十分怀念。大学校园里任意挥洒、自由自在的日子，在舞台上聆听阵阵掌声的时光，以及新想法频出、一呼百应的场景，至今，陶然都依然记得。包括在学生会选举时陶然帮助兄弟竞选校学生会副主席，九兄弟一起熬了半个月抽了二十条烟，为社团章程每一个条款吵得面红耳赤等，那都是在为将来走进社会，做最坚实的铺垫。

人们都说，大学就是小社会。至少，对陶然来说是这样。社团生活更加提升了他的情商，淬炼了他的人际交往能力，给他日后的创业带来了多种助益。在小社会里运筹帷幄得风生水起的经验，既证明了陶然有日后在大社会摸爬滚打的潜力，也为他早早展开了一个更为广阔的舞台。

只是，这种将大量时间和精力放诸社团和课外的后果是，等到期末考试的时候，他连部分代课老师都认不得；最极品的是，英语四级考试前夜，陶然竟然和几个1986级同学以及北医联谊宿舍的女生去王府井电影院看通宵电影，早晨骑自行车回到学校已经七点多了，他直接参加八点半开始的考试，最后以61分侥幸过关。全班四十三人，孙陶然毕业时的班级排名大概是三十七八名。

陶然说，无论是逃课看电影还是与朋友侃大山不去上课，某种程度上都很正常，因为那些都是自己的选择，都是你我人生里一段有别于他人的独特生活姿态。你选择了这种生活，愿意并且能够为这种选择承担后果，这是一种有责任有担当的表现。

在他看来，很多情况下没必要囿于规则。人生最好的那几年，多去经历，多去做些与众不同的事，才是最好的选择，才算不负韶华。每次与大学生交流，被问及大学四年应该如何度过时，陶然的第一个回答都是"谈恋爱"。在陶然看来，处于人生的什么阶段就应该做什么阶段的事，咿呀学语时就应该满地乱爬，两小无猜时就应该青梅竹马，大学时代就应该谈恋爱、读书和交友，如果在两小无猜时就一本正经，在大学时代就准备找工作，实在是浪费生命，暴殄天物。

的确，在人生最重要的那几年，你见识过什么东西，结交了什么人，随便哪一样，都有可能经由一个微小的契机，影响你对于整个人生的判断。

当然，这也和我们所处的年代有关，与今天的多元化相比，那是一个更单纯、更纯粹的年代。

所以，我常说，想学习陶然的行为很容易；想成为陶然那样的人，还得有天赋。若想要在未来获得和陶然一样大的成就，需要的不是模仿陶然那些逃课参加社团活动的行为，而是他这样做的时候内心的底气。这种底气，既来自他敢于承担自己选择的后果，也来自他善于自我约束与自我管理。

如同在浪里行舟，他冲向更大的风浪，却安然无恙，还学会了与风浪搏击抗衡的能力。这不仅仅是因为他有运气，还因为他有胆量，有技巧，有方法。

团校历练

陶然在北大读书期间，参加的一个最重要的学生组织叫团校，全称是北京大学团干部培训学校。团校由当时的团委书记张来武主持，事实上这是一个虚拟机构，但对于当时的北大而言，却是一个里程碑式的设置。它的作用相当于后来许多大学成立的EMBA总裁班。它与总裁班的区别是，这个机构只招收北大校内的学生干部。而这些学生干部，都是各个学院、各个社团的风云人物，跨学院，跨年级，跨地域。所以，每个参加团校的人，都在其中获得了快速提升自我的机会。

陶然也不例外。而且，作为当时班级的团支部书记，他幸运地参加了第五期团校并担任了四位学员组长之一，等到第六期团校再开学的时候，陶然已经成了四位辅导员之一。

陶然之所以能够参加第五期团校，绝对是偶然。因为当时的团校都是优先招收各系各班的班长，第二人选才是团支部书记。

1987年9月1日，陶然进入北大读书，开学的第一件事就是参加为期一个月的军训，军训结束回到学校刚好是十一假期，陶然非常思念在吉林大学读书的女朋友，就请同学们帮助打掩护，自己偷偷逃学回长春看女朋友。回来后，陶然的好朋友，担任班长的赵欣舸很受启发，决定效法陶然，也让同学帮助打掩护，偷偷逃课去河南看望奶奶。

这时候，适逢五期团校要开学，那是一个周六的下午，四期团校的组长，要担任五期团校辅导员的同系1986级师兄侯松容（后来曾任华侨城集团的董事长），来宿舍找班长参加团校，同学们说班长不在。于是侯松容说，那就找团支书吧。侯松容因而认识了陶然。

侯松容让陶然通知班长，周日五期团校开学，让班长来参加，陶然说班长请假回老家了周日回不来，侯松容说那让团支书参加也是一样的。就这样，陶然成了五期团校的学员。

五期团校开学典礼后，分成了四个小组，陶然被分到第四小组，辅导员让小组自己推选组长，当时大家基本上都是刚认识，但是四组有两位坐在陶然边上的同学对他印象不错，一位是高鹏程，现在是北大政府关系管理学院的教授，另一位是冀光恒，现在是上海农商行的董事长。

高鹏程首先提议陶然当组长，冀光恒附议，其他人没有意见，于是陶然就成了四组的组长。

这些事都很偶然，但是对后来都有很大影响。因为当组长，陶然成了这一期团校的活跃分子，并且与陈伟等另外几个组长成了朋友。

陈伟来自地质系，后来当选了1987级那一届的北大学生会主席。五期的组长自动成为六期团校的辅导员，由此，在北大1986、1987、1988三届学生干部中，陶然人脉极其广泛。

团校第二次活动时，已经是第四组组长的陶然介绍赵欣舸也进入了团校，但不知道是因为晚来了一次，还是气场不和，赵欣舸并未像陶然一样融入团校，而是一直若即若离。

团校给陶然带来了非常大的提升。一方面，能考入北大的，都是各省的尖子，而能够在北大各个院系各个班级担任班长或者团支部书记的干部，更是尖子中的尖子。这些人聚集在一起交流，本身互相就会有共鸣和提升；其次，团校的辅导员和老师非常优秀，辅导员都是上一期团校中的精英，老师都是北大最出色的青年教师，他们的眼界、见识为团校学员打开了一扇又一扇的窗。最后，团校经费充足，经常组织学员到郊区，甚至到外地去社会实践，大大拓展了学员的眼界。

1988年的暑假，团校组织学员大规模去外地社会实践，陶然经过深思熟虑，选择了去甘肃定西的一队。

定西，当时是联合国确认的中国最穷的三个县之一。在定西，陶然他们住了半个月，虽然住在砖瓦砌的县招待所里，但是每天队员们都需要徒步很远去走家串户访谈，他亲眼看到定西老百姓的贫穷，尤其是定西缺水的现状，导致这里几乎一年四季吃不到蔬菜，连村干部家也只是顿顿用油饼充饥。

这次社会实践，让陶然第一次感受到了贫穷地区的贫穷，虽然陶然从小家里经济条件也不好，但是毕竟没有挨过饿。这半个月的亲身感受，对陶然后来悲天悯人的价值观产生了很大的影响，他进一步坚定了人生就是要温暖他人，要多考虑自己之外的人，要多考虑物质之外的事，要多考虑现在之外的事，即要多考虑他人的、精神的、长远的事。

这些感知与感受，陶然将之定义为"情怀"。后来在多个场合，陶然都谈到，他希望北大人彼此之间多一点儿"香火情"，对社会多一点儿"情怀感"。

　　定西的社会实践后，陶然和队友中两个高年级的同学一起结伴去了敦煌，在那里，他们拜访了学姐樊锦诗。当时樊锦诗已经扎根敦煌莫高窟多年，并担任了敦煌研究院的院长，但是还没有今天这样有名。在学姐的安排下，他们得以参观莫高窟很多不对外开放的区域。那也是陶然第一次被中国璀璨的文化所震撼。

　　游历了敦煌之后，三人的钱基本上都花完了，两个师兄决定直接回老家过暑假，陶然则决定独自一人去探访青海湖。

　　陶然回忆说，这趟旅途的艰苦程度，也是他人生所有旅途之最。当时他身上的钱只够买火车票，甚至连吃饭的钱都没有。他把仅有的钱买了一大包水果糖，有几天就是靠不时吃几块水果糖充饥。

　　陶然是按照地图找到的青海湖，结果下火车的地方却并不是常规旅游到达的那一侧，他到达的，是青海湖鸟岛的另一侧。那里不是游人去到的所在，一眼望过去，根本没有人烟。

　　陶然独自一人徒步向青海湖走去。在湖边，他只能给自己的鞋子和背包和青海湖合影。

　　后来，遇到了一户藏族人家，他走过去，女主人给了他一点糌粑。那是他第一次吃糌粑，也是几天当中，第一次吃到实实在在的食物。当陶然回到青海湖边的小火车站等车时，因为好几天没有吃东西，在候车室饿得几乎晕过去。幸运的是，当时候车室还有一对在当地中国银行工作的夫妇，正要去新婚旅行。他们见到了陶然伶仃憔悴的样子后，不仅主动招呼他，还拿出了自己带的面包给他充饥。

　　陶然后来以"把生命的六分之一留给户外"为朋友圈签名，而他之后又走过全世界许多国家和地区。相比于其中某些旅程，这次敦煌和青海湖之旅或许并不起眼。但这次旅行，却是陶然行万里路的开端。

第五章

青春作伴好还乡

> 绝大多数人的生活就是如此，年轻时不服气，努力奋斗却屡屡被生活的现实一次次击倒，然后大多数人屈服了、接受了普通人的常态生活，只有极少数人，坚决不屈服，坚决在路上，坚决去追求自己想过的生活……
>
> ——孙陶然《一部让人不能不细细品味的电影》

在团校的经历，是孙陶然北大生活中最重要的一段积累和储备。陶然说，他从北大获得的最重要的四个收获，都在这里得到了最大程度的提升和强化。

之前我一再讲，陶然最大的能力，是他不仅可以做出选择，而且还愿意承担选择带来的后果。他选择了大二之后以课外活动为校园生活的主旨，其后果就是，等到大四的时候，他因为学分不够，只好疯狂抢修了很多课，最后才得以修够毕业学分，完成学业。

不过，对陶然来讲，比起后面即将到来的灾难，抢修学分的事，又真的不算什么。而这个所谓的灾难，也有特殊的时代背景。

陶然就读大学时，北京大学一直处在改革开放的风口浪尖。陶然的性格决定了他在任何时代任何地方都不会是一个旁观者，一定会成为舞台上的一员，度过了稚嫩的新生时期后，陶然开始深深地融入北大的生活。

陶然是一个以体验为人生观的人，他很享受自己大学四年在北大的丰富多彩的经历。在北大期间，他收获了很多后来相处一生的朋友，也收获了自己的爱情。

九兄弟

大二那年，陶然的几个朋友要发起一个社团，希望能够建立起公平而有效的规则，于是就邀请了一批各系思想比较活跃的同学，希望他们为社团讨论出一个章程。陶然参加了，十多个来自不同系的同学，找了一间教室就开始讨论和起草。

差不多花了半个月，在抽掉二十条8.3元一条的海尔登香烟之后，他们终于完成了。如今，规则的具体内容已没那么重要。但陶然记得，规则的每一条，他们十多个人都进行了深入的辩论，以求得出最佳结论。陶然还记得，完成后，每个人都认为这是最有效的管理制度，如果照此规则管理社团，一定会兼顾公平和效率。

虽然规则最后好像并没有被采用，但是这个过程带来了两个附带作用，一个是陶然他们在讨论的过程中学到了很多知识和思维方式，包括具体的经济学、政治学、法律学、社会学各个角度，每个人都变得成熟了许多；另一个是参加讨论的人中有九个人，后来越走越近，最终成了陶然在北大时结下的九兄弟。他们分别是：

政治学系高鹏程，现北京大学政府管理学院教授。

法律系姬军，世泽律师事务所创始合伙人之一。

法律系翁维维，世泽律师事务所合伙人之一。

经济管理系孙陶然，现任拉卡拉集团董事长。

心理学系萧群，现北大资产管理公司党委书记、董事长。

经济管理系戴启军，后来的拉卡拉联合创始人。

经济管理系李辉，现深交所副总经理。

经济管理系赵欣舸，现中欧商学院金融EMBA副教务长。

政治学系赵文权，蓝色光标创始人，现蓝色光标董事长兼CEO。

雨中登香山，圆明园泛舟，未名湖石舫上对酒看星星……在没有开始各自谈恋爱之前，九兄弟一起度过了很多时间。九兄弟约定，九个人轮流每月给大家推荐一本自己认为最好的本专业书籍，大家一起读，然后每月选择一个时间，由推荐者给大家讲这本书。这是一种形式，多年之后，当时读的什么书陶然已经记不清楚了，但在当时，大家的交谈、争论和思考，对彼此的成长确实有很大帮助。对陶然更是如此。

其实，人的成长，需要的就是在那几个关键节点上，有人能为你开启一扇窗，为你引领。

1990年3月，陶然开始了大学三年级的下学期生活，当时的北大超常平静，每一个北大学生都在思考自己的未来，很多同学选择了考托福出国，孙陶然也买了几本参考书和室友去了几天图书馆，但很快他就宣布"老子的大好青春不能浪费在背单词上"，把参考书分送给周边朋友，放弃了出国之路。陶然开始了新一轮的读书，以及听讲座。

这时候，北大校学生会也开始了新一轮的换届选举。那时候的北大，各系和校学生会还是由选举产生，有来自各方的竞选人。各系按照人数多少分配票数，竞选人要进行竞选活动，最后由各系的学生代表投票选出主席团，主席团再推举主席。

陶然他们上一届的校学生会主席肖建华任期届满要换届，九兄弟之中的萧群提出希望参选校学生会主席。九兄弟开会讨论后，决定帮助萧群参选。

当时的萧群，只担任了所在班级的班长，甚至并未在系学生会担任职务，更别谈在校学生会担任职务了。可以说，他的知名度除了九兄弟之外，基本上还没有走出本班。

决定参选时，距离选举大概只有一个多月的时间了，如何让萧群当选，九兄弟开始了认真的策划。这是一次堪称经典的策划。在过去了很多年之后，它依然被很多北大的学弟学妹们津津乐道。

同时，陶然也曾戏言，台湾政客竞选用的招数，他们早在1990年的北大校园就已经使用过了。

九兄弟进行了分工，陶然因为在团校担任辅导员，以及交友广泛，负责选票；又因为在校刊当学生记者，所以也负责萧群的品牌宣传工作。高鹏程负责训练萧群的演讲。赵欣舸负责撰写萧群的演讲稿。其他人也各有分工，用江湖上的话，叫有钱出钱，有力出力。

陶然负责的选票工作在战略和战术上都堪称完美，多年之后提起此事，陶然仍然有点沾沾自喜。在陶然的规划下，首先确立了萧群的基本票，即对于坚定支持的系，要做到整个系的选票都不会"跑票"，而且投谁和不投谁都要坚定地听指挥，俗称"铁票"。

当然，为了保证"铁票"，陶然他们还发明了一个"监票"战术，就是投票的时候，让坚定分子和可能动摇分子交叉着坐，给动摇分子以无形的压力。

其次，由陶然出面，在其他候选人中选择了陈伟结盟，陈伟是1987级地质系的，从一入学就有竞选学生会主席的想法，所以一直在做铺垫。他也是五期团校四个组长之一和六期团校的牵头辅导员，和陶然一直共事并相互熟悉。陶然和陈伟达成了我方支持陈伟当选主席，陈伟支持萧群当选副主席的默契，同时确定了"换票"，即我方的"铁票"投对方的候选人多少票，对方的"铁票"投我方候选人多少票。

最后，包含了政治学系、经济管理系、法律系以及心理系才子的九兄弟，又发明了"毙票"，即把答应同盟投给对方候选人的票，尽可能集中投到对方呼声最高希望最大的候选人身上，既遵守约定，又可以使得对方最弱的两个候选人票数降低，确保我方候选人的当选。

这套战略战术，是数学加心理学加统计学再加社会学的强力组合。这个组合选举策略的结果是，选举前不到两个月才临时决定参选的萧群，主席团选举得票居然是第一名，成为选举的最大黑马。

当然，这也和萧群在演讲时的高水平发挥有关，也和赵欣舸执笔的精彩演讲稿有关系。赵欣舸无疑是一个才子。1989年12月31日子夜，近千名北大学生聚集在未名湖上，湖中央点起了很多蜡烛，大家迎接1990年元旦的到来，也在怀念逝去的一年时光。元旦钟声敲响那一刻，也许是不约而同，也许是神差鬼使，原本手拉手围成一个大圆圈的近千名学生，忽然一起向圆心跑去，结果把未名湖湖面踩塌了。

当然，未名湖很浅，没有安全问题，但是很多人都掉进了水里。很多人因此而相识，很多传奇也因此而产生。赵欣舸巧妙地捕捉到了这一点，并写进了萧群的演讲稿里。竞选时，当萧群慷慨激昂地讲道，"只要我们团结，就可以用我们的青春和热血一起踏破未名湖的坚冰"时，全场掌声雷动。

此次选举无疑是九兄弟联手的一次辉煌合作。但是，更令陶然他们自豪和津津乐道的是，在萧群主席团选举得票意外第一之后，有人提议，不要管事先和陈伟达成的"协议"，让萧群直接争取当主席。但是，陶然坚持人必须守信，大家说好的事情就要按照约定去办。而九兄弟也持此看法。于是，在下午主席团选举主席时，萧群主动推举陈伟担任主席，自己则当选了副主席。

尤为有趣的是，这次选举还成就了九兄弟中的两个人找到了各自的姻缘。一对是萧群和宋丹。选举前后，萧群与宋丹相识，宋丹是同一级地理系的，也是陶然的初中同桌，而且担任过上一届学生会的副主席。后来，两个人成了北大历史上几乎仅有的一对主席夫妇。

另外一对就是后来的陶然和胡凌华。

校园爱情

萧群决定竞选后，九兄弟策划了两个帮助萧群提高在全校知名度的活动。第一个是萧群作为心理系的学生，组织了一次心理咨询活动。萧群拉来本班一些同学为全校同学进行免费心理咨询，陶然作为校刊记者去采访，并且负责在校刊上进行报道。这次活动，让陶然认识了萧群请来帮忙的同班同学胡凌华。

第二次活动是陶然张罗举办了一次团校学员联谊舞会，邀请了几乎所有院系的学生干部，其实是为萧群引荐所有掌握选票的"大佬们"。当然，陶然也"假公济私"了一把，要求萧群一定要把胡凌华请来。舞会中，基本都是男生，少数的女生也大多都是团校的学员和各系的学生干部，大家都和陶然熟识，也都看出了陶然的"小心思"，在大家的"助攻"下，这次舞会也成就了陶然和胡凌华的姻缘。

一般而言，大三的学生基本上都会忙两件事，一是恋爱，二是实习准备找工作。陶然也不例外。陶然恋爱了。九兄弟中的戴启军、李辉、赵文权、萧群等也都开始恋爱了。

关于恋爱的事，最神奇的是九兄弟中的另外一位（这里姑且隐去他的名字），他在校园里遇到一位女生，非常喜欢，但是没敢去问对方的名字，回来后，他跟陶然唏嘘不已。陶然说这事儿简单，拉着他就去了校团委自己的办公室，在新生团员卡片中找到了他心仪的那位女同学，然后陶然找上门去，请那位女同学帮助团校抄写板报（因为那位女同学写着一手好字），陶然认识了女生后又带着她和九兄弟聚会让大家相互认识……

不过，遗憾的是，最后并没有恋爱发生。这就是当时青春校园生活的典型写照，也是陶然率性生活的典型写照。

与联想擦肩而过

不过，恋爱之外的实习和工作却没有想象中顺利。

原本北大的毕业生都是各单位争先恐后接收的对象，陶然的师兄师姐们基本上都进入了各大机关，但是陶然他们那一届，各大机关基本上对北大毕业生关上了大门。即便是分配到银行的，也都被下放到分理处、营业点去站柜台。

国民经济管理专业也不例外。于是，原本以经天纬地为志向的陶然和一大批前路不通的学生都开始清醒起来，大家开始重新拾起自己的另一个梦想。

上中学的时候，孙陶然就有一个第二梦想，当记者。在阅读尼克松的《领袖们》时，他了解到尼克松的故事以及水门事件，骤然觉得记者这个职业十分伟大，既能揭露阴谋和黑幕，又能使自己的见解影响到该影响的人。

孙陶然遂以"书生报国无他物，唯有手中笔做刀"为志，把第二梦想定位为做一名记者，报道事实，维护正义，甚至有一天，要拿到国际新闻界的最高奖项——普利策奖。

上了大学之后，因为对文字的喜爱，陶然很早就申请加入《北大校刊》做了一名记者，并开始在校刊上发表一些作品。大四时在确认进入体改委、体改所等核心机关的想法破灭之后，陶然决定，毕业后去当一名记者。于是，他抓住一个机会，到当时的大学生杂志社开始实习。

在那个年代，所有的杂志几乎都是挂靠在各个机构名下，没有所谓的自媒体。能在任何一个传媒平台上刊出自己的名字，都是一件非常难的事，也是许多大学生和传媒机构的人梦寐以求的事。

在那个年代，每一次传播的价值，都因其稀有，而显得格外珍贵。可是，对于孙陶然来讲，那一次的实习，给自己带来的，却是一场命运的转变。

那会儿，1989年被派到北大的一位领导正在北大校园搞节约粮食运动。已经深谙经济学的孙陶然根据自己对"节约粮食"和"运动"的理解，写了一篇"节约粮食不能靠运动"。本来是直抒己见，仅作为理论角度的一种思考。但是，不可避免地，稿子火了。

搞运动的校领导由此认识了孙陶然这个离经叛道的学生。不过，众所周知，北大百家争鸣的风气由来已久。写这样的文字，也算是北大学子长久以来独立思考、精神自由的体现。该领导和孙陶然沟通之后，虽然不满，但也并没有打算处理他。

所以，这件事，本来是可以不了了之的。但是，就在这时，另外一件事情又发生了。还是因为文章。而且，还不是孙陶然自己写的。

1989年12月，孙陶然实习的大学生杂志社策划了一个"夜访首都七大高校"的活动，计划围绕这个活动出一个专题，以展示首都七大高校的学生风采和真实的校园氛围。

孙陶然作为在大学生杂志社实习的北大学生，杂志社派来的记者自然找他，让他带着去图书馆、教室和宿舍等地采访。在当时，纪实风格非常流行，就是不加安排，不打招呼，看到什么写什么，经历什么展示什么。

几天之后，专题报道的文章刊印了出来。这次，不只是陶然被推上风口浪尖，连整个大学生杂志社也一下被卷进了一场巨大的风波。根据如此纪实描写的七所高校，其他六所，学生个个积极向上，学习氛围浓厚，一派正能量景象。唯独北大，学子们扑克麻将，派对歌舞，自由散漫，与其他几校一对比，高下立判。

凡是读过大学的人都知道，真实校园的周末一定是这个样子。至于另外六所高校为何呈现出完全不同的气象，我只能呵呵一笑，然后说一声：你懂的。对于陶然来讲，即使到了今天，他也仍然觉得自己没有做错什么。因为，事实就是如此。

但是在当时，那位搞运动的领导认为此事对北大的声誉造成了非常不好的社会影响，需要有人承担责任。于是，该领导找到大学生杂志社的上级部门向杂志社施加压力。

杂志社领导扛不住压力，跑到陶然宿舍找到陶然，请他理解杂志社受到的压力和领导的苦衷，说杂志社不得已，只能告知北大是陶然接待了杂志社记者的采访……

当时，一贯敢做敢当的孙陶然还反过来安慰杂志社的领导，说没事，我理解你们的苦衷。

于是，陶然成了此事的替罪羊。其结果就是——毕业伊始，同届中所有在北京找到工作的人都拿到了留京指标，只有陶然，不被允许留京，该领导给陶然系里的明确指示是："即便你系所有的学生都留京了，孙陶然也不可以留京。"

这之后，还有跟着到来的多米诺骨牌效应：陶然不能留在大学生杂志社，无论是做记者还是做编辑。也不能去当时已经录用了他的联想公司，因为没有学校同意的留京指标，联想无法接收。当时的联想是中关村上一颗冉冉升起的新星，陶然和政治学系的一位女同学在应聘中脱颖而出，已经被录取为联想总裁室的秘书。

后来，朋友们多次问过陶然一个问题，如果1991年的夏天陶然去了联想，进入总裁室给柳总或者其他高层当了秘书，那么他的未来会是怎样？因为后来联想的三少帅朱立南、杨元庆和郭为都是在那之前不久加入联想并从基层员工干起的。大家的结论是，"也许联想就是四少帅了"。

我绝对相信，以陶然的性格和态度，他在哪里都会脱颖而出。然而，现实情况是，陶然毕业后，要被分回老家了。以陶然的性格，他当然不会甘心囿于长春这样 个小城市。把不可能甘心的陶然扔回故里，其实是把陶然扔进了在当时毕业包分配的大环境之外混乱不堪的市场里。

命运，将陶然不由分说地推到了选择的十字路口。档案接收单位是与他所学的国民经济管理专业八竿子打不着的长春市第一建筑工程公司。陶然当然不可能就范，到这样一个所谓有户口、有岗位、有人收档案的单位，改变性情，去过自己的下半生。

上天是给了陶然一个全然不同的机会，让他必须做出选择。然后，义无反顾地开启自己接下来更加与众不同的人生轨迹。

第六章

自去自来堂上燕

必须先论是非再论成败，若方法不对、方法不当，违背了道德底线，即便获得了再多的名和利也不能称之为成功，一个社会若没有这样的良知，这个社会是没有希望的。

如果我们每个人都能够坚守良知，这个世界就会更好；如果每个人都放弃良知，这个世界就没有希望；如果多一个人坚守良知，这个世界就多一分希望。

——孙陶然《良知是这个世界最可宝贵的东西》

随着1991年7月15日的逐渐逼近，真正留给孙陶然选择毕业去向的时间不多了。

孙陶然是个目标清晰的人。尽管对于一个即将毕业的大学生来说，面对未来的茫然几乎不可避免，可对陶然来讲，却也不是大多数学生所面临的那种茫然，那种即将走进社会的无措，以及瞬间改变生活状态的慌乱。陶然的茫然，来自究竟用什么样的选择，才能更好地通向自己的既定目标。

孙陶然明白，他不可能回长春。他也明白，自己大概率得进入市场，而不是进入体制。只是，选择什么样的市场？选择什么样的大环境？

陶然从来都认为，这个世界上，没有谁能真正帮谁指出所谓的明路。每个人都只能做自己的救世主，所有的选择都需要自己来做决定，之后一切好的或者坏的后果也要自己承担。

我一直说将来想要写一部电影剧本，讲的就是每个人在面临选择时的状态。这个灵感就来自孙陶然在人生几个重要结点的选择。

在选择当中，孙陶然充分展示了自己认知的独立性。在他的世界观里，自己的人生自己走，不会盲目听从他人。同时，他所信奉的，也只有经过自己充分权衡和思考后的答案。并且，一旦选择，便勇往直前。

联想的第二个机会

当时的陶然有两条路可走。一是继续留在北京，虽然没有北京户口，但是可以找个单位当临时工。二是去深圳，那里是改革开放的最前沿，也是当时发展机遇最好，中国未来最有潜力的城市之一。

这两个城市对于陶然来说，都有无限的吸引力。

于北京而言，除了在这里上了四年大学之外，他许多大学里的挚友都留在了北京。而且，当时陶然谈恋爱了。他的女朋友，也是他后来的第一任妻子胡凌华是北京人。孙陶然于1991年7月毕业，于翌年2月和胡凌华结婚。可以想见，快毕业的时候，两个人已经在谈婚论嫁了。

而深圳，则是一个完全陌生的他乡。之所以有此选项，与陶然在毕业前夕的一次经历有关。

在孙陶然毕业之前，像所有同学一样找工作的时候，曾经在北大数名毕业生里脱颖而出，被预招至联想控股（当时还是联想公司）的北京总部总裁室做秘书。深圳这个选项也与这次应聘有关，因为虽然得知他没有留京指标，但联想认为他是个人才，仍旧想要给他一个机会。那就是安排他去深圳。

深圳当时不需要所谓的指标。更何况，陶然的口袋里还装着一封推荐信。毕业前夕，甘琦找到陶然，给了他两封信，信是甘琦请陶然在北大非常敬佩的一位青年教师写给陶然的，鼓励陶然要继续多读书，多思考，并且给陶然开了一个书单。另一封是这位青年教师写给自己一个在深圳的朋友的，他向这个朋友大力推荐陶然。他认为，陶然是一个不可多得的人才。

种种迹象表明，陶然已经做好了到当时已经开风气之先、后来更是改革开放最前沿的深圳去大展身手的准备了。当时，联想公司的深圳分公司刚刚成立，总经理是朱立南，即后来联想控股的总裁，圈内人平时说的联想三少帅之一。三少帅均成长于那个时代的联想，也成功于那个时代的联想。如前所述，如果陶然当年去了联想，那么联想现在可能就不是三少帅，而是四少帅了。

但是，玩笑毕竟没能成为现实，孙陶然最后没有选择联想，也没有选择深圳。一切，都是命运的安排。

陶然常说，他信奉"我命由我不由天"。在我看来，这更多体现了某一群人的一种特殊的思维方式。这种思维方式的建立，源于我们自幼在内心深处对中国传统的儒释道思想的吸收，源于我们自近代以来受现代文明影响所形成的拼搏、奋进、自我、独立的新精神。于陶然而言，也源于他的天赋异禀和自信。

7月15日，陶然毕业了。他既没有把行李托运回长春，也没有留在北京，而是让同宿舍的田文凯把他的行李一起托运到了东莞。田文凯和几个北大学生被分配到了东莞新科电子厂，一家很大的港资电子厂。有趣的是，那一年，新科电子到北大和清华各招四个应届毕业生，最后的结果是，北大学生待得最长的一个人在工厂待了一年，最短的只待了两个月。而清华学生则基本上都留下了。

后来，这个工厂的厂长变成了那一年去的清华学生中的一个。这在某种程度上，应该很典型地说明了北大学生和清华学生的差别。陶然绝对相信，同一个人大学四年在北大度过或者在清华度过，大学毕业后从思维方式到生活习惯上都会有很大差别。这是所谓的环境造就人。

帮助陶然寄送行李的田文凯，只在东莞待了不到一年，就辞职去了深圳一家证券公司，2008年，蓝色光标准备上市时，田文凯被陶然一个电话叫到北京，开始担任蓝色光标的董秘，具体操盘蓝色光标的上市事宜。在蓝色光标上市两年后，田文凯回到深圳。2014年，拉卡拉准备上市时，陶然又把他请回北京。目前，田文凯是拉卡拉旗下考拉基金的负责人，掌管着拉卡拉与北京市海淀区及中关村合作的第一期规模达10亿人民币的金融科技基金。

7月16日，陶然回到长春，将档案放在了长春市第一建筑工程公司。同一天，陶然办理了停薪留职手续。对于那个年代来说，还没开始工作就扔掉铁饭碗，当真是匪夷所思。7月30日，陶然回到了北京。他对自己的命运，用一个月的时间，做出了安排。回到北京后，他开始安心等待联想公司给他买南下的车票。就在等待期间，一个机会找上门来。这将又一次改变陶然的命运。

入职四达

提供这个机会的不是别人，正是和孙陶然一起共事过、间接地还让他丧失了留京指标的人，即当年刊发"夜访首都七大高校"报道的《大学生》杂志的编辑——刘文献。

刘文献毕业于北京航空航天大学，比孙陶然大几届。他同样在毕业时被分配回老家，同样没有回去，成了北京最早的一批北漂。

在大学生杂志社做编辑时，刘文献就是以临时工而不是正式员工的身份工作。在我们那个年代，正式员工这四个字，甚至都是找对象的标准和底线。它意味着铁饭碗，意味着将来有分房的资格，意味着无论干好干坏，都可以在这里退休到老。因此，当临时工当得不顺心时，刘文献就下海了。

刘文献下海的公司全名叫四达技术开发中心，原来是北京市民政局下属企业，后来归属到了民政部。四达技术开发中心是后来四达集团的前身。刘文献来到这里，被四达技术开发中心的总经理张征宇任命为公关部经理。但是，刘文献只是这个部门的光杆司令。

因为要组建公关部，刘文献第一个想到了孙陶然。于是，刘文献找到孙陶然，诚挚邀请他加盟。陶然说，"我已经准备去深圳了，行李都寄去了，就等着车票呢。"刘文献问："那车票什么时候给你？""那还不知道。"刘文献又说："车票拿到了，你想走可以走。不过现在反正你也闲着，先来我这儿看看呗！"

陶然答应了。结果，这一应，便是一个九年之约。

第一天去四达时的情景，陶然至今仍然记得所有细节。对他而言，这一场记忆可以算是铭心刻骨。刘文献组建四达的公关部，是真的从零开始。而孙陶然，就是刘文献的"一"，也是唯一的"一"。

孙陶然到了四达所谓的公关部，空空荡荡，一无所有。刘文献说"我正好要出去买桌子，咱俩一起去吧"。

然后俩人就一起去买桌子。挑选的时候，有那种一头沉的，就是只有一边有柜子，也有那种两头沉的，就是两边都有柜子。刘义献说，咱俩买两个两头沉的桌子吧，这样表示咱俩都是干部！然后再买几个一头沉的留给员工，就可以去招兵买马了。

陶然被刘文献逗得哈哈大笑。两个人买完桌子，雇了一辆三轮车拉回公司，可是三轮车只管拉，不管搬，两个人只好又请其他部门的同事帮着搬到六楼的办公室，直累得满头大汗。

累归累，内心却是说不出的放松和愉快。陶然后来说，那是一种莫名的归属感，给人的感觉是，你就是属于这里的。之后，就开始正式办公了。

半个月之后，联想通知陶然："车票买好了，你可以去深圳报到了。"又要开始做选择了。但这时的孙陶然已经没有太多犹疑了。他谢绝了联想，留在了四达。

时隔多年以后，我们数次聊起为什么没有去联想。因为现在的陶然，也是柳传志非常欣赏和喜爱的企业家，数度合作，数次站台，彼此敬佩，彼此守望。1991年夏秋之交的那个机会，应该是能让陶然和联想最可能走到一起的机缘，却被陶然主动放弃了。

陶然说，这应该还是缘分和命运的安排使然。陶然觉得，自己人生中几次重大的选择都是被"半推半就"的结果，事实也确是如此。

他认为原因有两个，一个是自己本质上是一个价值取向多元化的人，很多事情都是他想尝试的，所以往往选择 A 可以，选择 B 也可以，对陶然而言，这些只不过是一个先尝试还是后尝试的问题。

另一个原因是，陶然是一个很抹不开面子的人，也是一个很乐于助人的人，如果别人非常希望陶然去选择某个方向，而这个方向又在陶然价值取向之内，他往往会"从了"。大学毕业之后去深圳还是留北京是如此，后来联合创办恒基伟业是如此，创办拉卡拉也是如此。

那时，孙陶然和女朋友胡凌华已然谈婚论嫁，虽然说感情甚笃，但毕竟毕业就异地，对于孙陶然和胡凌华来说，还是一个比较艰难的选择。而陶然自己，这么多年来，作为同学，我深深地了解他身上柔软、善良和愿意承担的品质。陶然自己说，这叫随遇而安；而在外人看来，这是一种责任感。

后来陶然说，其实他当时内心并不愿意去联想，因为最初到联想面试，是女朋友的父亲托人介绍的。作为东北男人，陶然心里总是有些疙瘩。

可是，因为没有指标不能留京的缘故，去联想的初衷实现不了了。去深圳便成了既搭了自己不情愿的人情，也不能留在北京与女友相守，成了只是为了工作的一种下下之选。

开始还没有更好的选择时，陶然可以接受安排。但当刘文献发出邀请，而工作地点又在北京时，陶然内心的天平已经向四达倾斜了。

尽管只有半个月的时间，彼时的刘文献却已经将陶然视为未来发展的合作伙伴。这种信任与倚仗，让陶然更加觉得有责任在肩。

并且，这个最初只有两个人的小团体，已经在短短的半个月时间里，发展成了五个人。条件简陋，前途未卜，可是，这个小团体，却是空前地团结友爱。那是陶然从校园踏入社会的第一步。

婚姻初体验

北京，成了陶然的第二故乡。第一份工作，他每月挣 180 块钱的工资，比当时大学毕业生参加工作之后的平均值几乎高一倍——当时，体制内单位的基本工资都是在100块左右。

不过那时的物价水平也很低，坐一趟公共汽车才几分钱，外面吃上一顿饭也才一两块钱。那是一个还没有私家车和商品房的年代，是一个没有租赁房和高铁动车的年代。

那时，上海证券交易所刚刚成立，深圳证券交易所还在试营业阶段。那是一个物质仍然匮乏却隐含着勃勃生机的年代。

没有人能想到，仅仅五年之后，孙陶然就从四达技术开发中心的一名普通员工，成长为四达集团的上级公司——中国福利企业总公司的副总裁（据说这个职位是副局级待遇）兼四达集团副总裁兼四达广告公司总经理。此时，孙陶然不过才27岁。

1991年，苏联宣布解体。美国宣布实施星球大战计划。中国决定申办2000年奥运会。对于某些人，那是一个动荡的年代。对于另外一些人，那是一段静好岁月。

留在了四达，留在了北京，留在了女友身边。孙陶然于毕业后半年便正式成家。结婚那天，没有婚纱和西服，没有婚纱照，胡凌华借了闺蜜的红色毛衣，孙陶然借了哥们儿的西装。婚房是中国石油大学校园里一个简陋的平房，没有煤气，没有暖气，没有装修，更没有像样的家具。陶然请朋友拿相机给这场仪式拍了一些照片，然后在小平房旁边的小饭店里，孙陶然和新婚妻子宴请了几个同学，这就是所谓的婚宴。大家吃了一桌饭，花了400块钱，最后，因为陶然没有那么多钱，还是由刘文献赶过来帮忙结了账。

当时的婚房分里外间，陶然和妻子住在里间，外面断断续续住过陶然好几个因为也当了北漂而暂无居所的同学，其中住的时间最长的就是他的死党、后来一起创办了蓝色光标的赵文权——蓝色光标2010年在A股上市，目前是全球第八大、亚太第一大为企业营销提供服务的集团。

这个外间还住过戴启军，陶然的大学同班同学，后来从恒基伟业到拉卡拉一直和陶然同进退，也是拉卡拉的联合创始人。

九十年代初期，普通人的日常生活刚刚有些变化。在北京市区内，很多东西还必须跟户口挂钩。因为孙陶然当时没有北京户口，他的家里不仅不能安装煤气，甚至连购买煤气罐的资格都没有，也没有每月的粮票和肉票。

做饭，就只有一个电炉子。因为实在不便，于是方便面就成了当时他和妻子的主要食品。陶然对于当时吃东西最深刻的记忆，就是一箱一箱地买方便面，然后拿电炉子煮着吃。如果能有机会加上两个鸡蛋，那就真的是一种奢侈了。

每次说起陶然当年的婚礼，很多人觉得，实在是仓促和简陋。其实我们很多早婚同学的婚礼都是相似的场景，相似的骑车或者坐上公交车去领证，然后回家跟亲朋好友吃顿饭，相似的缺少更正式的仪式感。这就是那个年代最普通的夫妻结合的写照。

所以，那时候的婚姻，还是需要爱情做先导的。同学们给陶然包的红包都是50块钱，相当于大家半个月的工资。结婚的时候，家里没有任何所谓的大件儿。那个年代结婚时，很多家庭都在努力购买的各种电器，陶然家里一件都没有。

陶然工作数月之后，有一次单位组织献血，虽说是自愿的，但是有500块钱的营养补贴。别人都不愿意去，唯独孙陶然欣然前往。献完血之后，那些钱他并没有拿来买营养品，而是马上给家里买了一台洗衣机。那是陶然家里第一件正经八百的电器。

第二件电器是台电视机，用陶然的话说，还是一台大电视机，那种平面直角21寸带遥控的，牡丹牌，花了2400多块钱。这种电视，在现在的北京家庭中已经看不到了。可那时候，它是陶然两口子和北漂的小伙伴们朝思暮想的娱乐工具。

买电视的钱，是陶然此生第一次，也是唯一一次"做买卖"赚来的。毕业不久，有一个机会，他和好友钱实穆一起卖了一台电脑，挣了些差价。两个人每人分了几千块钱。在那个陶然每月工资只有180元的年代，几千块钱对于他们来说，不啻为一笔巨款。

陶然拿到钱很高兴，便用来买了电视。但是，他和妻子都没有对这几千块钱感到过更多的兴奋和快乐，甚至都没有激起他继续去赚钱的欲望。在生活最艰辛的阶段，陶然的妻子也从来没有给过他必须赚钱的压力，这一点陶然一直很欣慰。。

和所有所谓的北漂一样，陶然的生活也是从物质上一无所有开始的。只是，他似乎从来没有想过要以赚钱为奋斗目标，对于自己的能力，陶然始终有着超强自信，满脑子都是要把手头的事情做到最好，未来要做一番大事业的念头。

我们那个时代，大家普遍对物质的在意程度远远低于现在。可是，那时候的快乐似乎比现在还多。陶然说，家里没有电视的时候，骑自行车带着老婆去附近的"八大学院"和学生一起花两块钱看一晚上录像的日子也并没有觉得有多苦，相反还觉得，有种纯粹的快乐。

进京指标

没过多久，陶然就迎来了工作之后的第一场大变化。1994年，他有北京户口了。

在这之前，国家对于普通人落户北京的限制一直没有放松。直到1994年，一个政策出台了：为了引进外地科技人才入京，北京特批了一批高级技术人才进京指标。因为四达集团属于民政部，也分到了几个指标。

当时的四达有三波势力：北航人、北大人和东北人。因为总经理张征宇是北航人，所以四达北航人很多。另外一个非常能干的副总裁肖朝君是北大人，所以也聚集了一批北大人。而不论是北航人还是北大人，其中又以东北人居多。找陶然加入四达的刘文献，是北航人，肖朝君是北大人也是东北人，于是，由北航人介绍来的北大系东北人（有点像绕口令）孙陶然，便在其中如鱼得水。

陶然从小就是一个朋友遍布三教九流的人，从初中时代开始便是这样。不论是学习好的学生，还是调皮捣蛋的学生，都可以做他的朋友。进入四达后，北航人、北大人和所有的东北人也都把他当朋友，很快，总经理张征宇也注意到了这个充满自信、浑身有使不完的劲儿的高才生。

于是，其中一个进京指标，在陶然根本不知道也根本没有概念的情况下，相关领导在分配时都想到了要给他留一个。有意思的是，这是多年当中，北京唯一一次特批进京指标。在那之前以及之后，都不曾有过。

在转户口这件事上，还有一个小插曲。指标批下来后，陶然回长春办理户口迁移，他在给自己存档的长春市第一建筑工程公司那里已经找不到档案了。后来，他询问了很多人，到处碰壁，到处查询，最后，才终于在某个街道办事处的一个没上锁的档案柜底部，翻到了自己那个满是灰尘的牛皮纸袋。那里，装着他22年的青春岁月。

从前失去的，没多久，生活就还给了陶然。当然，是用另一种方式。

每次谈及此事，陶然都感慨万分，因为他亲身经历过当年父母为了解决两地分居问题，花巨大的力气跑了许多个年头，才把工作和户口调到长春的全过程。而自己，竟然在没有做任何努力的情况下，用不到三个月的时间就完成了从知道有可能到把户口调到北京的过程。

实在是"天上掉馅儿饼砸在自己脑袋上"的感觉。如此，这算是解决了陶然的一个后顾之忧，也算是从此奠定了陶然定居在北京的基础。

不过，这仅仅是一个开始。对于陶然来讲，还有诸多变数等着他一一经历。回到当初，如同陶然不知道自己在四达一待就是九年一样，陶然也不得而知，在未来，还有什么在等着他。

未来，他的人生又将书写出怎样的丰富与精彩。

第七章

青衫初入九重城

复盘陶然职业选择的过程，又想起很早之前，陶然还曾有以经天纬地之才，做国家之栋梁，从政为民的梦想。

事实上，我们这一代人，从改革开放最初的时光开始成长，社会责任感和历史使命感仿佛天然就在。只是，有些人去践行了，有些人去另辟蹊径了。陶然是后者。

然后，上了大学，在放弃从政的梦想后，陶然又努力实践过做记者的梦想。结果，也无疾而终。

临近毕业时，陶然还有个选择就是出国，这也是我们那一代人当中很多佼佼者的选择。陶然的同班同学里就有不少人后来选择走出了国门。在陶然隔壁的国际经济系，更是有一半以上。据说，在当时北大最热门的生物系，大学毕业时，三分之二的同学都去了国外。当年有个电影叫《大撒把》，说的就是这段出国潮的故事。

陶然没有出国。不是不能，而是不想。前面说过，陶然认为自己的大好青春不能浪费在背单词上。他很清楚，去国外端盘子吃苦不是问题，问题是毕业之后即便留在国外，也只是一个打工者而已，拿一份薪酬，过着比国内优越的生活，但没有什么发展空间，更没有地位；毕业之后如果回国，在美国读书的时间则等于浪费。

毕竟，他是受中国传统文化浸润和熏陶的。他所有的梦想，都需要在这片土地上才能真正地生根发芽，才有可能做出一番事业。

出国留学，联想邀约。毕业前后，陶然面临过许多选择。但最终，他留在了四达，北京。

我从《罗辑思维》那里听到过一句话，叫：选择从来没有对错，你所能做的，就是尽全力，让当下的选择成为最好的那个。这句话，我一直深以为然。

人和公司的四种关系

对于陶然来讲，从1985年那个选择学文的夏天开始，他已经将自己的每一个选择，都做到了最好。

陶然有个突出的特质，就是他往往会先于自己的年龄感知洞悉到一些事。他自己也很奇怪，所以，把这归结为是上天在点醒自己。陶然非常喜欢思考，尤其喜欢归纳和总结，所以他能在人生的各个转折点上洞察到一些真相，然后再听从内心做出正确的选择。

谈到自己刚刚参加工作的情景时，陶然讲，他有两个非常深刻的体会。

第一个体会是能帮人的时候一定要帮人，尤其是，当一件事对自己是举手之劳而对别人是雪中送炭的时候，一定要帮助别人。"如果你把身边的朋友都帮成了万元户，那你一定不会是乞丐。"这句话，他在不同场合说过很多次。最后，在拉卡拉的文化理念里，它又演变成了"温暖他人，成就自己"。

第二个体会是他分析了公司和人的关系，认为人和公司之间分四种关系：

第一种是公司有前途，个人没前途。在当时所指的，就是那些在中国的外企。公司绝对有前途，但是作为土生土长的中国人，在外企里并没有更大的升迁机会，即便在华人圈子里，排在前面的也是香港同胞、台湾同胞，然后是新加坡华人，以及各种非欧美外国人。

第二种是公司没前途，个人也没前途。当年的很多国企都是这样。企业效率低，非市场导向，没有发展前景，个人在里边也只是在经历一个论资排辈的过程，同样没什么前途。

第三种，公司有前途，个人有前途。这当然是最好的一种结果，陶然认为有些民企就是这种状况。在大学期间，陶然去参观过当时的四通和联想，这两个企业给他留下了非常深刻的印象。

当时在四通，他看到了四通办的企业内部刊物以及上面刊登的一些文章，有些篇目他至今都还记得，诸如"你有多大本事，公司给你搭多大台子"。

在联想，他看到类似这样的标语："把百分之五的希望变成百分之百的现实""从海图上看我们的未来"等。当年的联想，还是一个年销售额只有200万人民币的公司，但柳传志先生提出，联想未来要做成跟台湾宏碁公司一样，要做成华人的全球性伟大企业。

这些都让陶然热血澎湃。公司有前途，个人有前途，这是最好的职业选择。

第四种，公司没前途，个人有前途。陶然认为，他所加入的四达，大概就属于第三种和第四种之间，而且大概率属于第四种。

28岁的副局级集团副总裁

加入四达不久，陶然就感受到了四达在管理上的很多问题。比如，管理无序、战略不清晰、摊子过大等。所以他对四达的前景并不很看好。但是，四达给了陶然偌大的舞台。

入职之后不久，他就认识了四达的最高负责人张征宇。张征宇大孙陶然九岁，他非常赏识陶然，也对陶然非常宽容，陶然在四达想做的事基本上从来没有阻碍。或者说，都得到了张征宇力所能及的支持。这一点陶然每每谈起，依旧念念不忘。

当然，陶然在四达体系工作九年，贡献良多，更是把恒基伟业做到了辉煌的顶峰。平心而论，他是对得起最初的这份信任的。既然认为自己选择的四达属于公司可能有前途可能没前途，但个人绝对有前途的类型，陶然就决定，先踏踏实实地干下去。

后来，在一次访谈中，陶然谈到，他的那些北大同学当中，最后发展得比较好的，都是在一个体系内坚持干下去的人。

陶然把职业生涯比作爬山，固然东南西北坡都可以爬到山顶，但你若从东边爬着爬着便换到西面，再换到南面，再换到北边，不如坚持在一个方向一直向上攀登。哪怕路途艰难，只要坚持，你总是在朝着山顶前行。

每一次换工作，并不是在现有的高度上继续往上走，而是会向下滑落甚至跌落到平地之后再重新出发。所以，那些毕业之后因为待遇或者职位差别频繁跳槽的同学，最后发展得都不如那些在一个体系里坚持下去的人。

这也是陶然给当下找工作的年轻人的一个提醒。有些时候，需要确认一个目标，需要持久力。这种坚持的结果，最后一定会好于你起初觉得更好的对面。

对于陶然，他的选择就是坚守。他先用四年时间，把自己所在的四达广告公司从零做到集团利润第三大的子公司，自己也从一个临时工成为四达广告公司的总经理，同时，公司也完成了从集体所有制向有限责任公司的转型。

然后，他又用了一年的时间，成为四达集团的副总裁。之后，成为四达的上级公司中国福利企业总公司的副总裁。据说，那个职位享受副局级的待遇。而那时，陶然才28岁。

回到最初的原点。这一切，都是从1991年的7月30号，陶然选择去做一个临时工开始的。而直到2000年6月，陶然因为经营理念上的巨大差异，以功成名就之身宣布退出恒基伟业经营层。

这期间，用了九年时间。九年，便让一个人从人生的山脚登上顶端，实在是太快了。孙陶然从1991年进入四达，到2000年离开，这九年于他而言，意义相当于一个十年。这十年间，他从未停止成长。

陈奕迅的《十年》唱得让人唏嘘，对这世间的每个人来讲，任何一段十年，都是人生的一段沉淀自我、跨越时代的行程，不管是不是青春岁月、奋斗时光，都值得让人留念。

工作即创业

前面介绍了陶然刚被刘文献拉到四达工作时的场景——无桌椅，无人员，两人既要采购，又要招聘。那是他生命中最重要的一段经历。也就是在那个时候，孙陶然拉进来了一个人。那便是后来跟他一起创立蓝色光标，并成为蓝色光标董事长的北大九兄弟之一赵文权。

彼时，也是睡在孙陶然家小平房外间的赵文权。曾经是睡在上铺的兄弟。后来是睡在隔壁的兄弟。

在北大，赵文权是孙陶然同级不同系的同学，陶然学经济，赵文权学政治。他也是九兄弟中年龄最小的一个。大学毕业后，赵文权被分配到王府井百货大楼卖男布鞋，每个月工资113块钱。

这在现在看来可能有点可笑，一个堂堂的北大政治学系高才生竟然去卖布鞋！但这是毕业分配的结果，也是那个时代的产物，因为关乎所谓的留京指标和北京户口，以及当时各单位对北大毕业生的疏远。

所以，在当时，这种情况反而很常见。很多大学生，即使被分配得不好，也会选择先在单位一直待下去。因为那时，户口、留京指标、铁饭碗，依旧是一个人最重要的人生选项。

那么，赵文权为何又会选择前往四达呢？因为孙陶然和妻子住的石油大学小平房距离陶然的单位比较近，距离王府井百货大楼却比较远。陶然在单位是二把手，基本上没有按时上班按时下班的概念，而王府井百货大楼是商业机构，每天营业之前售货员就要到位准备。

所以，赵文权几乎每天都要在早晨六点多就起床，然后倒三趟公共汽车去王府井上班。很多时候，赵文权要走的时候，陶然都还没起床。

因此，陶然便常常挤兑赵文权，说你一个北大政治学系高才生，每天起早贪黑去卖布鞋，你是刘备还是武大郎？赵文权就反驳陶然：卖布鞋当然不是长久之计。陶然说，那就干脆辞职来四达和我一起干算了！

在陶然所有"刺激"与激将当中，有一条真正打动了赵文权。那便是陶然每天眉飞色舞地讲述自己在公司和同事们奇思妙想并想干就干的状态。这与赵文权每天千篇一律卖鞋的情景形成了强烈反差。于赵文权而言，卖布鞋本也只是权宜之计。因此，没经过孙陶然太多的劝说，他很快就决定离职前往四达。

结果，当赵文权向王府井百货大楼提出离职时，百货大楼怒了，自己耗费了宝贵的留京指标好不容易招进来的北大毕业生，待了没几天居然有了去意。更重要的是，百货大楼在这之前还从来没有遇到过有人想离职的情况，多少人挤破了脑袋想往里挤还挤不进来呢！

一向被人追捧的单位突然出了异类。这还了得？百货大楼提出，不允许赵文权离开。只是，这就由不得百货大楼做决定了。一番折腾，让赵文权更是去意已决。百货大楼说，那就赔钱吧！否则，不给档案！赵文权想了想，没钱赔。档案，不要了。

对于后来的很多人来说，档案随便放在哪里都无所谓。但是，对于当时那个时代的人来说，档案是工作、升迁、生活的必备条件。抛弃了档案，等于抛弃了所有再进入体制的机会。

可以说，赵文权是鼓起了他生命中最大的勇气。物以类聚，人以群分。就是像赵文权这样的人，慢慢聚拢到孙陶然的周围。如此，再加上另外招来的几个人，四达集团的公关部更加健全了。而这个四达集团的公关部，便是后来四达广告艺术公司的前身，是二十世纪九十年代北京几千家广告公司之一。

在十数年的发展和壮大的过程中，前前后后，四达广告艺术公司曾培养出五六十位总经理。时势造英雄。那个时代给了孙陶然最好的舞台。而他在这个舞台上，回馈了时代最好的演出与献礼。

孙陶然把自己从进入四达公司上班以后的经历开始，都视为创业历程。他在各个场合做演讲的时候，总喜欢说开启创业人生。而四达广告公司，就是孙陶然自己创业人生的第一站。尽管那时，四达广告公司还是民政部下属的一个三产企业四达集团下属的集体所有制公司。

陶然说，所谓创业人生，核心是创业心态。在当下万众创业的背景下，创业两个字都被讲滥了。但是，二十世纪九十年代，我们管辞职经商或做事叫下海。而创业，对于绝大多数人来说，是一个陌生的词汇。

创业，意味着从零开始。创业，意味着没有人给你做背书，做后盾，做支持。你和你的伙伴们必须白手起家。创业，意味着如果你失败了，没有人为你的失败买单。

关于创业心态，陶然在很多地方演讲的时候都提到过。他的原话这样说："如果你有创业心态，就算你只是一个前台的接待员，其实你也在创业；如果你没有创业心态，即使公司百分之百的股权都是你的，你也不是在创业。"

所谓的创业心态，在陶然看来，有以下几种特征。

第一，主人感。这个主人感，包括对公司的主人翁意识和对工作的自主意识。只有真正意识到所有工作在本质上都是自己的事情，你才算具备基础的创业心态。

陶然常说，大部分的人在智商和情商上差别很小。起点一致，可为什么不同的员工做同样的事总是会有天壤之别呢？这，就要看一个人做事是否有主人感做主导。

换言之，就是有的人视为单纯的工作，有的人，则当成自己的事情。绝大多数人，如果能够像对待自己的事儿一样对待工作，一定可以比现在干得好很多。

第二，执着感。即不达目的誓不罢休的精神。当你具备了最基础的创业心态，当你产生了主人感，对于你所从事的事情，你就自然有了想把它做成的动力。

但是，有了这种动力，你又会面临新的问题，比如，如果失败了要承担很大风险，你愿意担责吗？陶然的答案是，别管那么多，勇往直前就对了。

真正有创业心态的人，不仅会千方百计把事情做好，还会想方设法去克服千难万险。犹豫和纠结会错失良机。所以，总是思虑周详的人，不适合创业。陶然说，所有的成功都是不撞南墙不回头，撞了南墙也不回头，是用头把南墙撞出一条路的结果。

第三，永远要有B计划（Plan B，指第二方案、第三方案，用以在第一方案行不通时增加成功机会；有时候则是做好失败准备的心态，并且留出失败后再次努力的资源）。有创业心态的人，不仅要做一往无前的勇士，更要做善于运筹帷幄的谋士。谋要在勇前，要有谋有勇，而不是有勇有谋。

创业是一件高风险的事情，要给自己余地，要留退路。但是，留余地和退路不是说随时准备放弃，而是任何时候都要保持"万一失败，还有东山再起的本钱"的状态，让任何挫折都打不垮自己。

陶然的做法是，永远要做最坏的打算，尽最大的努力，争取最好的结果。一件事情，如果是即便出现最坏情况，自己也不至于一败涂地，还能留有东山再起的本钱，就可以大胆地去做；如果越过了这一界限，就不能去做，因为那是赌博，是听天由命。

选择，就要承担后果，并且可能承担最坏后果。做事，就要思虑周详，给出多个解决方案。往前走，就要做好应付变数的准备。

于孙陶然而言，他在一开始进入四达公关部时，就已经带着创业心态。直到今天，他还在用这种创业心态来要求自己、合作伙伴和自己的团队。

在和陶然沟通的时候，我常常产生同样的感慨。当下，许多刚刚参加工作的年轻人在应聘工作的时候，遇到强度大、难度高的岗位便不愿选择；进了单位又不愿加班，不愿吃苦。陶然尊重这些年轻人的选择，不过，他坚持认为，你可以选择拿多少钱干多少事，但是如果你想成功，那这样的选择断不可取。

因为年轻，你有力气，有时间。但也正因为年轻，你可能只有力气和时间。如果你连仅有的能在工作当中发挥的东西都吝惜，那便可以算是一无所有了。这不只是创业经验，更是职场经验，可供许多人参详和思考。回望自己，看看你有什么，能给别人什么，再去考量我能获得什么。

在陶然眼里，一个人的价值是由其不可替代性决定的，即他对于组织而言，对于别人而言有多不可替代。一个人能有多大用处，能做多大贡献，他就能有多大价值。

在拉卡拉，所有的防区都是自己打出来的，积极求战，并且取得胜利，你的防区就会越来越大，级别就会越来越高，收获也会越来越大；反之，如果总是大事化小小事化无，你的防区就会越来越小，甚至很快你就会被队伍所抛弃。

陶然的公式是：**人的价值＝不可替代性＝防区大小 × 战绩好坏**，陶然称之为"拉卡拉的军功主义"。

对初出茅庐的陶然而言，此刻他刚进入职场，最该做的就是先提升自己的价值。所有的心态都已准备就绪，所有的能量引擎也都已经开启。

这，是蓄势待发的一刻。

第八章

小荷才露尖尖角

> 赢家是不会把宝贵的脑力用在八卦上的，他们会专注在自己认为重要的事情上，所以，越大的科学家在生活上往往越显得弱智，因为他们对柴米油盐这些事情根本没有放精力，他们的脑力每时每刻都专注在自己的专业上。
>
> ——孙陶然《赢家每天都在想啥？》

回到1991年的秋天，刚进入四达的陶然，每天忙到没有上班下班的概念，满脑子想的都是在公司有什么事可做，怎样才能把现在做的事做到最好。用他自己的话讲，领导一给差事，他就特别高兴；哪怕这个差事费力不讨好，他也将之当成考验自己解决问题能力的机会。

上班不久，陶然就第一次被派出差，目的地是杭州。出差的缘由是集团总经理张征宇答应给公司一个合作伙伴的员工做销售培训。

任务交给了刘文献的公关部，公关部没有人懂销售，更没有人会培训，但这是公司最高领导下达的任务，公关部又必须接。接完不懂怎么办？没关系，有陶然呢。虽然陶然也没给别人做过培训，更别说是销售技巧的培训，但既然整个公关部没人能干，陶然便毫不犹豫地说，我可以。

第一次做培训

接到任务时是中午，张征宇说要尽快出发，但没有说必须几点出发，更没有人催促陶然。但陶然还是连午饭都没吃，就立即回家收拾行李，下午便到了火车站。

因为出门太急，他根本买不到卧铺票甚至硬座票。那是1991年的中国，没有高铁，没有动车。那时，普通人出差根本没有机会更没有资格乘坐飞机。

而从北京到杭州坐火车，单程要29小时之久。在火车上的29小时里，陶然整整站了27小时。最后，还是旁边买了坐票的大姐实在看不下去了，她把自己的座位强行让给陶然，让陶然坐了剩下的两个小时。到达杭州，找到那家公司的时候，陶然已经在路途上辗转了两天一夜。

若干年后，陶然是全国创业者们口口相传的最好的培训导师，几乎没有之一。他撰写的关于创业、关于管理的书籍在市场热销，一年竟然加印近四十次。他在各个平台的讲课被许多人视若珍宝，大家认为他的讲述是最有价值、干货最多的课程。

也许，他的好口才来自高中时的选修课。他的好心态来自大学时的课外互动。但他最初的培训经历，便是来自这一次行程。做这次培训，陶然的创业心态同样起了主导作用：这是我自己的事；我必须做到最好；以及，我要做好准备。所谓做好准备，就是指接到任务后回家收拾行李的过程，并不是拿衣物用具，而是拿上家里所有关于市场营销的书。培训开始前，陶然已经利用一切时间，将这些书都翻完并摘抄总结了。不过，摘抄总结并不是最终目的，书本毕竟是别人的归纳与发声，对于陶然来讲，那些是启蒙和参考。

真正培训的大纲，是陶然自己拟定的。一边授课，一边继续思考。一边看别人的书做参考，一边搭建自己的培训思路。待到培训接近尾声的时候，陶然已然建立起了自己的销售技巧体系。

每次陶然跟同学分享这段经历的时候，我都有难以置信的感觉，这太像一个传奇，而不像生活中真实发生的事。不过，这却又真真切切是那时陶然给自己，也给那个时代最好的贡献。他创立了一种新的模式，这个模式可以开启一个行业，或者一个领域的创新思路。这就是：学习，借鉴，形成自己的感悟；再学习，再借鉴，补充自己的感悟；继续学习和借鉴，形成自己的体系。

与此同时，陶然还做了那个时代几乎所有培训的人都不会做的事，他在学员中发现了两位曾经参加过外企销售技巧培训的员工，便自己掏钱请他们吃饭，与他们沟通，套取他们在外企接受培训时学到的内容。

用现在的话说，二十多年前的孙陶然，已经具备极强的学习能力。乃至到了今天，陶然依旧记得当时那两位学员给他介绍的销售流程。他们说，销售就像开车一样，首先挂一挡，即建立和对方的信任；然后挂二挡，即了解对方的需求。后面的人家没记清楚，于是陶然根据自己查到的书籍以及逻辑，继续发挥：三挡，指出问题并给出解决方案；四挡，促成销售意向……

无疑，这几堂销售技巧课陶然讲得十分成功。没有人发现，其实陶然是现学现卖，来给大家培训之前，陶然也不懂。

所以你会发现，所谓成功，其实很多时候，就是极强的学习能力以及做事的态度。心无旁骛地做事，第一时间去做事，做事的时候竭尽全力做到最好，这是陶然初始做事时的心态。

赢家心态

后来的屡次成功，让他不断坚定自己的赢家心态。坚定的赢家心态，又促成了他更多的成功。于是，一个良性循环的机制，被陶然在不知不觉中搭建起来。

有一种定律叫墨菲定律。墨菲定律事实上是一种心理学效应，里面有一项最重要的定论就是：如果你担心某种情况可能会发生，那么它就更有可能发生。当我有机会了解到墨菲定律的时候，我居然第一时间想到了孙陶然。因为那时，他最常说的一句话就是：如果你自己都不觉得自己能赢，你不可能赢！

这也是后来孙陶然的创业理论体系中被广为流传的赢家心态。什么叫赢家心态？孙陶然给赢家心态同样总结了四个特点。

第一，自信。自信的人最容易成为赢家。自信本身就蕴含着动能和势能，它是一个人能够赢的根本动力。

第二，自主。陶然高中时就坚信"我命由我不由天"。这句话里面，其实包含了自信和自主两种特质。自主就是把握自己的命运，并相信自己做出了最好的选择。

第三，自强。能赢的人，无论做任何事情，都是不做则已，做就要做到最好。这一点和创业心态中的"不达目的誓不罢休"相似。"不达目的誓不罢休"强调的是对结果的坚持，自强则是站在自立的基础之上，强调内心的韧性。

第四，自嘲。即像阿Q一样，善于运用精神胜利法，减少必须胜利带来的巨大精神压力，能在失败时迅速给自己找到台阶，让自己重新回归战场。能自嘲的人，内心更为强大。

创业心态，加赢家心态，成就了创业初始的陶然。创业心态，加赢家心态，也成就了陶然后来的一系列创业选择和人生选择。

取得首次培训成功的孙陶然，严格意义上讲，还只是四达集团的临时工。可是，他从来没有觉得自己是临时工，他认为自己就是这个公司的一部分，是这个公司的一个重要成员，甚至就是这个公司的主人。

陶然的心态，成就了他的选择；陶然的选择，成就了他的思维方式；陶然的思维方式，成就了他的做事风格；陶然的做事风格，又成就了他的事业。

因此，从培训开始，他在公司每做一件事情，成功率都最高；每完成一份工作，客户的满意度也最高。陶然也因此获得了远快于他人的晋升。

策划室主任的挑战

回望陶然从毕业到成为集团副总裁的经历：陶然从最底层起家，参与四达集团公关部的组建，虽然被任命为策划室主任，可手下并没有一兵一卒。去杭州做培训，也只是额外的工作。

而陶然所在的公关部，日常的工作更多是调查策划，给出方案。这在今天的行业分工里，是最烧脑的工作。在所有领域里，是最具挑战性的工作。在所有的工种里，是最考验综合能力的工作。

在策划室工作，需要熟悉公司各类产品特性，了解公司各个阶段的目标规划及发展方略。随着业务不断增多，担任策划室主任的陶然慢慢也要开始招人管人了，陶然就需要从大学毕业生的身份迅速转换到部门领导的角色。职能的要求，角色的转换，让陶然登上了事业的第一个台阶。

这期间，有两件小事，陶然在不经意间道来，却让我这个旁观者颇受触动。

第一件事，是陶然开始做市场营销策划的时候，他觉得自己并不具备相关经验，于是他千方百计地了解，哪里可以获得最直接有效的内容作为借鉴。

然后，他去当时一家很知名的广告公司，通过大学同学的人脉，花了1500块钱（当时人均工资一个月才几百块钱）向该公司的一位业务大拿购买了一份市场营销方案（当然，所有的敏感数据都已经被删除）。他拿着这个方案模板翻来覆去地研究学习，摸索其中的思路，研究透了，再自己撰写。最终，创立了自己的营销体系。

第二件事，是陶然觉得自己刚毕业，没有任何管理经验，必须学习。在当时，最好的管理经验和管理方法来自联想集团。那时候的图书市场上，管理二字还是一个空白，中国尚未形成严格意义上的管理理念。这时陶然想起，他在毕业之前被联想集团总裁办录用的时候，还有一个政治学系的女同学也被录用了。尽管陶然因为种种情由并没有去联想，但是，那位女同学去了。

于是，陶然找到女同学，请她帮助复印一本联想管理大纲。陶然参详大纲，反复研读。2004年，当孙陶然为新成立的公司找联想融资的时候，他将自己在十几年前复印的联想管理大纲送给了柳传志。那时，这本复印来的文件已经因为陶然的不断翻阅变得四角翻卷，颇为破旧，上面密密麻麻写满了笔记和感悟。柳传志看后，颇为动容。他没有想到，自己公司成功的经验，竟然被一个外面的管理者研读得最为深入。对于陶然来讲，这只是他学习力从未间断的日常。陶然任职于四达公关部的那个时代，中国的企业刚刚开始市场化，大家纷纷设立公关部和广告部。公关部负责企业的宣传，后来还延伸到品牌的塑造和推广，广告部则负责广告的制作和投放。

中国企业历来讲究肥水不流外人田。因此，在二十世纪八十年代末九十年代初，中国如雨后春笋般涌现出了一大批以企业品牌冠名的广告公司，例如四通广告、四达广告、京海广告等。

在国外企业当中，行业之间讲究的是精细化分工。和国外的专业事找专业人做不同，中国企业一向喜欢亲力亲为，大包大揽。这样做的结果，是极大地压缩了第三方专业公司的生存空间——企业都选择了自己做，第三方自然就没有市场了。另外一方面，即便委任给第三方公司来做，因为不尊重也不认可专业化的服务，也会大大地压低他们的价格，让他们几乎无利可图。

这就是在那个年代中国没有成长出来本土强大的4A广告公司的原因。欧美人认同专业化服务、第三方服务，所以兴起了一大批独立的第三方公司，也促进了整个产业的发展。

当然，后来陶然和赵文权等人联合创办的蓝色光标是一个例外，他们从本土成长起来，时至今日已发展成亚太第一大、全球第八大的为企业营销提供全面服务的集团。

陶然刚刚加入四达公关部，就立刻被赋予重任，不管他学没学过，也不管他懂不懂。实际上，中国的大学教育体制，很多时候就是这样。一旦走上工作岗位，你会发现，大学里学到的东西几乎与工作毫无关系。工作中需要的东西在大学中基本上全无涉足。

前面提到的1500块钱买人家策划案模板的故事，是陶然入职之后不久，公关部要为四达一个即将上市的新产品做市场推广方案引发的。这件事当时责无旁贷地落在了公关部头上，到了公关部，又责无旁贷地落到了陶然头上。当刘文献问大家谁会做时，所有人都讲不会做，刘文献就说陶然你是策划室主任，你必须接！

被动地接下任务，陶然怀着的，却是一颗主动的心。这是典型的陶然风格。

陶然喜欢车，也喜欢自己开车。很多年间，他都是亲自开车，不用司机。他的车开得又快又稳，用他的话说，不如我的车当然应该跑在我后面，和我一样的车我没有理由落在他后面，比我好的车最好也跑在我后面，因为我的技术好。

他不相信这个世界上有别人会做而他不会做的事情。有时候，他甚至不相信这个世界上有他不会做的事情。

要策划市场推广方案的产品叫普里奇，后来被陶然称之为一个典型失败案例。陶然认为，首先从产品名称上开始，这个产品就失败了。普里奇，被领导认为非常高大上，因为它译自英文"Bridge"。但陶然认为，这个名字过于拗口，普通老百姓根本听不懂它是什么。

一个初出茅庐的大学生，自然人微言轻，他的建议没有被采纳。但是，这次经历，却促使陶然后来形成了自己的审美风格，那就是以简单为美。在拉卡拉十二条令里，他设计了两条关于简单为美的理念，即"三条总结"和"一页报告"。如今看来，这些设计是早有端倪的。

在陶然看来，普里奇产品失败的第二个原因，是产品过于复杂。这个产品，目标是为了提供低成本的替代品。那个时代最普遍的传输声音的产品是录音机和录像机，录音机使用卡式磁带，只能记录声音，录像机使用录像带，可以记录声音和图像。四达的某个技术人员突发奇想，希望开发一种技术，在磁带上面既记录声音也记录简单的图像，以期能够用录音带的成本实现录像带的功能。

想法当然好，但关键是，产品最终没能成为产品，而始终是半成品。因为当时，这个创意生产出来的产品必须跟游戏机配合使用，在游戏机上插一个类似于游戏卡的普里奇，再连上录音机，录音机里面放上他们特制的教学磁带，再连上电视，才可以用图文和声音并茂的方式进行教学演示。当然，还是那种最简单的二维图像。可连说起来，都让人觉得太复杂了。

曾经有一位编剧讲过，没有三句话说不清的故事。如果有，那是你的表达有问题。同理，如果一个产品需要每个环节都做解释才看得懂，才能去应用，这一定不是一款可以被大众化消费的产品。

陶然认为这个产品过于复杂，需要几个产品组合才能实现一个功能，太难用了，很难被消费者接受。因此，他向上面提了建议。但是，建议并没有被采纳。因为领导觉得陶然不懂，认为当时他并没任何产品经验。

但是，陶然的认知，本也不是源于他对市场和产品的深刻理解。他虽没有很多产品经验，这并不意味着他的建议没有价值。因为他的判断是根据朴素的常识和逻辑做出的。

这正是陶然的强大之处。因为知识是死的，并且永远不可能穷尽。而思考力和判断力，是谁也夺不去抢不去的，是人最强大的能力。陶然天然地反专家反权威，他从不认为专家或者前人的理论有多么神圣，他尊重别人，但是他更尊重自己的思考，以及自己思考之后得出来的结论。他尊重常识，以及逻辑。

我记得陶然之前专门写过一篇文章，核心观点是：不合逻辑必有问题，超越常识就是骗局。陶然主张任何事情，经办人都要用自己的大脑先系统思考，亲自判断思考的结果和常识与逻辑之间是否匹配，若不匹配，即便是再高的领导，名气再大的前人给出的结果也不能接受。

不过当时，陶然最终还是接受了任务。为这个他认为名称有问题，设计也有问题的产品做上市推广计划。接受任务的最主要原因，是陶然认为，天下没有自己不会的事，他想借此机会尝试自己做产品方案。

这样一个高难度的产品，无疑，也是一种挑战。尽管陶然也是第一次做，尽管他并不知道该如何去做，尽管只给了七天时间，但陶然答应了。

而这，就代表他会拼尽全力。

第九章

聊将侠气压春风

所谓贵人，就是那些能够让我们的人生上台阶、上境界的人，至少是能帮助我们解决重大问题的人。我们能否结识贵人并且获得贵人的相助，对我们的人生至关重要。

——孙陶然《人生最大的悲哀是有眼不识泰山》

在接受了那个名称和设计都有问题的普里奇产品推广任务后，孙陶然首先去了新华书店，挑选与市场推广相关的图书。在那个年代，中国才刚刚打开国门，市场营销在计划经济时本就不存在，有些言论甚至是大逆不道的"毒草"。而国外的市场经济虽然已经成功了几十年上百年，但在那时候的中国，因时代的原因，还几乎没有引进外国与市场营销相关的书籍。陶然自己找了很多书店，都找不到可以参考的图书。

为今之计，只有再想其他办法了。陶然是一个从来不接受失败也不找理由和借口的人。在陶然的思维方式里，从来没有问题这个概念。他关注的，永远是如何想办法解决问题。

先画圈再打枪

绞尽脑汁一番思考后，陶然想起了一个人。这个人曾跟他透露说自己认识一个在4A广告公司做营销策划的大拿。于是陶然找到那个人，请他帮助自己，从那位大拿那里搞一份4A公司给别人做的市场推广方案作为范本和模板学习和研究。

大拿答应帮忙。条件是：第一，去掉方案中所有品牌名字和敏感数字。第二，开价1500块。1500块在当时是大多数上班族大半年的工资，是一笔巨款。作为公关部的第二号人物，陶然的月薪也只有180块钱。但陶然毫不犹豫地答应了这个价格。甚至没有还价。

在陶然看来，完成任务是第一位的。既然别无他法，只有此法能完成任务，他认为上级会接受这个价格来购买这份资料。一旦他无法说服上级接受这个价格，他准备自己承担。因为陶然达成目标、解决问题的信念太强了。在拉卡拉，陶然的规定是，没有结果等于没做，达不到目标和根本没做这件事，没有任何区别。

一拿到这份重金买来的资料，陶然便如获至宝，开始分析和研究，就像逆向设计一样，从框架结构到每个结构中的小标题，一一拿来分析：为什么要采用这样的顺序？其背后的逻辑是什么？

就是用这种逆向设计的思维，加上查找各类书籍进行对照，陶然通过这份文案，深刻地理解了什么是市场推广计划，以及应该如何做一个市场推广策划：从分析整个市场环境、行业背景开始，到与竞争对手对比，做SWOT分析，寻找产品的定位，最后从产品、价格、渠道、推广四个方面来规划产品的营销。

当然，按照陶然一直以来要突破和创新的习惯，他还悟出一个道理，即理想的做法应该是在产品立项开始研发之前，就要进行市场推广的推演。要先画圈再打枪。

产品开始研发之前就要知道卖给谁，什么价格区间，以及如何进行推广，这样做出来的产品才能有销路。而不是先闭门造车，产品出来之后再去做市场研究，再去找用户群，找卖点。

听着耳熟吧？这些感悟和现在流行的互联网思维、注重用户体验等热门理念如出一辙。而对陶然而言，这是早了将近三十年的心得。这也是陶然作为一个初出茅庐的大学生，在工作之中，按照知其然更要知其所以然的逻辑，自己归纳总结、体验领悟出来的。

所以，不难理解，后来陶然创办的广告公司、公关公司能够做得如此成功。不难理解，几年以后，陶然一手导演的商务通可以创造营销奇迹。结果，当然是陶然如期提交了普里奇的市场计划，领导很满意。结果，也当然是普里奇花了很多力气，却并没有取得爆炸性的成功。

但这个策划案出台之后的一个附带作用是，陶然因此而成了公关部的营销专家，受到了刘文献以及张征宇的高度评价，也赢得了在相关部门内的至高威信。这和三年以后，陶然愤而离开广告公司又被请回来是一样的。都是因为离了陶然的四达广告，一旦遇到无法解决而且事关重大的问题，都只能由陶然当解铃人。同时，这也和陶然提出的"人的价值是由其不可替代性决定的"道理深度吻合。

当然，这件事还有另外一个附带作用，即在陶然所在的四达集团体系内，所有人形成了一个共识：不管什么事儿，只要是大家都解决不了的，就找陶然。如此，在给陶然带来无数麻烦事儿的同时，也带给了陶然无数机会。后来，张征宇筹组恒基伟业公司，前前后后用了多种计谋，花了半年多时间，力邀陶然加盟。这便是这个附带作用的后续结果。

在这里需要一提的是，那一位把方案模板卖了1500块的人，也就挣了这1500块钱，后来便不知所踪了。陶然从此之后，再也没有提起过此人，甚至，他已不记得此人的名字了。

对照陶然的举手之劳必给别人雪中送炭的理论，我曾经问陶然，如果那人当时没有收钱而是免费，甚至给陶然一些讲解和帮助会怎么样？陶然说，他会一直感恩，而且他是一个从来不希望自己欠别人人情的人，也许，那个人会成为后来陶然轰轰烈烈的创业生涯中的重要的一员。

那么，他应该也将被陶然带着走到自己的梦想可能从未到达的高度。不过，一切都已注定。选择，就意味着需要承担选择带来的一切后果（摘自陶然的文章《人生最大的悲哀是有眼不识泰山》，全文见附录）。

做一回侠客

当然，除了有眼不识泰山之外，也有关于有眼识泰山的案例。

1995年，陶然去学车，那个时候，学车是一件大事。学员使用的是一三零卡车，手动挡。每次学车，学员们都要早早到达驾校，洗车擦车，开始学车的时候，还要给教练孝敬香烟。很多教练脾气不好，还会对学员颐指气使。当然，听说后来也是如此。

而陶然学车遇到的教练，是一位老实巴交很本分的小伙子，没有这些恶习。对于已经会开车的陶然逃课，他也睁一只眼闭一只眼。结果，别人考驾照前需要去位于郊区的驾校学习十几次，陶然在各种狐朋狗友的帮助下，一共只去了三次，就拿下了驾照。

学完车，陶然问教练想不想换工作，教练说想，于是陶然就把他招到了四达广告艺术公司，先是偶尔给陶然开车，后来做到行政部负责人。最后，在陶然安排下，这位教练有机会出资成了生活速递广告杂志公司的股东，并成长为该公司的副总经理。

这一切，是他作为驾校教练从未想过的发展与未来。而这一切，仅仅是因为他自己做人做得好，然后，机缘巧合遇到了陶然。

这样的故事在陶然身上还有很多。越是熟悉陶然的人，越能感受到陶然的温暖，陶然的重情重义。今天陶然的周围，聚集了很多他做北漂时认识的人，这些人都是在陶然发展过程中慢慢聚集起来的，有的是陶然邀请过来的，更多的是前来投奔他的。陶然无一例外，给了大家最大限度的支持和帮助。

谈及这些，陶然认为，人必须念旧，必须做一个太阳一样的人，温暖别人。一个成功的人，应该让别人越是靠近你，越感到温暖才对。陶然随时随地会去想身边的人需要什么，会去想哪些东西对哪些人有帮助。

当然，这个世界上也有一些黑洞式的人，他们的成功，是吸收周围人的能量的结果。所以，他们的成功和周边的人没有关系，而且距离他们越近，越会感到寒冷。他们虽然已经富可敌国，但还是盯着你仅有的价值，希望你能够免费为他们服务。

陶然仗义的故事还不止于此。公司的一位女大学生，因为此前的恋爱分手纠纷，得罪了陶然上级的上级的朋友，那位朋友通过陶然上级的上级要求陶然将该女孩开除以出一口恶气，结果被陶然拒绝了。陶然朴素地认为，恋爱问题是私事，私人恩怨原本就是当事人各执一词。该员工的角色是自己的员工，她工作上并没有问题，就不应该被如此对待。

这件事很好地体现了陶然的界限感。他向世人表明，自己是一个有着清晰界限感的人。也是有底线的人。陶然做这一切的时候，并没有和别人商量，也没有告诉任何人，甚至没有告诉当事人。

他认为这是他应该做的，也是必须做的。这是他的价值观所决定的。

多年以后听到陶然讲起这个故事，我仍能够感受到他身上的那种勇气。要知道，说起来轻描淡写，可是，在中国这样一个人情社会，提要求的是他上级的上级，而他，虽然是四达广告艺术公司的总经理，但是公司是别人的，他本质上说起来也不过一个临时工，维护的又是一个和他并无任何渊源的普通员工。

他这么做，实在是有些冒险，甚至是有些"不知趣"。但是陶然就是认为，凭什么？凭什么你们因为自己想泄愤就这样去对待一个女孩子？因而坚决顶住了。

这件事的最后，也许是自认为名不正言不顺，也许本身也都是好人，陶然的上级，以及上级的上级，上级的上级的朋友也并没有因此而追着陶然不放。最后，便不了了之了。陶然说，从来没有哪一次不了了之，会比这一次的效果更让人满意。

陶然虽非彪形大汉，也不是武功高手，但还是有一种与生俱来的侠气。面对不平，他会产生一种侠的冲动。陶然曾说，如果自己是武功高手，一定是杨过、令狐冲那样行事的江湖人士。

如今看来，陶然最喜欢这两位金庸笔下的武侠人物是有原因的。

在和陶然聊天时，我们常说，咱干脆拍一部电影吧。很多次，陶然都提议，我们拍一部自己的《中国合伙人》。陶然是真心想通过自己的经历，留给现在的创业者和年轻人一些干货。而他这个留干货的心态，就是侠义之心。

说起职场，很多人喜欢类似《杜拉拉升职记》那样的职场片。杜拉拉三天两头升职加薪，颇像一部打怪升级的职场游戏。职场游戏的设定便类似于武侠故事中主人公的设定。

陶然想拍心中的《中国合伙人》，是为了留干货，其内核却一定是职场江湖和商场江湖。当年陶然在四达升职的速度一点也不比杜拉拉慢，而陶然不断创业成功的经历在商场上也算一段传奇。

创建恒基伟业

前面介绍过四达集团，它在那个时代其实是一个代表。它光怪陆离的发展走向，与陶然的未来之间，形成了一种密不可分的关联。

1991年，孙陶然进入四达时，担任公关部副总经理兼策划室主任。那时，四达集团下设了56家公司，这里面甚至包括直升机的设计生产和销售、血液透析设备的生产销售以及制氧装备生产销售等。

这是一家庞大而且庞杂的集团。那时候还没有行业细分，更加谈不上精细化管理。那时候公司的管理和发展，需要领导什么能力都具备。

1992年底，四达广告艺术公司成立，体制还是集体所有制，刘文献担任总经理，陶然担任常务副总经理，主持公司大部分工作，承担公司大部分业务指标。

1994年底，孙陶然开始正式担任四达广告艺术公司总经理，并开始启动和《北京青年报》的合作。1995年，四达广告公司和北京青年报社合办的《北京青年报·电脑时代》创刊并获得巨大成功。

1996年9月，赵文权找到孙陶然一起发起创立了蓝色光标公关公司。同年，孙陶然陆陆续续策划成立了有限责任制的生活速递广告杂志公司、蔚蓝轨迹广告策划公司、世纪星空咨询顾问公司，初步形成了一个覆盖全产业链的企业营销服务集团，陶然也完成了从一个临时工向企业所有者的转化。

1998年底，经过张征宇以及赵明明（陶然的北大师弟，比陶然低一级，大学毕业后经陶然邀请加入四达集团公关部）近半年的劝说，陶然终于同意参与张征宇组建的恒基伟业电子产品有限公司，成为第二大股东，并担任董事、常务副总裁，主持公司日常经营工作。

此后的三年时间，恒基伟业几乎是中国最火爆的公司，其声势比今天如日中天的小米有过之而无不及。恒基伟业推出的全中文掌上手写电脑商务通，市场占有率一度在70%以上。由陈好、李湘以及濮存昕代言的电视广告几乎天天刷屏，从中央电视台到各大卫视以及地方台，"呼机、手机、商务通，一个都不能少"的广告语家喻户晓，人人耳熟能详。

那几年，如果你在中国境内乘飞机，过安检的时候，工作人员都会告诉你把"香烟钥匙打火机，呼机手机商务通"拿出来。一个品牌成为品类的代名词，陶然主导的商务通，做到了和JEEP车同样的效果。

在陶然把拉卡拉做成有影响力的品牌之前，在陶然出版《创业36条军规》以及《有效管理的5大兵法》之前，很多人介绍陶然的定语都是"这是商务通奇迹的创造者"。直到拉卡拉也变得家喻户晓。以及时间过去了十几年之后，陶然的这个头衔才渐渐淡出人们的视野。

在2000年前后，有钱的、有权的，或者既有钱又有权的人，没有人不是商务通的用户，而这些人周边的上级和下级，以及业务关系户，更是没有人不知道商务通。

在那个年代，如果你没有商务通，那么你肯定不是主流社会人群，如果你不知道商务通，基本上就代表你与主流社会隔了十万八千里。这个定位，是当时一个时代的共识。

陶然和商务通的故事，其中的波澜壮阔、爱恨情仇，足够写一部电视连续剧。而彼时，陶然不过刚刚三十岁。三十岁，他就已经名满天下了。这同样符合那些武侠小说里的大侠设定，也是二三十岁便已独步武林。

关于商务通的故事，后面的章节还会专门细说。

恒基伟业是四达的升级版。到了恒基伟业，孙陶然的身份，已经从临时工转换为恒基伟业的联合创始人、第二大股东、董事兼常务副总裁，主持日常经营工作并全权代表公司在各大媒体上抛头露面。

此时，距离陶然以临时工身份加入四达，只有七年。从1991年7月陶然加入四达，到2000年6月陶然辞去恒基伟业全部经营层职务，这九年是我最乐于表述的关于陶然的一段经历。

这是陶然踏入社会的第一阶段，也是最为波澜壮阔的一段经历。同时，这也是他职场生涯最重要的一段，因为再往后，于他而言更多就是管理，再无晋级和更多顾忌了。

而在这最重要的一段时间里，当四达公关部开始被称之为四达广告艺术公司的时候，四达广告艺术公司就已经开启了陶然时代。四达广告艺术公司给了陶然一个好舞台，陶然他们在四达广告艺术公司成立之后所做的许多创意和策划，都开启了那个时代的先河。

从某种意义上讲，陶然他们的创意和经历，就像《回到未来》的翻版。他像是从未来穿越回1992年，提供创意，开启大脑，不断创新。我一直坚信，一个人能成为一个时代的引领者，一定是因为他足够特殊。

就像那些引领江湖的大侠，他们在学武和成长的过程上，也会不断经历不同，表达不同，同时，也开创不同。

接下来，还有无数机会佐证这一点。

第十章

人间不识精诚苦

> 初创期的企业，主要矛盾是找方向，即做出一个有人愿意买的产品，并且找到一个可以把它源源不断卖出去的方法。没有产品，企业就没有收入，拥有再多的资本也是坐吃山空。
>
> ——孙陶然《昆仑的仑·行摄天下》

错位竞争是陶然与生俱来的战略思路。他认为，进入一个自己没有希望打赢的战场是愚蠢的，更是没有意义的。因此，陶然做任何事情首先都要先瞄准目标用户的需求，再跟强大的同行对比优势劣势，发现威胁和机会，找出市场空间，错位进入，集中全部资源撕开一个口子。一旦撕开了口子，就全面扩大战果，横扫战场。

这是陶然创业初始最朴素的逻辑。

对的事情，对的方式，错误的时间

于是，从1993年到1995年，陶然担任常务副总经理的四达广告艺术公司做了诸多尝试。当然，多数尝试都以失败告终。但是这并不重要。重要的是，多年以后那些曾经失败的想法，基本上都被别人做到了。对的事情，对的方式，只是出现在了错的时间。陶然和刘文献的想法，太超前了。其中包括：

尝试1：支持中国探险家，完成中国人历史上第一次徒步穿越北极点的旅程。

陶然希望向香港的霍英东争取赞助，为此，陶然亲自执笔用文言文给霍英东写了一封情深意切的信，由公司一位会写毛笔字的员工工工整整地誊写。由于种种原因，项目没有成行。

但是多年以后，不止一位中国人完成了徒步到达北极点的梦想。这其中也包括陶然自己。2010年4月8日，陶然和他的第二任妻子以及几位小伙伴，一起拖着帐篷，从北纬89度89分出发，历时十多个小时，徒步到达北极点宿营。

北极点

尝试2：帮助中国足协组织女足四国邀请赛。

当时的中国女足已经是世界强队，中国足协希望邀请几支女足强队，在浙江嘉兴组织一次邀请赛，既帮助中国女足练兵，也扩大女足的影响力。

双方为此签署了合作协议，由四达广告艺术公司全权进行商务开发，并负担邀请赛全部费用。

随后，陶然和赵文权等人便开始了人生第一次拉赞助之旅。他们到了厦门、深圳以及广州等地。遗憾的是，都是空手而归。一方面是当时拉赞助确实很难，另一方面陶然他们确实也是书生，总觉得拉赞助是开口向人家"乞讨"，常常讷于放下身段。

但是，已经和中国足协签署了协议，邀请赛还是如期举行了。只是四达广告艺术公司自己掏腰包买了单。

那是1993年的中国。在当时，体育商业开发还是一件全新事物，更没有电视转播为之站台。

现在想想，如果陶然他们处于今天这个体育产业已经完全进入商业市场的时代，估计开先河的邀请赛早已经赚得盆满钵满了。

尝试3：驾驶汽车或者摩托车飞跃黄河，然后销售现场的广告、争取车辆的赞助以及出售电视转播权。

这个策划，因赞助未到位未能实施。多年以后，香港影星柯受良完成了这个设想，成为当时名噪一时的媒体事件。

尝试4：在火车每节车厢两端安装电视，播放广告。

本来已经与列车段谈好，也与电视机厂商谈好，但因与铁道部协调不下来，最终未能实施。

在分众广告遍布楼宇，中航广告遍布飞机的今天，这些后来者并不知道，远在他们之前很长时间，四达广告就有过和他们现在所做的一样的创意，连盈利模式都相同。

只是，还因那句话——对的事情，对的方法，错的时间，所以未能成功。

尝试5：借助中国运载火箭研究院的返回式卫星，把刻有恋人双方名字的项链，发射进太空并且回收，命名为太空情缘链。或者，把人的骨灰装在特制的容器里发射进太空，永久翱翔在环地球轨道上。

太空情缘链项目实施了，小赚，未能大规模推广。第二个项目未实施。但2014年，美国一家叫作Mesoloft的航天公司宣布，把六边形容器装入探空气球，将逝者骨灰送上太空边缘。这个计划，与他们当时的创意相类似。

尝试6：与一位导演合作拍摄名为《广告人》的电视连续剧。

因为电视剧描写的是广告公司的故事，每一集都以广告公司为某一个客户服务为场景，这样的设置，既可将真实的企业彻底植入到整个剧情之中，又毫不生硬刻意。

当时，他们成功签约了燕京啤酒、香港美时家具、凯迪拉克汽车等一系列大品牌。

那还是在1993年，陶然他们的做法可算得上是当今中国广告植入模式的鼻祖了。在这个过程中，陶然还因为合作的缘故，担任了电视连续剧《广告人》的两位制片主任之一。

那一年，陶然23岁。如果仔细考证，陶然很可能是中国历史上最年轻的电视剧制片主任。

尝试7：戴尔电脑进入中国的闪亮登场。

当然，四达集团获得戴尔电脑中国独家总代理权，陶然本就功不可没。因为是陶然带领一个小组完成了向戴尔公司提交的全英文中国市场商业计划书，虽然陶然又是第一次做，但是同样硬是靠着对方提供的一份戴尔电脑澳大利亚代理商的商业计划书，用逆向设计的思路吃透，加入对中国市场的策划而成。

戴尔电脑在中国的亮相，陶然他们做了两个策划。

一个是一夜之间在中国IT的大本营——中关村的所有街道都插上戴尔电脑和四达集团的旗子。

一个是在海外媒体上策划了系列报道"戴尔和IBM的对话"，然后用"出口转内销"的方式，让《参考消息》连载。

现在的大多数人都不知道，那时候《参考消息》是中国发行量最大、影响力也最大的报纸。而且因其全部内容翻译自外媒这一特点，《参考消息》上从来没有出现过软文和软广告。

因此，陶然他们的策划，同样是《参考消息》历史上第一次被被动用于为一个企业造势，也算是在《参考消息》这一特殊媒体上开创的先河。

尝试8及其他：

从1992年底到1994年底，短短两年间，刘文献和孙陶然还推动创办了"全国大学生科技发明大奖赛"，即后来"挑战杯"的前身。

推动策划了"大学生电影节"，今天，大学生电影节已经举办了几十届，是在中国大学生中最有影响力的电影节之一。

策划了"五四青年节目主持人大赛"，后来传统媒体时代著名的主持人杨澜和许戈辉的出道都和这个比赛有关。

长期承办"国际科学与和平周"系列活动。

……

相信所有看到这些文字的人，都会有一种似曾相识的感觉。因为这其中很多尝试，在很多年以后，都以各种形式，被各种人成功做到了。

只是，在那个年代，稚嫩的陶然和刘文献以及实力孱弱的四达广告艺术公司，还没有力量把所有想法真正全部实施到位。但是，他们仍然是当之无愧的行业领军者。

在广告策划创意层面，更是如此。在1994年底，当陶然重新回到四达广告艺术公司并接任总经理之后，他终于正儿八经地大大成功了一次。那也是陶然担任一把手主持下的第一个成功的商业模式。陶然也因此赚到了人生中的第一个100万。

这次成功，就是与当时北京最火爆的大众媒体《北京青年报》中最火的版面《北京青年报·新闻周刊》合作创办《电脑时代》周刊。

《北京青年报》1995年2月8日《电脑时代》周刊发刊词

这是中国大众媒体开办的第一个产经周刊，也是最成功的一个。此后很长一段时间，它都是全国大众媒体的标杆。

在二十世纪九十年代，中国所有的大众报纸，不论是《人民日报》《光明日报》还是《北京日报》《上海日报》，或者《北京青年报》《羊城晚报》，每天通通只有四个版面。全国各地都是如此，内容上也是大同小异，基本一致。

《北京青年报》当时的社长是著名报业人崔恩卿先生。每周三《北京青年报·新闻周刊》的负责人是年轻的主任钮明。钮明认为，报纸分为newspaper（新闻版面）和usepaper（实用信息版面），两者都是读者需要的。

于是，他们率先把每周三的《北京青年报》扩充为八版，并命名为《北京青年报·新闻周刊》。到1994年底，又策划从1995年开始，把《新闻周刊》每期再扩大八版做成十六版。他们要做中国最厚的报纸。

当然，与后来动辄一百版二百版的各种报纸相比，十六版不算什么。但是在那个年代，在全国媒体都只出四版、内容几乎千篇一律采用新华社通稿的前提下，《北京青年报》能够从八版走向十六版，虽然只是在每周三出十六版，也殊为不易。在当时，这是一次巨大的改革和创新。

报纸要扩大八个版，钮明选定的内容是四个版面做电脑、四个版面做汽车。因为他们做了一个社会调查，调查结果显示，1994年的老百姓，最关心的内容就是电脑和汽车，因为这与普通老百姓的未来生活密切相关。

1994年7月，陶然向张征宇提出了辞职。辞职的本质原因，是陶然与刘文献在公司的经营思路以及管理风格上，彼此愈加相去甚远。

在陶然看来，当时的上级刘文献，上级的上级张征宇，他们都是好人，有诸多优点和长处。

只是，很多时候，好人不意味着就一定是好的管理者，不意味着是一个能够建班子、定战略、带好队伍的好的领军人物。

当时的四达广告艺术公司，刘文献是总经理，陶然是常务副总经理。这就是说，陶然管理具体业务，背负几乎所有的业绩指标（现在所说的KPI）。

但是，决策权却不在自己手里。所有的事情，都必须需要刘文献的认同。

陶然的性格是特立独行的，他有着自己的理念和方法，有着从打拼和执行中走出来的自信。在陶然看来，因为张征宇和刘文献都是理科生，他们的理念和陶然是有着本质差异的。加之陶然不妥协不顺从的性格，随着时间的推移，分裂便是早晚又不可避免地要发生的事情了。

终有一日，会有那么一场冲突，成为压倒骆驼的最后一根稻草。而且，时间已经离得不远了。

成功者的方法是相似的

陶然认为，办企业就是经营和管理两件事，所谓经营就是要做对的事，核心是定战略；所谓管理就是把事做对，组织队伍实现企业经营上的目标，核心是建班子和带队伍。建班子和带队伍的法宝，是管事四步法和管人四步法，以及此外，陶然又亲自拟定了"十二条令"，制定了十二条关于沟通、行动方面的"清规戒律"，以强制核心价值观落地。只要按照这五个方面（使命愿景价值观、"建班子、定战略、带队伍"三要素、管事四步法、管人四步法以及十二条令）去做，也只有按照这五方面去做，企业才能经营管理好。

这也就是现在拉卡拉的五行文化。不仅要给出正确的理念和理论，还要进一步给出落地的方法，甚至工具，这是陶然一贯的工作作风。在陶然看来，管理是一个方法问题，没有方法的管理目标是不可能实现的，而一旦找出方法，管理目标很容易实现。甚至很多时候不仅仅要有管理方法，这些方法还要被设计成具体的管理工具，例如十二条令等，一旦找到了管理工具，管理就是一件很简单的事了。

这方面，陶然发现，成功的人思路和做法极为相似。他的这些理念曾经跟雷军探讨过很多次。在很多问题上，两个人的想法和运作方式都高度一致。

例如，在谈到如何建立队伍的纪律时，雷军说，他曾经和杨元庆探讨如何解决开会迟到的问题。所有的领导者都非常厌恶自己组织会议时下属迟到，有人发火，有人处罚，有人责骂，但这种事情仍然很难杜绝。

杨元庆的做法是：规定凡是他开会副总们迟到，就罚副总秘书的款。这个方法一提出，从此开会再无迟到者。因为那些副总自己固然不在乎被批评和罚款，但是他们很在乎在秘书心目中的形象，因为自己的过失导致秘书被责罚，这是他们所不能接受的，而秘书为了自己不受责罚，也会反复在会议开始之前提醒老板不要迟到。这么简单的一个方法就解决了很难解决的问题，可见管理方法和管理工具对于管理有多么重要。

当然，陶然喜欢举另外一个例子。二战时，美军偶尔会发生伞兵在跳伞时，因降落伞质量问题而摔死的情况，导致伞兵部队士气低落。据说巴顿去视察降落伞工厂时解决了这个问题。他的办法很简单，规定每天随机从生产线上拿出一包降落伞，让工厂的厂长背上去跳伞。从此，这个工厂再也没有出产过有问题的降落伞。

陶然对这一类小故事总是津津乐道，他认为，这才是真正的聪明工作。用最简单的方法解决问题，而不是拘泥于理论、规则本身。

即便是在商务通名满天下，各路英雄豪杰纷纷来交流学习之时，陶然也不认为自己只是一个营销专家。他认为营销只是术，企业的经营管理才是道，而自己是经营管理方面的专家。

不仅在制定战略上，而且在执行战略上，他都有独到之处。

在陶然看来，好人，并不理所当然就会成为一个好的管理者，也不意味着是一个完整的、理性的，能够建班子、定战略、带好队伍的领军人物。

如此，因为从公关部及广告公司成立一开始，陶然就以常务副总的身份主持工作，因此，随着时间的推移，陶然和刘文献争论变多、矛盾加剧。分裂便是或早或晚不可避免地要发生的事情了。终有一日，会有那么一场冲突。羊带领下的狮子会愤然离去，或者取而代之。

这个时间已经离得不远了。

第十一章

而今迈步从头越

有机会才可能成功，能否抓住机会取决于两点，首先是认识到是机会，其次是有能力抓住机会，而能否认识到是机会，取决于我们的见识。

——孙陶然《与机会擦肩而过是因为我们没有见识》

岁在1994。到了六七月间，孙陶然和刘文献的矛盾已经到了两个人都无法容忍的地步。

某一天，当着张征宇的面，孙陶然提出：要么让我当广告公司的一把手，要么让我离开吧。张征宇的态度是：你和你的直接上级产生冲突，我没有选择，只能支持你的直接上级。

于是，陶然当场提出了辞职。这是陶然迄今为止仅有的两次辞职之一。这两次辞职，都与张征宇有关。这两次辞职，陶然都很伤心。陶然几乎哽咽着对张征宇和刘文献说："你们会为今天的决定而后悔的。"

陶然不是伤心自己职务的丢失，更不是伤心自己权力的旁落。他伤心的是，自己从未有过私念，总是一片赤子之心，心心念念都是工作和公司。可是显然，他的这番苦心并没有被理解和感知。

也许在张征宇看来，这就是一场权力的争夺。也许在刘文献看来，这就是想上位，想当一把手。而事实却并不是如此。从来不是如此。

后来，关于这件事情，陶然再没有跟任何人解释和提及，包括事件本身的当事人。陶然是一个不愿意解释的人。事情发生就发生了，他不怕被误解，自己问心无愧就好。"我本将心向明月，奈何明月照沟渠。"陶然黯然离去。

辞职之后，中关村一家名为晓军电脑的公司，迅速向陶然伸出了橄榄枝，并且开出了3000块的月薪。这个数目，是陶然在四达时月薪的两倍。后来，陶然也确实过去上班了。但是，在陶然的内心深处，他仍然觉得，自己从未离开四达。他的心还在那里。

再入四达

陶然辞职之后，刘文献终于在名义上和实际上都开始真正掌控四达广告了。于是，他找来一个人担任副总经理主持日常工作，自己则开始亲自管理广告公司。

不久之后，张征宇在深圳的一位朋友做出一款高科技产品，想来北京进行全国的发布和推广。张征宇趁机推荐自己的广告公司，跟对方讲，自己的广告公司不仅执行力出色，创意能力更是一流。

于是，张征宇的朋友就把这个预算超过100万元的项目正式交给了四达广告艺术公司。这在当时，是相当大的一笔业务。可是，没有了孙陶然的四达广告艺术公司，早已面目全非。项目是拿到手了，可是实施的过程却处处碰壁。公司甚至拿不出让客户满意的方案。刘文献非常着急。张征宇更是大为光火，他认为，广告公司让他在朋友那里丢了面子。

这时候，有一个人站了出来。就是当时张征宇的办公室主任李明，也是后来恒基伟业的七个联合创始人之一。

李明一直非常赏识陶然的能力和为人，也明白陶然辞职的症结所在。于是，她开始在张征宇和孙陶然之间做工作，在两个人之间不断沟通，创造机会让双方缓和关系，并最终促成了张征宇和刘文献向陶然伸出回归的橄榄枝。

陶然自然是愿意回归的，毕竟，他对四达广告倾注了太多的感情。但是，陶然提出了一个条件。这就是，回来可以，自己要当广告公司的一把手，财权、人权和决策权，都要由自己掌控。刘文献最终妥协了。但是他也提出，只给四达广告的账上留下三万块钱，剩下的资金要全部调走。张征宇的条件则是，陶然回来没有问题，当一把手没有问题，刘文献调走资金也没有问题。总公司还需派驻一名财务经理，负责四达广告艺术公司的账目。

辞职三个月后，陶然正式回归四达广告艺术公司。这次，他是以总经理的身份归来的。关于陶然回来后的团队安排，这里还有一点题外信息。陶然留用了刘文献委任主持工作的副总经理刘峻谷，此人后来一直追随陶然。最终，陶然将《北京青年报·电脑时代》周刊以及《生活速递》广告杂志交给了他管理。而总公司派来的财务部经理陈杰，则一直追随陶然，直到在后来的拉卡拉集团退休。至今，陈杰仍然被返聘在拉卡拉工作。

作为一个旁观者，我讶异于陶然的用人方式，也敬佩陶然的肚量。因果循环，我想，这也是这么多年来，陶然周边汇聚的人才越来越多，而追随他的核心人员很少流失的重要原因。

回归伊始，陶然立刻开始亲自上阵，组织实施之前被搁浅的项目。很快，项目完成并大受客户好评。事实上，服务客户或者完成项目，对陶然而言都是小菜一碟。此刻，摆在陶然面前的最大问题，是公司如何生存下去，以及下一步如何发展。

那时候，四达广告艺术公司全员不到二十人。大家的薪水都不高。但是即便如此，三万块钱也最多只够发三个月工资。陶然必须迅速给广告公司找到未来的发展方向。这样的时候，通常就是陶然的天赋和运气发挥作用的时刻。陶然历来认为，做事情，坚持是必须的，但维持却是没有意义的。

如果一个公司找不到可持续成长且天花板很高的产品方向，只靠寻找项目、生意来赚取维持生存的收入，那么这个公司的存在就是维持，是没有意义的。三年不开张、开张吃三年的商业模式，在陶然看来，既不安全，也没有未来。审时度势，是一个企业家在所有拐点时都必须具备的行为能力。陶然不仅能审时度势，还很高瞻远瞩。陶然要为四达广告寻找一个方向。

在这方面，陶然很早就形成了自己的方法论。他认为，必须在自己的特长、市场的需要以及自己的爱好之间找到一个平衡点。也就是说，如果自己非常强大，资源很多，那么可以首先考虑自己的爱好，再考虑市场的需要；如果不够强大，就必须首先考虑自己的特长，再考虑市场的需要，最后才是自己的爱好。本着这个原则，陶然首先从自己以及四达广告艺术公司的特长着眼，开始寻找和市场需求之间的结合点。

直觉判断，这是一个机会

机会总是留给有准备的人，命运也只会眷顾那些值得它眷顾的人。说无巧不成书也好，说一切都是天意也好，正当陶然冥思苦想公司未来的方向之际，有一天，他接到了钮明的传呼。

钮明当时是《北京青年报·新闻周刊》的主任，此前，因为四达集团宣传报道的事情，刘文献曾经带着陶然和钮明打过交道。钮明是通过刘文献认识陶然的，但是这一次不知道为什么，钮明却直接找到了陶然。钮明向陶然咨询，有没有相熟的有实力的广告公司？钮明已经说服北京青年报社同意，在每周三的《北京青年报·新闻周刊》上再增加八个版，四个版的电脑内容，四个版的汽车内容，因为报社当时无人了解电脑和汽车的产业内容，也没有更多人员编制，因此，报社有意让广告公司全面承包版面，广告公司和报社一起编辑内容，广告公司还可以对外销售广告。条件是，广告公司要承担增加这些版面的所有费用，而且要预付。而且钮明已经找到了广告公司承包汽车周刊。

现在，他要找一家广告公司出资来承包电脑周刊。这是一个可遇不可求的商机，陶然敏锐地感觉到了。他在电话里就告诉钮明，自己现在已经是四达广告艺术公司的总经理了。而承包电脑周刊这个事儿，你算是踏破铁鞋无觅处，得来全不费工夫了，电脑周刊，由我孙陶然买断了！

这件事和许多事情一样，体现出了陶然的两个特质。

第一个特质是"运气超级好"。陶然的追随者经常讲，陶然的运气超级好，好到什么程度？就好像在他做任何事的时候，上天总会把机会和资源送到他身边一样。当然，陶然自己并不认可这种说法。他信奉拿破仑的那句话：上天总是垂青有准备的人。陶然记得初中时代看的《拿破仑传》中拿破仑有一段话：如果说我总是对一切都胸有成竹的话，那是因为我在脑中已经思考过所有的一切了。

陶然同意自己运气好，但那是因为他无时无刻不在努力地做着各种准备，所以在机会到来的时候，能够充分发挥自己对好运气的把握能力。平时注重布局，注重下闲棋，所以机会也会特别多地找到他。

第二个特点是，陶然做决策非常快。陶然爱做决策，也敢于做决策。这其实是领军人物非常难得的一种特质，领军人物就是要敢于做决策并及时做决策。很多"老大"不明白这一点，该做决策时不做决策，这往往是失败之根源。而陶然不同，他很多决策都是在一瞬间做出的。

用陶然的话讲，这叫靠直觉做判断，然后小心求证做决策。和胡适的大胆假设，小心求证不谋而合，在《创业36条军规》中，陶然专门列了一条军规：创业者要敢于相信直觉。

从理性上，陶然认为，直觉是大脑在一瞬间权衡了所有利弊之后做出的第一个选择，也是一个最科学的反应。从情感上，陶然认为直觉是上天对创业者的恩赐。因为创业者365×24小时地思考自己的事情，甚至在做梦时都在思考，上天怜悯创业者，所以通过直觉这种方式给创业者们一点神迹和启示。

所以，必须尊重直觉。陶然的决策习惯是这样：不管多大的事情，他第一时间都会形成一个判断，他称之为靠直觉做判断。但他不会立刻做决策，而是会放一段时间，沉一沉，同时小心求证。直觉做出判断之后，他会给自己一到两个星期甚至更长时间。这期间，他会找很多资料，做很多论证。当然，最重要的是，这期间，他的大脑又会昼夜无休地反复掂量推敲自己的判断。陶然说，历史上他凡是按照直觉做的决策都对了，凡是违背直觉做的决策都错了。所以他总结的一条战术原则就是，与直觉相反的决策，宁可不做。靠直觉做判断，是陶然的创业体系当中，非常著名也非常实用的一个环节。

这一次也是同样的结果。跟钮明的电话还没通完，陶然的直觉已经做出了判断。这是一个机会，而且是适合他和四达广告艺术公司特长的机会，也是一个非常大的机会。于是，他约钮明当天就见面谈。

钮明开出的条件是，每周一期，全年五十期，每期有两个整版可以做广告，全年一共428万买断费用，每个季度107万，而且要预付。

陶然听完之后，可谓又喜又悲。喜的是，详细了解证实了他的判断。电脑在未来阶段，必将走下神坛进入寻常百姓家，电脑和汽车已经成为时代的热点。一旦办周刊，读者群不成问题。而广告，本质上就是媒体把自己卖给读者，再把读者群卖给广告主的过程，所以大方向肯定也没问题。这是个巨大的商机。悲的是，陶然自己知道，当时的四达广告艺术公司账上只有3万块钱，要签这个约，第一笔付款就要107万。陶然拿不出这笔钱。同时，虽然四达广告艺术公司已经经营了两年，但IT客户很少，IT企业的"老大"他几乎一个都不认识。但是，这一切真相，陶然并没有告诉钮明。相反，陶然摆出了一副钱不是问题的姿态。陶然就是这样的性格：一旦认准的事情，他考虑的不是能不能做成，或者谁来做；而是这件事必须做成，一定会是我做成的。

有六成把握就要干

1994年，在那个"万元户"会被不断提及的年代，一个季度100多万，这是一个天文数字。而且，一个季度只能做十三期，内容要自己编，广告要自己拉。在当时的中国，电脑还远没有普及。答应做这件事，需要的远远不止勇气和信心，还需要对市场的准确预判，对未来社会变化趋势的深度预判，以及对人性的深入洞察。

幸运的是，这些，陶然在之前都已储备妥当。陶然当时的义无反顾，来自相信自己的眼光和直觉。他认为未来两年，将是中国迅速普及电脑的高峰期。承包了这个《电脑时代》周刊，就意味着拥有了一张参与中国未来市场上最火爆行业的门票。

可是，陶然并没有100万，准确地说，他连10万都没有。怎么办？于是，陶然叩开了集团总裁张征宇的房门。借钱！张征宇问陶然："做这个项目，你有多大把握？"陶然说："六成。"张征宇十分愕然："六成，太低了吧？"陶然说："要是等到有七八成把握的时候，这件事就不是咱们的了！"

这也是后来我在数个场合听陶然说起过的一种理念，他说：一件事有六成把握就要赶紧去做，因为等到有七八成把握的时候，想抢的人就多了，等到有九成把握的时候，已经和你没关系了。关于这个理论，陶然的原话是："一旦有八成把握，BAT就去干了；有十成把握的时候，上帝就去干了！"这个有六成把握就必须做的理念，在很长一段时间里，影响了许多人。

张征宇答应了。但是只能借60万，为期一年。剩下的钱，陶然得自己去筹。筹到就干，筹不到就得放弃。借到了60万，这意味着还有将近一半的资金缺口。陶然于是开始集资。公司内部有二十个人，每个人都凑一点。陶然充分发挥自己做营销培训时的好口才，给大家描绘了一个光明的前景，并给了大家年回报百分之三十的承诺。

大家被陶然说得热血沸腾，也相信陶然。于是，纷纷签字出钱。出钱最多的，是公司的小出纳，把父母8万块的养老钱都拿出来了。第一季承包的107万，就这样全部筹齐了。钱凑得不易，合同却签得简单。陶然记得那是在友谊宾馆，时任四达集团总裁张征宇和《北京青年报》社长崔恩卿都出面了。合同写的是两年到期，有优先续约权。张征宇看后说，两年太短，签三年吧！崔恩卿同意了。如今，往事重提，陶然说，自己当时太憨了，如果再努力争取一下，多签两年也许也是可能的，至少再多签一年还是有可能的。多签一年就意味着，多了一千多万的利润。钱已交，字已签，无法回头，只能一往无前了！

首席编辑人

当时的电脑还是DOS系统，一台要3万多块钱。当年的著名电视剧《我爱我家》中，有一集讲梁天和何冰一起倒腾电脑，就是说的这个时期。当时在所有单位里，电脑操作员都还是有专门岗位的。当然在与陶然合作的北京青年报社所有员工当中，也没有任何编辑了解电脑行业。客观现实要求，必须由陶然他们来出内容。而其实，陶然的直觉也告诉他，要尽最大可能掌控报纸的编辑，编辑时要呼应和配合广告经营，否则广告经营很难展开。

之后证明，这是非常先进的经营理念，后来所有成功的产经报刊也都是这么经营的。如此，陶然在四达广告艺术公司设立了《北京青年报·电脑时代》周刊编辑部。

1995年2月8日，《北京青年报·电脑时代》正式创刊。在创刊词中，孙陶然写道："总有一天，电脑要走下神坛，步入寻常百姓家。所以，我们必须在老百姓喜欢看的媒体上，用他们喜欢的语言和方式，给他们讲述有关电脑的一切。"现在，每每读到这段话，我还有点血脉偾张的感觉。

孙陶然和崔恩卿社长以及钮明主任当时的做法，当是中国报业一个极大创举，应该被列入中国新闻史。他们开创了几个先河：

首先是中国的报纸开始变厚了。然后是中国的报纸开始有产经内容了，即开始在 newspaper 之外有了 usepaper 的功能。再然后是开创了民营企业参与到报纸之中的一种模式，即经济上承包，内容上联办，广告经营权让渡给企业。

陶然此刻终于圆了自己当年的记者梦。虽然是不得已，但他自告奋勇地当上了《北京青年报·电脑时代》的首席记者。当然，还不能叫记者，因为陶然和四达广告艺术公司的人都不在《北京青年报》的编制体系内。但是，又要在出去采访的时候有一个名头，陶然和钮明一商量，发明了一个词语：编辑人。

于是，陶然带着小伙伴们，拿着编辑人的名片就开始了《北京青年报·电脑时代》的创业之旅。就是从这个擦边球的编辑人头衔开始，陶然作为首席编辑人，采访了柳传志、王志东、雷军、杨元庆等当时IT界几乎所有的风云人物。

陶然开辟了"与老板对话"栏目，这是中国第一个采访者不是以采访者的身份，而是以一个同样的企业董事长、创业者的身份和被采访者探讨企业经营和管理问题的栏目。

同样是从这张小小的编辑人名片开始，陶然和《北京青年报》的尝试极为成功。很快，效仿者纷至沓来。几乎全中国的大众媒体都开始开办产经周刊。而陶然主持下的四达广告艺术公司也同时签约承办了《南方日报》《生活时报》《为您服务报》《信息产业报》等报纸的电脑周刊。

客观地说，陶然的这次创业，也对中国电脑的普及产生了显著影响。在当时，电脑能够快速进入普通家庭，电脑知识可以广泛地普及和推广，陶然和他的《电脑时代》周刊功不可没。

也是从《北京青年报·电脑时代》开始，越来越多的大众媒体开始报道IT业界的新闻，报道有关电脑的一切。

陶然由此自1995年就开始迈入中国的IT行业。这也是为什么后来陶然和中国IT界那一批风云人物都很熟悉的缘故，包括杨元庆、雷军、王志东、郭为等。因为那个时代，他们都是一批介于二十岁到三十岁之间的青年人，满怀梦想与斗志。在中关村还是一片简陋的电脑交易市场时，他们就已经相识，并产生各种各样的交集了。

当时，在中关村的科贸中心（这座当年的地标性大楼如今已经被拆除），陶然带着四达广告艺术公司在四层办公。杨元庆带着联想的微机事业部"十八棵青松"在三楼办公。

雷军那个时候还在金山电脑担任总经理，而金山当时正被微软强大的软件和市场策略压得喘不过气来。雷军带领金山人在WPS和词霸、毒霸之间苦苦寻找生路。

王志东创办的四通利方，还窝在中关村小学操场边低矮的平房里挣扎求生。

······

这就是当时的中国IT产业。这就是当时的中关村。这就是当时的江湖。这就是陶然和后来那些赫赫有名的人物大家每天或坐而论道，或指点江山，或光着膀子下小馆儿喝啤酒的年代。中国的IT产业就是在这一批充满情怀的人手里发展成了今天的规模。

这些二十多年前的往事，每次提及，陶然都依然滔滔不绝，十分兴奋。那是他们的青春岁月。谁又会忘怀自己的青春呢？

说回《北京青年报·电脑时代》的成功，陶然也是经历了一番惊心动魄的生死轮回，演绎了一出波澜壮阔的大戏，才最终取得的。那是另外一段铭心刻骨的往事。如歌所唱，"没有人能随随便便成功"。陶然也不例外。如果你看他貌似轻松，那你一定没有读到他背后的努力，曾经的取舍，承担的压力，以及付出的代价。所以，你再羡慕一个人，也要多去挖掘他背后的那些故事。如果你想学习一个人，也请多钻研他做过的那些努力，看看他那些有可能会跟你产生交集、帮助你成长的历程。

第十二章

千磨万击还坚劲

执行战略要撞了南墙也不回头，很多人认为战略制定了之后，在执行中要不断复盘并根据情况变化不断调整，我的看法有些不同。既然是战略就必须要坚持，执行中需要调整的是如何让打法更可行，战略目标和打法是绝对不应该轻易调整的，大多数的战略失败都是因为执行中没有坚持、轻易放弃所致。

——孙陶然《坚持战略和定战略同样重要》

　　1995年2月8日，《北京青年报·电脑时代》创刊。陶然责无旁贷地一挥而就，写出了那段荡气回肠的发刊词。但，这仅仅是个开始。

　　不管怎样，在那个时代，电脑还是非常高端的神器，还没有开始真正走入家庭。从事IT的企业也很少，而且其中大多数是外企。而外企的习惯，就是只在专业媒体上投放广告。中国在IT行业的专业媒体，在当时只有《计算机世界》《中国计算机报》以及两家报纸附属的杂志。

　　想要让外企产品来中国的大众媒体上投放广告，对他们而言，是没有先例的。因此，从2月8日创刊到5月底，《电脑时代》周刊几乎没有任何广告。当然，这也是意料中事。仅有的几个广告，也是陶然用实物交换的方式换来的。

　　而这时候，按照合同约定，交第二季度107万预付款的时间到了。显然，陶然根本交不出这笔费用。另外一家买断《汽车时代》的广告公司情况虽然略好，但也同样交不出来。于是双方就找报社去协商，希望将交第二笔费用的期限向后延。

最后，做《汽车时代》的广告公司和北京青年报协商的结果是，退回两个版给报社，只留下两个版继续办《汽车时代》。报社把收回的两个版又找了一家广告公司开办《广厦时代》。如此一来，他们每年需要交给报社的钱就减半了。

报社和钮明好心提醒陶然：你们也可以要求退回两版。陶然毫不犹豫地拒绝了。之所以拒绝得如此决然，源于陶然的两个朴素认知：第一，他看好这个项目，他不会放弃，也不认为自己会失败。第二，他认为第一季度已经赔了。如果每期四个版赔出去的钱，靠每期两个版往回赚，那得到猴年马月才能挣回来啊（陶然原话）！

陶然态度很坚决。他有一种预感，过去几个月的努力，应该快到收获的时候了。《北京青年报·电脑时代》创刊以后，陶然作为首席编辑人，还开设了一个专栏叫"与老板对话"。他用了几个月的时间，把当时IT行业最牛的老板几乎采访了个遍。陶然坚信，他们对《北京青年报·电脑时代》应该已经开始有印象了。

此外，还有一件事，值得一书。这就是，陶然将当时对《北京青年报·电脑时代》敌意最大的两个人已经化敌为友了。很多时候，我们都很佩服陶然的这一点。不管对方对陶然有什么意见，之前的成见有多深，只要陶然有机会和对方见面，他总能将这种感觉慢慢化解，很多时候，还会从敌意满满，转换成善意浓浓。

陶然自己也有这个自信。他总是觉得，这个世界上鲜有铁石心肠的人，并且他始终信奉：日久见人心。只要有机会相互了解，对方总会渐渐地感受到自己的真诚。当然，这里有个最大的前提，是陶然一直坚持走正道。他认为，从长远来看，走正道，是唯一的道，并且也是所谓的捷径，仅有的捷径。这也就意味着，那些道不同的人，即便有敌意，陶然也是不会主动接触并化解的。大家各走各路，已经是最好的结局。这就是陶然的选择。

前所未有的客户会

说回当时IT圈儿最难缠的两个人，一个是当时给康柏公司做公关宣传的黄勇，一个是时任长城电脑公司市场总监的陈良华。想当年，这二人都曾经在《北京青年报·电脑时代》创刊之初，把陶然叫到办公室，几乎是指着鼻子"修理"陶然，声称可以让陶然和他的四达广告艺术公司以及他们的报纸销声匿迹。

只是后来，都被陶然化解掉了。不仅如此，他们还成了陶然的盟友。陈良华成了陶然顾问团的首席智囊。黄勇后来也拿出《信息产业报》和陶然合作。

如此，经过三个月的积累，陶然在办刊上也得到了一些人脉支持。如当时联想1+1品牌的拓荒者许志平、莲花公司中国区总裁皮卓丁等人，都给了陶然大力帮助。

在大家的指点下，陶然组建起自己的顾问团。顾问们每周和陶然开一次会，帮他策划《北京青年报·电脑时代》下周的选题，顺便也给他出些主意，关于如何开拓市场，如何打开广告局面。这样的状态，在陶然眼中，就如一壶水已经烧到了90多度，就等着沸点到来。所以，他要坚持。所以，绝不缩减版面。陶然不服输、认准了的事儿便敢打敢拼的个性，在此时又凸显出来了。在另外一家广告公司缩版的情况下，陶然决定来一场别开生面的推广活动。

陶然拿出公司账上仅剩的十几万块钱，租下北京城郊一个叫星明湖的度假村，把他能请到的所有IT公司的市场负责人全部请来，名义上是召开一场研讨会，主题是大众媒体与IT产品的关系。不过，这个研讨会实质上是客户营销会，只是打上了《北京青年报》召开研讨会的名头。

同时，陶然调动起全公司所有人员的力量，对请到的嘉宾采取一对一贴身紧逼服务，要求员工与客户同吃同住同游戏同参加研讨会。来宾中，既有IT界的潜在买单客户，也有陶然经过几个月工作攒下的"铁托儿"。"铁托儿"们在研讨会上八仙过海，从各种角度为陶然和《北京青年报·电脑时代》摇旗呐喊说好话。用陶然的话讲，这叫有钱的捧个钱场、没钱的捧个人场。

在当时，陶然举办的这次客户会堪称前无古人。那时候，媒体从不召开这种类型的客户会，即便召开类似会议，也是在市里选择一个酒店开一个下午。好一点的顶多招待吃一顿饭，送一点纪念品，差一点的干脆连招待吃饭都省了。而此次陶然的客户会，是把客户请到郊区度假村过夜，而且不止一夜。在服务上，陶然采取一个人服务一个人的贴身服务方式，并且制作了印有统一logo的T恤衫以及精美的会议资料。这一切都是以前媒体从来没有做过的。这让所有的来宾在大开眼界之余，深感宾至如归，印象好且深刻。当然，这正是陶然想要的效果。

陶然清楚地记得那一天是1995年的7月1日，中国共产党的生日。当时，北青报社长崔恩卿和新闻周刊主任钮明也受邀到场，给陶然站台。客户会开得非常成功。可是，会议结束后依然没有订单。公司的人都很着急，只有陶然一副稳坐钓鱼台的模样。

结果，突然之间，陶然说，真的是突然之间，他记得是一个半月之后，1995年的8月15日，那一天恰巧是抗战胜利纪念日。坐在办公室里的陶然十几分钟之内接到了三个电话，三个客户下了广告订单，而且都是一直到年底、每周都投放的长期订单。局面在一瞬间被打开了。从此一发不可收拾。从那时开始，《北京青年报·电脑时代》的广告就再没有空过版面。

这之后，每到年末的客户会上，第二年全年的版面就会被抢订一空。陶然他们剩下的事，就是绞尽脑汁想办法，从报社的眼皮底下多抠出一点点广告位。他们甚至把报纸的中缝、报花、报眼等都利用起来。因为真的是客户太多，广告也太多，陶然甚至将半版的尺寸也强行向上提升了几厘米，把传统意义上半版等于两个通栏生生地搞成了等于三个通栏，还美其名曰是矮通栏，鼓励客户去订四分之一版。

随着时间的推移，《汽车时代》和《广厦时代》的广告版面也开始爆满，做《汽车时代》那家公司的老板追悔莫及，每次见到陶然都情不自禁地夸陶然有眼光，敢坚持。

一个附带的八卦是，合办《北京青年报·电脑时代》那三年，陶然和他带领下的四达广告艺术公司，每年都把中国媒体客户会的标准重新定义一次。星明湖客户会之后的第二年，陶然邀请所有的客户飞到广州，在广州、珠海和中山一带召开年度客户会。理由是，陶然他们又承办了《南方日报》的电脑版。实际上，就是把豪华客户会的标准定义为在外地开。第三年，陶然他们又把客户请到泰国召开客户会。从在郊区开，到在广州开，再到去泰国开，一方面，是四达广告艺术公司的客户会档次节节提高。另外一方面，是陶然的四达广告艺术公司越做越大。

在广告之外，陶然相继又策划开展了公关业务、直投广告杂志业务、企业咨询业务、全案广告代理业务等。四达广告俨然已成为一个涵盖全产业链的为企业的营销提供服务的小集团。

后来，很多人都认为，若不是被张征宇拉着去一起创办恒基伟业、创造商务通奇迹，陶然也许早在二十多年前就已经打造出了中国最大的全业务企业营销服务集团。也许比今天的蓝色光标更为宏伟壮观。遗憾的是，历史不存在假设。《北京青年报·电脑时代》是陶然连续创业的开始。也是典型的孙氏风格纵横贯穿的开始。即给点阳光就灿烂，抓住一个可能不是机会的机会，集中全部资源撕开一个市场口子。一旦口子撕开，就迅速全力以赴向周边扩展，形成一个平台级、生态类的企业集团。

以上，就是陶然的第一次创业，陶然的第一桶金。

企业帝国的根基

我常常觉得，陶然和我，我们这一代人，是最幸福的一代人。因为，我们可能经历了一个发展最快、跨越最多、新事物最频繁出现的年代。我们大学毕业的时候，电视节目还只是每天播出几小时，谁家有台电视都是一种奢侈。现在，电视已经被一线城市的年轻人抛弃了。我们刚步入社会的时候，没有手机，只有呼机和固定电话。现在，手机已经智能化到可以植入所有人生活深处的程度。我们刚开始工作的时候，要求写字要好看，电脑还是离日常非常遥远的充满科技感的物件。现在，互联网时代已经完全改变了我们的工作方式。陶然至今都保留着自己高中时的笔记和照片。我也一直保留着自己的第一部BP机、第一台随身听和第一部摩托罗拉手机。只是，更迭的速度太快，以至于怀旧本身都被迅速刷新了。

唯其如此，陶然的人生观更能代表我们此刻的感悟。那就是，人生是一场体验。这场体验，因为丰富而难得。因为多元而珍贵。

回到1992年创意满满的陶然。现在想来，他做的许多旧事就算已经被新事物早早尘封，但他仍然是那个年代的领先者。

陶然担任电视连续剧《广告人》制片主任时才23岁，但作为总指挥，他已经想到策划一个通用的招商说明书，让每个部下可以用同样精彩的语言描述自己要推销的东西。同时，他们还找到了一个创作剧本的快手，可以迅速配合有意向投入的企业写出剧本大纲，以促进签约。这种流水线化、高智商型的工作方法，都是年仅23岁的孙陶然自己想出来的。很多人都不知道，陶然他们网罗来的创作剧本大纲的快手，是当时一位正在北师大读研究生的才女。她的名字叫于丹。是的，就是后来鼎鼎大名的于丹。当时，她还名不见经传。

命运总是眷顾那些从不放弃的人。很多人说，人的成功需要一定的运气。可是你是否知道？运气，某种程度上，也是实力的一部分。《北京青年报·电脑时代》的这次创业，在陶然的职业生涯中占有非常特殊的地位。它不仅仅是陶然的第一次创业，也因为这次成功的创业，奠定了后来陶然系"企业帝国"的基础。

　　陶然的名气、信用、人脉甚至理论，都发端于此。追根溯源，这一切又都源于陶然的那次辞职。若没有那次辞职，至少，在1994年底，《北京青年报》寻找广告公司合作的那个时点上，陶然很可能不是四达广告艺术公司的总经理。如果是这样的话，那能否和《北京青年报》有这样一场合作，也就不一定了。

　　做英雄，不做枭雄。前面提到过，在陶然的职业生涯史上，一共有过两次离职。1994年底的离职是第一次。而最著名的那次离职，则是2000年的6月份，陶然对媒体宣布辞去恒基伟业常务副总裁等职务，从此不再负责恒基伟业公司的经营。这两次离职都凸显了陶然的性格，以及陶然的理念：若方向盘不在我的手里，要么我离开，要么把方向盘给我。如果不是由他做主，不能按照他的愿望去施展，他宁愿放弃。

　　之所以如此决绝，一方面，他是不想在无效的工作状态下浪费时间。他认为，如果不是由自己来掌握方向盘，掌握方向盘的人必定没有他有能力，那就必然会把车开偏甚至开翻，他不愿意在这样的状态下听天由命。

　　另一方面，他也不想为不是自己负责的事情承担责任。就像他第二次辞职时对密友说的一样，虽然只是董事、常务副总裁，但是整个公司的企业文化、管理、品牌，以及市场营销都是他在主持。地球人都知道恒基伟业商务通是孙陶然当家做主，而一旦当他已经无法掌控方向盘，他就希望马上正大光明地告知大家：从今以后这个公司的方向盘不是由我掌握，做得再好或者再坏都将与我无关。

　　陶然的生命日程表里，有非常多的事情是他想要去尝试、愿意去尝试的。每一次尝试，带给他的都是全新不同的体验，而这种体验本身就是生命的意义，也是陶然对快乐的定义。在陶然心中，体验本身就是快乐。陶然常常讲，有多少上坡就有多少下坡，人生就是体验上坡和下坡的过程。不论哪种状态，都是快乐的。他举的最极端的例子就是，如果今天创业，明天就去纳斯达克敲钟，你认为这种所谓的创业成功快乐吗？它是你的追求吗？答案当然是NO，但如果你经历了三年、五年甚至十年艰辛困苦的创业，然后去纳斯达克敲钟了，这个过程才是快乐的。而这，才是陶然想去体验和追求的。

相应地，陶然认为这个世界本来就是多元化的，本来就有黑有白，有公平有不公平。在这种世界观下，配合重视体验、价值取向多元化的人生观，便不难理解，陶然为什么会达到今天的高度了。

前几年在一次接受采访的时候，有记者问他："你这辈子最得意的事情是哪一件？"陶然的回答是："这辈子最得意的事，是我活成了我想活的样子。"当为这句话，浮一大白。只有饱经沧桑的人才知道，活成自己想活的样子，是一件多么难得的事情，更是一项多么伟大的成就。

陶然作为连续创业者的人生，从《北京青年报·电脑时代》周刊开始，已然正式开启。

第十三章

嫩蕊商量细细开

> 任何时候领军人物都不可以放弃自己的思考，不能用大多数人的思考代替自己的思考，更不能用集体的意见代替自己的决策。
>
> ——孙陶然《坚持战略和定战略同样重要》

在电脑早已走下神坛，走进每个普通人生活的今天，回望24年前的每一幕，我们都会有一种恍如隔世的感慨。

想来，陶然当年在《北京青年报·电脑时代》创刊词中所说的预言均已一一成真。这也正好说明，当初并非只是二十几岁的陶然对未来的单纯揣测，而是他立足于时代，对生活深入骨髓洞察的结果。这种洞察力，来自陶然作为一位企业家的直觉，来自他悲天悯人的情怀，也来自他亲近贴合市场的灵魂。

那个时期，我作为一名纪录片导演，刚刚加盟《生活空间》，在这档"讲述老百姓自己的故事"的节目做编导。我还清晰地记得，每次上报跟电脑相关的故事和人物选题时，都要去翻阅当时的《北京青年报·电脑时代》周刊。那是当时关于电脑最权威也最人性化的文字。

财务自由之路

1994年，海底光缆刚刚接入中国，中国离互联网时代还有差不多十几年的"路程"方可抵达。因为《东方时空》的出世，中国观众刚刚结束早间没有电视可看的历史。所以，人们获取信息，尤其是商品广告的途径，绝大多数还是通过报纸和杂志。那时，报纸很少有增刊和号外。那时，每天早上坐地铁上班买一份报纸，几乎是每个人的生活习惯。那时，体制内的各个单位，每年年底都留有订阅报刊的预算。那是中国报业的红利期。

陶然他们在做报纸的时候，每期策划不同主题，争取期期都有爆款内容。他们开启了电脑行业调查报道的先河，深挖一切相关事件，分析产品利弊；他们甚至也开启了电脑行业舆论监督报道的先河，不顾个别商家的威胁，将行业内的弊端真实呈现。因此，他们周刊的影响力越来越大，甚至一定程度上带动了《北京青年报》的销量。而在陶然和他的团队实施了1995年7月1日的研讨会策略后，从1995年8月15日开始，他们的广告源就再也没断过。

再后来，生意变得火爆之后，《北京青年报·电脑时代》的版面开始变得一寸难求。仿佛是一瞬间，陶然和他的团队从求人者变成了被求者。新的状态，就要调整新的策略。

陶然立即决定，绝不能把全部的广告版面预定出去，只预定出去百分之六十至百分之七十，并给预定的客户以优惠。即团购有优惠，预定有优惠。而单买者则要出高价。

经过这一系列营销手段的实施，陶然他们创办的《电脑周刊》，从当年2月份创刊，8月份开始大规模接到广告，到年底，净利润就已经达到了100多万元。第二年，净利润近400万。第三年，超过了1000万。1000万，在二十世纪九十年代，不啻为天文数字。

举一个不相干的数字类比吧。1997年，我用自己码字的稿费在北京买了第一套房。90平方米，当时还没有五环，但是房子在五环位置的旁边，市值不过22万元。

陶然的第一次创业，就这样成功了。陶然用自己的自信和坚持，用自己的创业心态加赢家心态，获得了他全权经营以来的第一场胜利。陶然也挣到了人生的第一个100万，进入了财务自由阶段。

管理的原则

创业，说难也难，说不难也不难。后来，在《创业36条军规》中，陶然这样写道：成功就是做对的事，并且把事做对。做到这两点，成功只是时间早晚的问题。做对的事，这是方向，是公司经营的核心任务；把事做对，这是路径和方法，是公司管理的核心任务。

就"把事做对"而言，陶然认为，管理企业要经过三个阶段。

第一阶段，亲力亲为。领军人物必须亲自担任总经理兼产品经理兼销售兼售后等，亲自参与所有的事情。

第二阶段，身先士卒。领军人物必须冲在最重要环节的第一线，没有产品时冲在产品研发第一线，有了产品开始销售时冲在销售第一线，中后台压力大撑不住时冲在中后台的第一线。

第三阶段，保驾护航。企业大到一定阶段，领军人物就要退居二线，让每个BU（独立核算部门）都有一个胜任的领军人物，自己去帮助他们把握方向、做备胎以及帮助协调资源和合作。

陶然一直都是按照这个原则工作。所以，1995年，《电脑时代》创刊的第一年，陶然亲力亲为亲自冲在广告销售的第一线。那一年，全公司百分之七十以上的客户和订单都是陶然亲自签下来的，当然，按照陶然制定的制度，应该提取的提成陶然也当仁不让地拿走了（虽然陶然最后主动放弃了三分之一）。

但是第二年，陶然开始慢慢把手中的大部分客户分给了公司各个业务骨干，连带着这些客户第二年的提成陶然也放弃了，都转给了接手的人。不仅如此，在执掌四达广告艺术公司之初，陶然就与张征宇达成一个约定，每年利润指标的超额部分，可以拿出百分之三十奖励给团队，而总经理可以获得团队全部奖励的百分之三十。

事后证明，这是一个高瞻远瞩的决定。因为谈的时候张征宇和集团根本就不相信四达广告能够赚钱，所以爽快地答应了这个分配方案。显然，如果在公司已经开始盈利之后再谈这种奖励方案，估计难度就大多了。

出人意料的是，第一年年底分配超额奖金时，陶然竟主动提出，虽然自己应该拿百分之三十，但自己只拿百分之二十，另外百分之十放入奖金池供大家分配。

陶然的这些举动，让他在下属面前获得了崇高威望。古往今来，领头人的威望只有三个来源：第一是让利给下属而不是与下属争名夺利；第二是带领下属打胜仗；第三就是一碗水端平，给予下属最大的公平。1995年，虽然陶然还只有26岁，但他俨然已经有领袖风范。

1996年，是陶然和《北京青年报》联合创办《北京青年报·电脑时代》的第二年。彼时，报纸已经发展得非常好了。仅在前一年末的客户会上，便几乎可以订满第二年全年版面。

这时候，陶然作为一个企业领军人物的过人之处再次体现。他一分钟都没有让自己沉醉在已经取得的胜利之中，而是马不停蹄地开始为未来做准备。陶然生来有一种强烈的居安思危感，永远在未雨绸缪。这是他的天性。

这几年，拉卡拉集团发展得非常好，但是每次问起，陶然都会告诉我，越是顺风顺水的时候越要警醒，因为顺风顺水会让人麻痹，会让人安于现状，会让人看不见即将到来的危险。所以，越顺风顺水，他越感觉如履薄冰，越是反复预测、推演企业的未来，越是加大对未来的布局。很多布局并非有多大的意义，只是为了多一份保险而已。

陶然有两个十分之一理论。他认为，企业的利润实质上应该是获得的利润的百分之八十，有两个百分之十必须花掉。第一个百分之十，用于满足企业生存环境中各种人或组织对企业的期望、刁难以及见面分一半的沾光碰瓷心理，即按照非经济因素结论投出去的钱，这是为了让企业的生存环境更润泽，也是为企业的未来积福德和买保险；另一个百分之十，是通过捐赠等手段回馈社会，这是一个优秀企业必须具备的行为方式和准则。

在1996年甚至1995年的下半年，当时的孙陶然只有26岁，而且，才刚刚品味到成功的滋味。26岁，第一次成功，就知道未雨绸缪。因为他知道，跟《北京青年报》的合约只有三年。

02计划

《电脑时代》做得越火爆，三年期满的续约就越将是一场挑战。续约本身没有问题，但是续约的价格一定会非常高。报社估计已经为当初的三年之约悄悄后悔了，重新来过时，不可能让他们再一次赚取高额利润。虽然这个舞台是陶然他们一手打造出来的。但是，这就是市场。这就是人性。

陶然的预料一点都没有偏差。三年期满之后，《北京青年报》开出的续约条件是，每年买断金1000多万，足足是原来签约额的三倍。这也就意味着，如果续约，四达广告公司纵使还有利润，但也只是行业平均利润率而已。这是后话了。陶然对未来的预见性，对人性的深度洞察，由此可见一斑。

出于对续约难度的考虑，1996年初，陶然即决定启动一个02计划，目标是在和《北京青年报》的合约到期之前，用《北京青年报·电脑时代》的盈利以及做《电脑时代》带给四达广告的大量品牌客户，去孵化几个未来的利润增长点，以便在三年后不续约的情况下，依然保持四达广告艺术公司的可持续增长。说起来，这是一个B计划，但这更是一个上台阶的宏伟战略。这体现了陶然作为优秀企业家的前瞻性和布局意识。

我想，在20多年前的1996年，年仅26岁的孙陶然，能够提出这样的经营构想，类似的行为，大概没有几个企业家能够做得到。我喜欢把1995年到1998年称作陶然的四达广告时代。或许有人会说，应该称之为四达广告的陶然时代吧？我之所以将两个主题词互换，是因为陶然从来没有把自己的目标定位为经营一家广告公司，他的眼光从来都是投注在远方天际线之外。套用今天的一句时髦用语：从一开始，陶然的目标就是星辰大海。

短短四年间，陶然就做了很多在那个时代，甚至在今天看来都惊世骇俗的事情。换句话说，他做的每件事情都是在"开天辟地"。不过，细细研读，你会发现，这每一个"惊世骇俗"或"开天辟地"的想法或行动的脉络，都与今天陶然的理念和逻辑基本吻合。

陶然做事，从来都是一箭双雕甚至多雕，这和他一直追求高明的战略有关。陶然坚信，战略不但有正确和错误之分，而且有高明和平庸之分。平庸的战略需要士兵去拼刺刀，杀敌一千自损八百才能获胜；高明的战略，则是运筹帷幄之中即可决胜千里之外。陶然毕生追求的都是高明的战略。他认为，制定正确而高明的战略是企业领军人物责无旁贷的职责和使命。

O2计划，也叫支点计划，因为陶然非常喜欢阿基米德那句名言——"给我一个支点，我就能撬动地球"。O2计划就是要利用做《电脑时代》的盈利，以及其带来的大量IT客户，去孵化几个未来四达广告的增长点。同时，把已经拥有的大牌广告客户的价值发掘到最大化。

听着是不是又有些熟悉？是的，这和2018年陶然带着拉卡拉入主蓝色光标后，为蓝色光标明确的新战略极其相似：以经营客户为核心，左手是客户，右手是我们能为客户的营销提供的各种产品和服务，让左右侧最大程度地形成交集。

这是蓝色光标的战略。这也是当年陶然为四达广告拟定的战略。早在二十几年前，陶然已经开始有了孵化和研发意识，已经有了对今天大脑里思想最初始的清晰认知。

所以，陶然的雄心壮志是，通过O2计划，绝不仅仅是做几个能够赚钱的项目，而是打造一个集团。或者，用现在的说法是，做一个平台、打造一个生态系统。当然，在20多年前，这些词都还没有流行。不过，陶然要做的这些事，却早早地走在了最前端。

沿着为企业营销提供全面服务这个目标，陶然看到了几个赛道，分别是：媒体、全案代理、经营管理咨询、公关传播。02计划就是要沿着这些赛道进行布局。可以说，02计划既是布局的需要，也是为那些追随陶然的战将们搭建各自发展舞台的需要。

陶然选定的第一个赛道是媒体。广告公司也好，公关公司也罢，都是纯乙方。而当时的中国，又处于一个非常不尊重专业分工、非常不尊重知识产权和创意的年代，各行各业的乙方日子都不好过。陶然他们更是深受其苦。而另一边，媒体则相对强势。加上《电脑时代》成功的甜头，陶然首选的布局就是媒体。

在陶然的主持下，四达广告先后签约了《南方日报》《生活时报》《为您服务报》《信息产业报》的电脑周刊。但是，这些媒体的控制权毕竟还是报社的，所以他们也只是在别人的媒体上辛苦耕耘。陶然打比方说，自己充其量只能算一个保姆，孩子总归是别人的，别人随时可以领走，即便领不走，期满之后也是别人的。更何况，这种合作，必然是日子不好过的时候苦广告公司，日子好过了甜媒体。既不能甘苦与共，更谈不上共同进退。

陶然的目标是自己拥有媒体平台。但是当时的中国，根本不允许民营企业拥有媒体，这是一个难题。陶然他们想到了一种媒体创意。实施出来之后，就有了《生活速递》广告杂志。这是一种全是广告和软文的杂志，是usepaper而非newspaper，但是其印刷之精美超过所有杂志。杂志定向免费赠送。办这样的媒体，并不需要刊号，它在政府允许的范畴之内。

1997年，陶然组织创办了《生活速递》高尚直投广告杂志。这本杂志经过几年发展，最终成为北京、上海、广州三地发行的中国最大直投广告杂志。

后来，又衍生出《消费地图》《户外装备》等媒体，这块业务逐渐成为公司主力，陶然戏称为红一方面军，将之交给了刘峻谷负责。蓝色光标上市之后，《生活速递》被陶然打包卖给了蓝色光标。陶然总结说，这些布局还是有些美中不足。由于自己当时对电视媒体不熟悉，虽然有人也建议了，但是陶然最终没有进军体量更大的电视媒体，而同时期起步的华谊兄弟广告公司则通过影视植入广告开始，最终成为后来的中国影视巨头。蓝色光标上市之后，陶然亡羊补牢，建议蓝色光标进军影视行业，但是赵文权没有采纳。最终，陶然自己通过拉卡拉产业基金投资了一批与影视等相关的公司。这同样是后话。

陶然看好的第二个赛道是全案代理。陶然认为，本质上广告公司的主业应该是全案代理，即帮助企业进行品牌和产品定位，策划并实施营销方案。

某种程度上，这是陶然的最爱。但是在当时的中国，这样的广告公司生存环境并不成熟。一方面，那时中国的大多数企业不尊重专业服务，又抱着肥水不流外人田的心态，大企业都有自己的广告公司，独立的广告公司很难拿到业务。另一方面，流到市场上的业务机会，大的都被国际4A广告公司拿走了。毕竟他们在人才、技术、资金以及客户规模上都占有绝对优势。

最后，即便侥幸拿到业务，本土的广告公司也会被强势的广告主压价再压价，不赔本儿就不错了。在各种流程上，也是各种违约拖拉，付款更是一拖再拖。但是，作为广告公司，作为弱势的乙方，并没有什么办法。陶然看得很清楚，这是一个先有鸡还是先有蛋的问题。中国本土广告公司因为客户少，以及资本实力薄弱，所以养不起高手，拿不到好的媒体价格；养不起高手，所以就出不来好作品；没有好作品，所以拿不到大客户；没有大客户，所以客户少，资本实力弱；资本实力弱，所以没有好的媒体价格，更难以争夺客户。这完全形成了一个恶性循环。而且，貌似无解。

但如今，对陶然他们而言，可遇不可求的机会来了。《电脑时代》项目给四达广告公司带来了丰厚利润，可以用得起高手，并在没有客户的情况下养高手。这就解决了先有鸡还是先有蛋的问题。《电脑时代》的成功和火爆让进入中国市场的所有大牌IT企业都局部成了四达广告的客户。此时，若不趁机孵化一个全案代理广告公司，那真的就不是孙陶然了。

由此，蔚蓝轨迹广告公司成立了。这家公司交给了当时四达广告公司的一位副总经理——从国企跳槽来的孙积慧，也是陶然和我共同的中学同学，中国人民大学毕业的高才生，泰康保险公司LOGO的设计者。孙积慧又找来了曾经在4A公司工作过的沈蓓。两个人搭班子。

蔚蓝轨迹后来虽然没有如陶然预期一样，最终发展成一家可以与国际4A广告公司相抗衡的本土4A广告公司，但是在1998年到1999年间，蔚蓝轨迹是恒基伟业的独家广告代理公司，在陶然一手托两家的管理之下，成为创造商务通奇迹的一分子。

商务通那些脍炙人口的广告作品，从"商务通，查电话只点一下"（蔚蓝轨迹创造）、"科技让你更轻松"（陶然创造）、"呼机、手机、商务通，一个都不能少"（戴启军创造）的广告词，到陈好篇、李湘篇、濮存昕·李湘篇等电视广告，再到赞助光影星播客、冠名四川商务通足球队等，都有蔚蓝轨迹的参与。

当年陶然选中的第三个赛道，是企业咨询公司。当时陶然身边有两大策划高手，都是他北大的师兄。一位是长城电脑公司的市场负责人陈良华，一位是做过联想总裁办主任，当时任一家合资IT公司总裁的许志平。这两位都是陶然为《电脑时代》组建的顾问团的核心成员。

陈良华一直想离开长城电脑，许志平当时担任总裁的那家合资公司也一直"半死不活"，于是陶然便说服他们创办一家企业咨询公司，专门为企业提供市场营销方面的咨询及市场人员的培训。资金由陶然出，他们占干股。

公司的名字是陶然取的，英文叫out look，中文叫世纪星空。陶然一直对自己取名字的能力非常自信。他认为，一个好的名字是企业成功的一半。商务通、蓝色光标（其中的光标）、佳策、世纪星空、拉卡拉、昆仑学堂等，都是陶然亲自取的名字。

世纪星空成立后，在陶然离开四达广告体系去创办商务通时，陶然又把所有股份平价转给了陈良华和许志平。其他公司的股份，陶然也最多每家留百分之三十，其余的都平价转给了具体负责人及其团队。

自此，陶然02计划框架的搭建已基本完成。现在，就还差一个公关公司蓝色光标了。那是他布局的第四个赛道，而第四赛道的故事，后文还要大讲特讲。

多年以后，陈良华和许志平仍因世纪星空对孙陶然心怀感激。多年以后，想起这一系列布局和决策，局内人和局外人仍然一起啧啧称奇。

第十四章

画出东南四五峰

不论缘分还是交情，都包含两个含义，一是你和别人要发生关联，产生交集；二是这种关联和交集要有正向结果，让对方受益，如此你们之间便有了'缘分'，有了'交情'，彼此享受这个过程之余，在未来你们之间也将继续是彼此可信赖可依赖的对象。

——孙陶然《人生就是与世界结缘》

世纪星空最著名的客户，也是当年第一个客户，是联想集团。

当时，是陶然亲自出马找的联想集团杨元庆。陶然开价：每年咨询费365万，相当于每天1万块。陈良华和许志平则全职为联想集团服务，提供所有的市场策划方案并手把手培训联想的市场人员。

1997年，300多万还是一个天价。那时候，四达广告艺术公司的全年利润也不过1000多万元。对于这个开价，当时联想集团的品牌负责人杨洁和乔健都认为太高了。就连陈良华和许志平都有点含糊，不是很有信心。他们认为收不到那么多钱，同时也觉得，不需要非得收那么多钱。但陶然一直坚持要这么收。陶然的理由是，签约世纪星空，我不但能帮你消灭了最大的竞争对手，还能让对方来帮你做策划、培养你的市场人才。365万一年，很便宜。很值。

那个时候，联想电脑的最大竞争对手就是长城电脑。长城公司从0520

（电脑型号）之后与IBM合资推出金长城电脑，在陈良华的主持下，一直和联想电脑在市场上贴身肉搏，打得不亦乐乎。1994年，陶然就任四达广告艺术公司总经理后，他们便开始为联想集团提供广告服务，那时，《电脑时代》周刊还没有创刊。

陶然清晰地记得，1994年，他们帮联想集团策划第十万台联想电脑下线庆祝活动时的情景。陶然给出的策划方案是把第十万台电脑送给陈景润，并且召开一次新闻发布会。

现在很多人可能不知道陈景润是谁。陈景润是一位著名的数学家，1996年于北京病逝。当年，他曾经创造了举世震惊的奇迹——在一间6平方米小屋里，借一盏昏暗的油灯，伏在床板上，耗去6麻袋草稿纸，攻克了世界著名数学难题"哥德巴赫猜想"中的"1+2"难题，距摘取这颗数论皇冠上的明珠"1+1"只有一步之遥。当年，著名报告文学作者徐迟的一篇《哥德巴赫猜想》，让陈景润成了家喻户晓的明星式人物。邓小平曾经评价：陈景润是在挑战解析数论领域250年来全世界智力极限的总和。中国要是有一千个陈景润就了不得。

陶然的这个策划案，可以说，是创意上的一个极限挑战，也是创意上的一次珠穆朗玛。那一次发布会，也是杨元庆第一次组织大规模的发布会。发布会的前一天晚上，陶然亲自带领公司的小伙伴在新世纪饭店布展。快结束时，杨洁和乔健问孙陶然："明天元庆的演讲稿在哪儿？"大家这才突然想起来，忘了撰写杨元庆的演讲稿了。陶然叫来一个手下："拿纸笔来。"当时会场只有铅笔。铅笔就铅笔吧。陶然拿过来，坐在会场的一角，一挥而就，写下了杨元庆第二天的演讲稿。第二天，杨元庆就用这个演讲稿，成功地完成了发布会。这个桥段，在《联想风云》中被乔健详细描述过，虽然没有点出陶然的名字，但其中的画面感可谓栩栩如生。

发布会的现场效果很好，但是杨元庆、孙陶然和杨洁、乔健都非常不满意。因为联想要下线第十万台电脑的消息被走漏了，当时仍在长城电脑公司市场部执掌大权的陈良华，在联想发布会的前一天向所有媒体抢发了一条新闻：长城电脑累计出货超过二十万台！虽然金长城电脑并没有卖出多少台，二十万台中大部分是早年的0520型电脑，但是毕竟都算长城电脑，说累计二十万台也不为过。

此新闻一出，联想第十万台电脑下线的风头，一瞬间就被秒杀得无影无踪。

事后，联想和四达广告都进行了大规模的排查，试图寻找出泄露消息的"内鬼"。

这就是当年中国IT产业激烈竞争的一个缩影，也是当年中关村风云变幻的一个缩影。当然，后来的486、奔腾（均代指计算机型号）大战更加激烈和精彩。结果是联想两战定乾坤，让国产品牌一举击败所有外国品牌，成为中国市场的领先者。了解了这个背景，也就了解了陶然的底气。

世纪星空往事

陶然问询杨元庆："我让陈良华从长城电脑公司辞职，到我的体系里组建咨询顾问公司，和许志平搭班子，一起为你服务，给你的品牌部提供咨询，帮他们策划方案，培训你的员工。作为曾经给过你难堪和强大竞争力的对手，如今他们开始为你效力了，这种此消彼长的价值，一年365万，贵吗？不仅是这些咨询赋予你的能量，更重要的是，我能帮你消灭最大的竞争对手。没有了陈良华的长城电脑市场部，将如同失去了牙齿的老虎。一年365万贵吗？"

最终，合约拿下来了。在这里，陶然和陈良华的记忆发生了一点冲突。陶然记得没打折，但陈良华记得是打了一点折，最终收费是差一点300万。不过，这已经无关紧要了。

多年以后，陈良华在蓝色光标五个创始人的一次聚会上——是的，陈良华不仅在后来与陶然化敌为友，而且，大家还成了紧密的合作伙伴，一起作为联合创始人共创蓝色光标——主动提起这个故事，并明确表达了对陶然的感谢。当然，如果没有陶然的邀请，他们就不会成为蓝色光标的股东，也将与后来五个创始人每个人最高超过35亿的身价擦肩而过。

也是陶然，鼓动并出资支持他们成立了世纪星空咨询公司，圆了他们的创业梦和老板梦，并且亲自出马帮他们谈下了第一笔订单，还是最大、持续最久的一张大单，让他们看到了自己智力服务的价值。

最后，当陶然去联合创办恒基伟业时，根据陈良华和许志平的意愿，陶然还把世纪星空公司的所有股份平价转让给了二人，并谢绝了二人要赠送一部分股份给自己的好意。这一切的一切，在陶然看来，是理所当然，是水到渠成，也是自己心甘情愿。对于陈良华和许志平来讲，这是在自己前行的路上，遇见了难得一见的同道中人。

孙陶然、陈良华和许志平的世纪星空故事，是非常典型的陶然为人处事轨迹的缩影。

据我所知，陶然在与著名体育人黄健翔、著名音乐人高晓松、著名摇滚歌手郑钧、太合音乐CEO钱实穆、著名主持人张羽，以及《感动中国》栏目创始人朱波等一大批新朋旧友之间的交往之中，类似的彼此出手相助的故事比比皆是。这应该也是大家都说陶然朋友多、运气好的根本原因。

如果你像陶然和他的朋友们一样，时时把每一个和自己有过交集的人、每一个与自己相关的人放在心里，了解彼此的需要，在意彼此的感受；一旦发现对对方有帮助的事情，就毫不犹豫地去促成；一旦碰到自己的举手之劳能给别人雪中送炭的机会，就尽心尽力地去做到；真诚地希望自己身边的人、和自己相关的人，能因为自己的存在，而不断地变得更好，那么，你一定也能和他一样，拥有那么多死党，且运气越来越好。

陶然对朋友好，主要来自他的性格、交友理念和骨子里的价值观。在生活中，陶然就是一个施恩不图报的人。在我们同学当中，只要有人找到陶然求助，能帮的他一定会伸出援手尽力相帮。有些同学千里迢迢从外地来到北京，他们甚至不用提前预约，只要说一句，陶然我需要你的帮助。陶然便会出现。

这样的例子，实在不胜枚举。我就是其中的一个。当我自己出来创业时，他几乎隔段时间就会问上几句：需要我做什么吗？他总要去我那里看看，用他的话讲："把我当成你的资金平台和咨询平台，不用也不需要客气。"他不知道，很多时候，他的这种态度就是最大最好的支持。让人一想到他，便觉温暖；一想到有他，就充满信心。

世界上所有的事情都是因果。如果没有陶然当年发起的世纪星空和蔚蓝轨迹两家公司，就没有后来1999年开始的商务通奇迹。1998年上半年，陶然带着这两家公司的主力，用不到三个月的时间，完成了商务通的全面营销策划，从为产品取名字，到确定市场定位、确定价格、设计渠道策略以及推广方式，完整而有效。

当年，在陶然的主持下，团队给商务通制作了一个市场启动包。这在当时的PDA行业是一个创举。放眼当时所有的行业，也几乎没有企业这样做过。

在这个市场启动包中，包含了代理商拿到代理权之后，如何介绍产品、怎么卖、怎么建立渠道、如何投放广告、平面广告的设计以及电视广告片、怎么做售后等所有问题的答案。商务通开卖两个月后"张家港模式"定型，全面验证了启动包的有效性，自此，"商务通启动包"更成了大家的"圣经"和"宝书"。商务通成功后，所有的同行都要想方设法拿到一本陶然主持制作的"商务通启动包"，用来解剖和学习。

共生系统

俗话说，性格决定命运。陶然的性格里边，有一种与生俱来的乐于助人的因子。因此，人才一直源源不断向他涌来。

话说回来，1996年，陶然为四达广告艺术公司看好的第四个赛道，是公关传播。

那个时候，公关传播才刚刚传入中国，进入中国市场的每一家外企都委任了自己的公关代理公司。于是一方面，中国一批最大企业的公关传播需求被激发起来了；另一方面，国外的公关公司来中国后水土不服，中国市场上还没有出现强大的公关公司。这个市场，进入了一种渴求龙头企业的状态。这个赛道级机会，陶然看到了，赵文权也看到了，孙陶然的另外一位朋友黄新京也看到了。赵文权和黄新京两个人，前后脚找到孙陶然，提出要一起创办一家最牛的公关公司。于是就有了后来的蓝色光标。

一番瞄着打的布局之后，结果必然是陶然身边的诸位战将都有了自己的防区，也有了自己的舞台：

刘峻谷，掌管经营着《北京青年报·电脑时代》周刊、《南方日报》电脑版等项目的四达广告艺术公司，及生活速递高尚广告杂志公司。

孙积慧，掌管蔚蓝轨迹广告公司，全案代理方向。

陈良华、许志平，掌管世纪星空咨询顾问公司，主攻企业咨询方向。

赵文权，掌管蓝色光标公关公司。

孙浩然，掌管佳策公关公司。

陶然自己，则开始筹备恒基伟业电子产品公司。

大名鼎鼎的商务通即将登场。

陶然曾多次被记者问到为什么会连续创业。一般情况而言，一个企业家一生只会做一家企业，并把这家企业做深做透。而陶然在过去二十多年间，连续创办了多家企业，而且每家企业都分属不同的领域：从最早的广告公司到媒体，再到后来的蓝色光标公关公司、世纪星空咨询公司，直到恒基伟业这样的产品公司，最后到拉卡拉的金融服务以及考拉基金这样的投资机构。

应该说，陶然把企业所能涉足的所有领域几乎都做了个遍。最为难得的是，还全部做得非常成功。这到底是为什么？

这是一个好问题，陶然自己当然知道答案。根子上的原因，是陶然是一个喜欢挑战的人。陶然说，若从星座上讲，自己是一个典型的白羊座，对新生事物充满好奇，喜欢迎接挑战。当一件事、一个企业已经做到四平八稳之后，他就会转而去寻求新的刺激和挑战。因为他不愿意去经营一个千篇一律的重复性业务。这是推动他创办一个企业又一个企业的根本原因。

第二个原因，是陶然的分享心态。

他认为，跟随他的人不能永远是他的副总经理，他们也要独当一面。这时候有两种办法：一种是支持他们去打开新的舞台，让他们去开疆拓土，当然前提是他们是这样的人，有这样的能力；另一种办法就是把自己已经耕耘成熟的舞台交给他们，然后自己去开拓新的疆土。当然前提还是他们是这样的人，有这样的能力。在陶然创业成长的历史上，他更多选择的是后者。

这成就了陶然的连续创业经历。

在拉卡拉之后，陶然则更多地希望能够打造前者的模式，并且，他也成功了。拉卡拉的收单市场和网上信贷市场，都是陶然的小伙伴自行开疆拓土的结果。

2018年7月，陶然受邀给联想君联研究院的CEO们做培训，当时，他专门谈到了一个观点，即一个可持续成长企业需要三点：

第一点，是底层自我驱动型的组织形态，通过机制让每个最小经营单位都变成自带发动机自我驱动的利润中心。

第二点，是企业内部要有能滋生开疆拓土式英雄的土壤。

第三点，是要能够解决企业当前发展阶段的瓶颈问题。

陶然既给他手下每一个具备开疆拓土潜质的人施展的舞台，也不断把自己已经打造得相对成熟的企业交给自己的副手去打理，自己则选择去开辟新领域。

陶然是一个坚定的市场经济信徒。他认为，只有让企业的每个最小利润中心都自带发动机，都是自己出题自己答题的利润中心，企业才是有前途的。他坚决不相信计划式或者干预式的做法能够成功。陶然非常认同美国经济学家弗里德曼的理念：花自己的钱办自己的事，既讲节约，又讲效果；花自己的钱办别人的事，只讲节约，不讲效果；花别人的钱办自己的事，只讲效果，不讲节约；花别人的钱办别人的事，既不讲效果，又不讲节约。

因此，在他的体系里边，他不断推动把每一个子公司打造成利润中心，并且推动让每个利润中心的领军人物和团队持股，使之成为企业的主人。

早在1996年，陶然已经开始按照存量机制不变，增量组建为他和团队持有大部分股份的有限责任公司模式在筹谋了。在此之后，他发起创办的所有公司，都照此原则组建。

最初，因为信心问题，也因为投入能力问题，以及对新创办公司的作用程度问题，陶然往往会占很大的股份比例。但他一直通过平价甚至低价的方式，逐步让渡自己的股份给经营团队。当然，前提是经营团队可以达成预计的经营指标。

最终，在每一家公司，他都把自己的股份稀释到了30%以下。当然，会有投资人诟病，认为这样公司的控制权不稳。但是在陶然看来，所谓的公司控制权，其实是一个伪命题。如果公司需要你，你的控制权就在，如果有一天别人控制公司对公司更好，那控制权给别人就好了。重要的是公司的成长。

要把饼做大，在一个大饼占百分之一，好过在一个小饼里面占百分之百。而且一个人在公司的影响力不是由他的股份比例决定的，想靠股份比例的优势获得话语权是最愚蠢最笨拙的行为。就像是想要靠钱去获取爱情一样。

陶然认为，一个人在企业的影响力是由其领导力、历史战绩，以及他的"三观"决定的。柳传志在联想里只占百分之二点几的股份，索尼的创始人在索尼也只占百分之一点多的股份，任正非在华为也是一样，只占百分之一点多。但这丝毫不影响他们在企业中教父一般的影响力和地位。

最后就是，陶然的骨子里，一直有打造一个拥有巨大影响力的生态集团的梦想。陶然非常推崇古罗马人与世界相处的方式，不是占领，不是控制，而是影响力。即用影响力打造一个大家都认同你的价值观，各自独立生存，彼此之间又协同发展的世界。这就类似于建立了一个生态圈。

现在，大家已经非常熟悉腾讯系、阿里系、小米系、联想系，而陶然早在二十多年前的1995年，就已经有了这样的概念，而且付诸实施了。他通过投资、联合等方式，希望把周边自己视力所及和势力所及的能人都吸纳过来，或者让他们加入自己的团队，或者由自己参股，让他们在发展上和自己协同。

后来，在拉卡拉时代，陶然正式提出"共生系统"的概念，所谓的共生系统，陶然定义了三个特点：

一、系统的每个个体都以独立长成参天大树为目标，谁都不是谁的绿叶。

二、系统为每个个体提供统一的品牌、用户系统、账户系统、支付系统以及运营系统，通过这"五个统一"，系统为大家提供适合生存和发展的空气和土壤，让每个个体都不是一个人在战斗。

三、系统鼓励各个个体相互协同，但不强迫，不封闭。

二十多年前的世纪星空咨询公司、《生活速递》广告杂志、蔚蓝轨迹、蓝色光标，其实隐隐约约间，我们已经能从中窥见陶然共生系统概念的影子了。

当然，最后，影子没能成为实体。

多变的人

有人说，其原因在于陶然的缺点——多变，总是干干这就又想干干那，这些还没弄好便去了恒基伟业。的确，多变，是跟着陶然的很多老部下给他贴的一个标签。我也认同陶然的确是一个多变的人。但是更多的时候，陶然的多变是为了变得更好——虽然是确定了的事，但陶然只要发现有更好的选择，他就会要求调整，以便让结果更好。按他的话说，今天的高点就是明天的起点。

从1994年到1998年，陶然带着他的四达广告艺术公司搬了很多次家。从北京外国语学院东院的专家楼，到位于白石桥路上的科贸中心，再到位于北太平庄的有色金属研究院，以及位于蓟门桥的雅迪写字楼，最后到位于五道口的一栋别墅。几乎一年多一点就换一个地方。每次都变得更好。

更深层地讲，这种多变，本质上是一种自我扬弃精神。而这种精神，是一种非常难得的素质。很多普通人，都会有一种对成功路径的依赖心理，就是一旦成功，就会把成功的原因死死抱住，希望未来依然会继续成功。而实际上，大多数情况下，昨天让我们成功的某些东西需要我们永远坚持，但一定有某些东西会成为明天我们继续成功的障碍。我们必须敢于坚持应该坚持的，敢于扬弃应该扬弃的。如此，才能继续前行。

当然，区分何为应该坚持的、何为应该扬弃的确有难度，但是，这是领军人物必须面对的挑战。这也是有人可以连续成功，有人只是昙花一现的根本原因。

在陶然看来，产品、业务，往往是需要扬弃的东西。陶然曾经多次说过，每个产品都是企业发展阶段中的一级台阶，随着时间的推移和市场的变化，企业必须不断扬弃以往畅销的产品并推出新的产品。如果今天的拉卡拉还是死死抱着便利店信用卡还款业务不放，拉卡拉早已经不在了。正是拉卡拉不断滋生新业务，例如收单、信用贷款、征信等，才推动着拉卡拉成为今天的综合性金融科技集团。

在某种角度上，也可以说，陶然是一个以分享为目的的人。这一点，在陶然的四达广告艺术公司时代就体现得非常充分。具体表现在，他组建的每一个公司，都让团队一起入股，而且从开始做企业的第一天起，就坚定摒弃了家族企业的思路，既不让自己的股份比例过高，又不让自己的任何亲属进入公司。因为他认为，一个家族企业，是对有能力的合作伙伴的最大的不公平。

陶然说，如果一个公司70%的股份是你的，所有的事情就都是你的，所有的事情就都只有你自己操心。如果一个公司70%的股份是别人的，公司的运转就是大家的事，大家会一起操心。

陶然乐于分享的故事，从他刚一当上领导时便开始显现。不过，这只是因为他当上了领导，才拥有了在公司操作分享的权力。陶然从小就拥有分享意识。乐于分享是他骨子里的精神，他会分享生活中一切他觉得美好的事物。从内心深处，陶然的认知，始终是大家好才是真的好。只有身边的人都成功了，自己的成功才是真实而有意义的。

也许是因为陶然把体验人生作为人生观，他也一直致力于把每件事情变成大家的事。他的理念就是搭起舞台，让每个人都把自己最大的本事使出来。然后，由他来为大家保驾护航，让大家各自带着他向前走。除了让核心团队参与公司的组建和分享股权外，陶然还在更大范围内与员工分享。

随着公司的发展，陶然一直通过分红和提高薪酬等方式让自己的员工分享公司发展的成果。除去创业初期的艰苦奋斗阶段，陶然公司的薪酬标准是很高的，因为陶然推崇的是，两个人干三个人的活儿拿三个人的工资。一方面他非常痛恨冗员和官僚主义，一方面他又非常主动地推动给员工更好的待遇。

应该说，纵向解读孙陶然这个人，他是一个行走于时代之先、引领于潮头之上的优秀企业家。如果再去横向看待孙陶然这个人，他更是当之无愧的每个层面都以人为本的好老板。

第十五章

山重水复疑无路

任何一个团队都需要激励，包括创始人自己。激励包括奖金、期权、限制性股票等，如果没有有效的激励措施，战略目标就很难实现。很多国有企业，目标正确、打法合适、资源齐备，但最后为什么做不好？可能就是激励措施没跟上，导致了队伍的战斗力出现问题。

——孙陶然《"管理三要素"在拉卡拉的实践经验和做法》

陶然担任四达广告艺术公司总经理之初，便与集团约定，如果超额完成了集团下达的经营指标，超额部分的30%，就要拿来给大家发奖金。彼时的四达集团正处于管理随意的状态，基本上没有给各个子公司设立经营目标，也没有明确的奖励计划。陶然认为这非常不合适，于是就去找张征宇谈话。在工作上，陶然从来都是简单直接，只要他认为不合理的地方，他就会想办法去改变。逆来顺受，那不是陶然的风格。

张征宇爽快地答应了，虽然他并没有在四达集团建立起明确的目标和考评机制，但是张征宇骨子里也是一个非常认同分享的人。他认为，你帮我赚了10块钱，我分给你5块钱，这个做法我可以接受。陶然的高明之处在于，在大家还处于混沌状态，一切都还是走到哪儿算哪儿的情境之下，他会先与上级公司达成协议。

果然，第一年，四达广告艺术公司超额很多，不仅超额完成了任务，按照约定，还将有不少奖金可以发放。之前我曾经提到，陶然作为一把手，可以拿奖金中的30%。但陶然主动提出，自己只拿20%，剩下的放入奖金池，给大家分享。这样的事情还有很多很多。结果，陶然麾下的四达广告艺术公司成了当时整个四达集团待遇最好的地方。

让员工"奢侈"起来

那个年代，拥有一部寻呼机都还是一件稀奇事儿，不是公司里每个人都能配备的，尤其是汉字寻呼机，刚出来的时候3000多块钱一台，是非常稀罕的玩意儿。要知道，那时候普通员工的工资不过几百块钱一个月。而在陶然的四达广告艺术公司，所有的干部以及每个业绩达标的员工，人手一台寻呼机，高管基本都是汉字显示寻呼机。

陶然给自己选择了一个呼号"369"。这也是陶然和我们在一起的时候，有时会用"369"做代号的原因。陶然从来都是一个念旧的人。

二十世纪九十年代，手机更是一个稀罕物件儿。那时候不叫手机，叫大哥大，砖头般大小，香港电影里所有的黑帮老大都是随身带着一台，谈判时，啪的一声把大哥大往桌上一放，那叫一个气派。那种画面感，几乎是当时香港影视作品里的经典场景了。

当时，买大哥大要提前交钱，等半年以上才能拿到，还要将近3万块钱人民币一台。再次声明，当时普通人的月薪平均只有几百块钱。所以，大哥大不只是一个奢侈品，而且是一个奢侈品中的奢侈品。

1993年，刘文献和孙陶然就已经使用上了自己的大哥大。到1995年，做《北京青年报·电脑时代》周刊时，陶然已经为他的副总和最出色的业务主管们配备了大哥大。

说起来，这件事在四达集团还一度给陶然带来了不小麻烦。在当时，即便贵为四达集团的副总裁，有的人还没有用上大哥大，而陶然手下那些二十岁出头的小姑娘小伙子竟然拎着大哥大在集团总部进进出出，招摇过市。

这让许多人都看不顺眼。没多久，愈来愈多的流言蜚语在集团总部扩散开来，有的人说陶然骄纵自己的团队，有的人则说，陶然团队的奢靡之风不可长……但是陶然毫不在意。在陶然看来，这是业务需要，也是公司自己靠实力打拼出来的。与他人何干？

陶然有一个理念，他希望让所有和自己合作的人都超预期，这点与李嘉诚曾经谈到的"如果自己能够赚八分那赚六分就够了，多出来的两分让合作伙伴去赚"如出一辙。

对于自己的过往，陶然非常自信。他曾经数次对我说，他交往过的人，合作过的伙伴，可能有的人未必喜欢他的性格和他的作风，但是却不会有任何人会对他的商业道德提出指责。即便是被他开除的员工、被他终止合作的伙伴，也是一样。因为陶然一直坚守信义二字，并且在合作中永远说九做十，永远让合作伙伴有超预期的体验。

一路走来，陶然的确让他所有的追随者都超出了预期，实际上，所有追随陶然多年的人，不论是他的老同学还是半路加入的人，只要坚持长期追随陶然，最后都被陶然带到了他们梦想不曾企及的高度。

在四达广告时代如此，在商务通时代如此，在拉卡拉时代更是如此。

1996年那会儿，汽车是更大的稀罕物，那时候，谁能开上一辆桑塔纳都是一件不得了的事情，更别说捷达、丰田佳美了。如果说，谁有一辆宝马或者奔驰，那不亚于今天拥有私人飞机一般。那是一个全北京只有一两条地铁线路，公交车和自行车为主导，各单位还在出动班车上下班的年代。那是一个买汽车还需要直接跟厂家联系的年代。

随着《北京青年报·电脑时代》的成功，陶然已经为他所有的副总裁及核心业务线负责人配备了捷达小轿车，而且是属于他们自己的私家车。陶然自己，作为一个狂热的爱车族，更是从捷达、斯柯达、丰田佳美一路更换。

陶然告诉我，他有一个小习惯，就是每当自己达成一个目标时，他都喜欢给自己买一份礼物，自己奖励自己，也激励自己未来要做得更好。陶然信奉"钱是挣出来的而不是省出来的"的消费观。只有先超前消费，才能激励自己去挣更多，也是一个再上台阶的好兆头。

话虽然这么说，但是我很了解陶然，他是一个把钱看得很淡很淡的人，甚至从来不理财，也从来不曾给自己设定过关于挣钱的努力目标。大学时代便是"千金散尽还复来"和"莫使金樽空对月"，常常是刚到下半月就把当月生活费花光，只能流窜到各校去看女同学以达成自己骗吃骗喝的目的。当然，每次都能得逞。

1999年，陶然主持下的商务通获得了空前成功，陶然犒劳自己，给自己买了一辆宝马728以及一辆宝马540。那辆宝马540专门从德国订购，当时全北京只有两辆。

陶然在分享上毫不吝啬，甚至到了以分享为目的的程度。用他的话说，做企业就两件事，赚钱和分钱，企业必须持续盈利并且持续增长，然后必须与创造者分享物质和精神利益。陶然特意强调，是创造者分享而不是奋斗者分享，更不是大家分享。创造者分享，那是论功行赏。不以级别而是以承担职责的轻重以及业绩的好坏分享，这才是公平。

这个公式，陶然很早就提出并且一直坚持到今天。他坚信，人的价值，是由其不可替代性决定的。在公司之内，人的价值就等于你防区的大小以及你的战绩如何。防区大小反映的是你承担的职责大小。战绩如何反映的是你的业绩是符合预期、低于预期还是超出预期。

副局级待遇

四达广告时代对陶然很重要。陶然几乎所有的商业理念和理论，在那时都经历了一番试验。因为效果着实不错，这也从此奠定了陶然商业思想体系的诞生和形成。当时间来到1998年，一个营销服务小巨头，已经隐约成型。陶然彼时把四达广告公司的年利润做到了超过1000多万人民币，在四达集团

56家下属公司之中排名第三。要知道，陶然执掌四达广告艺术公司之初，账上只有3万元人民币。

1996年，孙陶然被提升为四达集团的副总裁，兼四达广告艺术公司总经理。但他从来没去集团开过总裁办公会，广告公司也从来没有和集团在一起办过公。

因为他受不了集团那种每天大清早大家就在总经理办公室外面排队等待接见和指示的工作方式，就像当年他受不了那种一到下班就把大家聚集在一起没完没了开会的那种工作方式一样。陶然坚信，有很多事情是"老大"责无旁贷的职责，必须由"老大"亲自、系统地想清楚，并拿出方案，而不是靠大家无休止的头脑风暴和讨论。陶然对没有效率深恶痛绝，也对瞎扯淡深恶痛绝。他认为，无意义的开会讨论是无端浪费别人的时间，就像鲁迅先生讲的，无异于谋财害命。

1997年，张征宇找到陶然，让他同时担任四达集团的上级单位——中国福利企业总公司的副总裁。据说，这个副总裁的位置是副局级待遇。与他23岁不小心便成了中国可能最年轻的电视连续剧制片主任一样，28岁的孙陶然可能一不小心就成了最年轻的享受副局级待遇的人。虽然是企业序列，但毕竟是中字头企业。

当时，张征宇给陶然的任务是，希望陶然能够为四达集团的发展做出更多贡献。于是，陶然在友谊宾馆的苏园租下了一间套房，并组建了一个小小的班子。这个班子的使命是研究四达未来的发展方向。友谊宾馆苏园，是陶然的福地。有点像阿里巴巴的湖畔别墅。好几次陶然筹备重大事情，都是从租用友谊宾馆苏园办公开始的，包括后来的筹备恒基伟业。

经过一段时间的梳理探讨，陶然建议，四达应该想办法上市，对接资本市场。陶然很早就认识到上市对于企业的重要性。在《创业36条军规》中，陶然写道：上市是一个企业的成人礼，企业到了一定阶段必须上市才能更上一层楼。

在当时的四达，以及后来的恒基伟业，陶然都为推动公司上市做过深入的努力，可惜都功亏一篑。最后是蓝色光标成了陶然系的第一家上市公司。陶然的四达上市建议，上报后被回复的结果是，四达不符合上市条件，不具备上市的可能性。其实，是张征宇醉翁之意不在酒。他的目的，是让陶然参加他处心积虑的一个大计划。这个计划，就是后来的恒基伟业和商务通。当然，这也是后话。

因为在商务通时代开始之前，陶然的蓝色光标时代已经粉墨登场了。

就像有人讲"中国的内战是在黄埔军校的操场上打的，美国的内战是在西点军校的操场上打的"一样，当年中国本土最火、竞争最激烈的几家公关公司，彼此之间的渊源也很深。

关于蓝色光标，陶然曾和赵文权开玩笑地讲，以后可以再出一本书，专门讲述关于它的故事。因为它的发起、成立、发展、壮大，都颇具传奇色彩。甚至于发起之前，关于孙陶然和赵文权之间的交往历程，都值得细细道来。

当然，赵文权还是那个赵文权，还是那个刚毕业住在陶然家外面小单间，在百货大楼卖鞋，后来又被孙陶然拉到四达广告公司的赵文权。再后来，他和孙陶然一起创立了蓝色光标。

其实赵文权在四达广告艺术公司没干多久，很快就辞职去了路村咨询做总经理。这是赵文权和孙陶然第一次在如何创业的理念上发生了冲突。在陶然看来，兄弟联手闯荡江湖，是一种非常惬意的选择，对于他来讲，这也是一个必选项。但是在赵文权看来，在四达体系里，两个人的作用太过重合，属于资源浪费。

后来，陶然分析说，赵文权的核心意思就是在四达便要久居陶然之下，而这不是赵文权的性格。这跟当年柳传志让杨元庆和郭为两人拆分是一个道理。一山不容二虎，与其聚在一起相互争斗，不如分开各自开疆拓土、大展拳脚。但问题是，分开做几家小公司还是合起来做一个大的生态系统？

这，就见仁见智了。

陶然的想法是，大家应该合起来做一个大的生态系统。当然，这非常难，不但需要企业有强大的文化，而且需要企业的一把手有极高的魅力以及领导艺术。显然，在不是陶然主导下的四达广告做不到这一点。因此，赵文权的出走，以及后来四达广告艺术公司的许多高管陆陆续续的出走，都是一种必然。

陶然感慨地说，这也算是他当初作为二把手的悲哀，虽一人之下万人之上，但与高高在上的那个人相比，却在决策权上差距巨大，并不拥有确立公司文化和制定大战略的决策权限，更留不住人才。

不过，陶然最终还是做成了一个大的共生系统。而他做一家大公司的梦想在多年以后的拉卡拉身上也终于实现了。当年，陶然把赵文权拉到四达广告艺术公司后，赵文权的第一个职务是担任总经理助理，也就是刘文献的助理，其职能是协助刘文献工作。

1994年，赵文权遇到一个机会。他的大学老师贺文创办的新天地公司有一个下属企业叫作路村公关公司，因为总经理黄勇要离职自己创业而出现了总经理职务的空缺，老师希望赵文权过去担任这个职务。赵文权认为这是一个非常好的机会，而且他对公关也一直很感兴趣。于是，他在四达提出了辞职。

直销洗礼

赵文权担任路村公关公司总经理后，也做得顺风顺水。半年之后，赵文权又一次找到了孙陶然。这一次，他向陶然介绍了一款日本出品的磁疗床垫。出品磁疗床垫的公司正在采用直销的方式进入中国，文权和陶然同级的一个北大同学加入了直销，并且成功说服赵文权成了自己的下线。

而孙陶然，则是赵文权想发展的第一个下线。陶然跟着赵文权去听了一堂直销课。直销这种模式，一直备受争议。但陶然是一个眼见为实的人，他仔细听了课，认为产品本身确实不错，直销的商业模式从逻辑上也成立，只不过是把应该留给渠道以及广告的利润空间在几级直销之间分享了而已。作为营销和企业经营方面的专家，陶然认为，至少这个磁疗床垫的直销模式是成立的，于是，他同意花2万多块钱买一个床垫，由此成为赵文权的下线。然而这一刻，陶然忽略了一个问题，那就是，不是每个人都适合做销售。这也就意味着，不是每个人都适合成为直销中的一员。

购买了床垫加入直销之后，陶然马上发现了这一点。要想完成任务，要想挣到钱，他必须要拉下脸来把自己周边一切的人都动员起来加入直销。但是，大多数人都是不适合做销售的，自己有能力也有影响力让亲朋好友们加入，但如果对方不适合做这件事，自己让他们加入，就等于害了对方。这种昧着良心的事，陶然是绝对不会干的。于是，陶然当机立断退出了。退出并不能退钱，而那2万多块钱相当于陶然当时的全部积蓄，退出就等于积蓄全部打了水漂，但陶然还是毫不犹豫地退出了。

因为这是陶然的底线。

陶然把那个花了2万多块钱买的磁疗床垫送给了父母。当然，他没有告诉父母花了多少钱。如果父母知道陶然是花了普通人五六年的工资买了这个床垫，很难想象他们会是一种怎样的心情。几乎同时，赵文权也做出了同样的选择。他也退出了，并也把床垫孝敬了父母，也没有告诉父母花了多少钱。

因为花掉了陶然工作后所有的积蓄，所以在年底创办《北京青年报·电脑时代》需要集资的时候，陶然自己是没有钱投入的。他也是一个从来不会跟家人开口要钱的人。

后来，很多人问陶然，赵文权让你几乎一夜之间损失了全部积蓄，你难道不恨他吗？陶然不但不恨，实际上也从未有过任何抱怨，有时谈起此事还当作了一件很好玩的事儿，自己谈得眉飞色舞。

这就是陶然的性格，也是所有成功者的性格：愿赌服输。

　　陶然认为，这件事，赵文权只是起了推荐作用，决定是自己做的。如果有任何差池，当然是自己的责任，并不关赵文权的事儿。更何况，只是损失了钱，身外之物，自己有本事挣回来。此事的一个副产品是，让喝了绝交酒的孙陶然和赵文权两个人重归于好了。

　　隐含着还有一个副产品，就是经过此番折腾，陶然和文权都重新回到了一贫如洗的状态。两个人虽然都不是很在意钱，但是两个人都需要先挣点钱去谋求生存和发展，于是，两个人都多了一些想挣钱的欲望。所以，后来两个人开玩笑说，感谢直销，感谢两个人那次不成功的商业尝试。因为，没有那次损失了全部积蓄的结果，也就没有后来两个人一起创办蓝色光标的起步。

　　古语"塞翁失马，焉知非福"说的大概就是这个意思吧？

　　非常有趣的是，陶然推荐我上联想之星的创业CEO训练班，第一堂课由柳传志亲自教授。而他所讲的第一个故事，就是自己在联想刚刚成立时上当受骗的故事。

　　那是联想刚成立的时候，柳传志从上面领到了20万元的启动资金，但一个多月就被人骗走了14万元，而且是个女骗子。柳传志说，他经常和人讲述这段经历，警醒自己，也警醒别人。同时，他不介意承认自己的失败，甚至曾经在某个方面的无知。他认为，这才是一个企业家该有的胸襟。

第十六章

大风起兮云飞扬

> 所有的创业都是九死一生。书中从头到尾，满眼看到的都是困难，一个困难接着一个困难，几个困难接踵而至。诸如：没有资金了银行也不给贷款了，核心员工和合伙人中途退出了，合作伙伴毁约了，监管部门来找麻烦了，等等。这也是创业的实情，所有的创业都要经过九九八十一难，九死一生，任何一个问题如果不能解决，公司都可能会game over。
>
> ——孙陶然《读〈鞋狗〉》

蓝色光标成立于1996年9月，其间可谓一波三折。

陶然一直想拍摄一部自己的《中国合伙人》，某种程度上，就是想拍摄蓝色光标的创业故事。在陶然看来，生活中真实的创业故事，远远比任何影视作品都来得精彩有趣，波澜壮阔。当时，赵文权离开四达到路村咨询做了总经理。结果，不到两年，老板就要停掉这家公司。于是，赵文权要失业了。

1996年8月，赵文权再次找到陶然，说贺文要把路村关掉。他提议，陶然和他各出10万块钱，一起办一家公关公司，由他来经营，需要的时候陶然给予支持就足够了。彼时的陶然，也正在进行四达广告"帝国"的布局，同时，他也非常看好公关这个赛道。

两个人一拍即合。

陶然提出，只有他们两个人太势单力薄，不如再邀请几个IT圈儿的大咖一起干。这样的话，客户来源会更广泛，公司的实力也会更强。赵文权同意了。

中关村统一战线

就在陶然和赵文权基本商量妥当的同时，一位叫黄新京的朋友也找到陶然。他提议，联合十个人一起创办一家中国最牛的公关公司。当然，这家公司将由他来经营。

当年，陶然在创办《北京青年报·电脑时代》的过程中，为了提升自己的专业性，也为了建立统一战线，特地聘请了当时中关村最有影响力的几个大咖作为顾问。这其中就有我们之前提到的、时任长城电脑市场总监陈良华，曾经担任过联想办公室主任、时任一家中外合资公司总经理的许志平，以及《中国计算机报》的著名记者张秀斌，SUN公司市场部的刘俊君等人。

这些人，当时在中关村都是响当当的人物，几乎每一个人都是一面旗帜。而当时的中关村，就是中国IT业的江湖。处于江湖中心的这些人，用他们活跃的思维和引领力，提升了整个江湖的影响力。

陶然对统一战线这个词汇，以及这个词汇所代表的场景一直非常着迷。在陶然的事业生涯中，他总是喜欢搞统一战线：从股权上，希望和别人合伙；从带队伍上，关注培养手下人；从业务上，希望合作共赢。这些行为都是基于一个出发点，就是随时随地搞统一战线。

从很久之前开始，陶然就已经深谙双赢以及共赢的概念了。

君子化缘

当初，那些大咖被陶然以顾问的形式纳入自己的体系中，每周来和陶然开选题会，一方面确定报纸选题，一方面，还给陶然的经营出谋划策。具体方法是：陶然负责出题，他们负责答题。

在经营管理上，陶然一直强调，一把手要具备自己出题自己答题的能力。他认为，能够出对的题，是一把手的第一任务。然后，一把手还必须知道谁会答题，要有本事把会答题的人找来，帮自己把问题回答了。自己答题的含义绝对不是自己亲自答题，而是自己组织人回答。乍听起来似乎有些拗口，可当你真正琢磨清楚了这个理念的本意之后，你就会发现，这是管理的最高境界。

这些顾问里的大多数人也和黄新京相熟，黄新京找了陶然也找了这些人，同时，他还找了另外几个人，例如曾经和王文京一起创办用友公司、时任连邦软件连锁专卖店董事长的苏启强以及莲花公司中国区总裁皮卓丁等。要是这些名字你都不熟悉的话，要么你真的是太年轻了，要么你从来没有关注过中国的IT业。

想当年，在中关村，这些人的名字，顶得起半壁江山。

黄新京的建议是找十个人，每个人出一点钱，一起创办一家公关公司，由他来担任总经理，大家只要在需要帮忙的时候帮忙就可以了，剩下的就是每年给大家分红。这个想法某种程度上，和赵文权的想法不谋而合。陶然和两边都相处得很好，不过赵文权和黄新京两个人并没有一起共事的想法和打算，而其中的一些人又同时被双方都邀请了。

该怎样选择，成了一个难题。

于是，某一天下班后，在长城电脑公司的会议室，召开了一次神奇有趣的会议，参加者大概有十个人，相当于赵文权和黄新京双方邀请的潜在合作者的合集。赵文权和黄新京分别阐述设想，然后，大家开始投票，写上自己愿意和谁一起创办这个公司。

投票的细节，因为时隔多年，很多地方陶然已经记不清了。但是，投票的结论很明确：一部分人愿意和赵文权一起创办公关公司，另一部分人愿意和黄新京一起，也有人两边都不想参加。两边都不参加的，就包括苏启强。他说，因为双方都是朋友，双方又都邀请了他，他觉得难以选择，所以他两边都不参与了。不过，他推荐了自己的总裁吴铁参加陶然和赵文权这一组。

这就是蓝色光标五个联合创始人的最初由来。

苏启强也是当年中关村响当当的人物。在那天参加会议的人里，他的级别最高，他既是连邦软件的创始人、大股东，又是董事长。不过，就因为这样一个情面上的难以抉择和不好意思，他做出了两边都不参加的决定。苏启强也由此错失了成为蓝色光标联合创始人以及占有20%股份的机会。这部分股份，最高价值曾达到35亿元人民币。

在那次会议之后，就此诞生了两家公关公司。一家是黄新京创办的益乘集纳公关，合作伙伴是皮卓丁等人。另一家就是蓝色光标，成员有孙陶然、赵文权、许志平、陈良华，以及苏启强推荐的吴铁。

许志平和陈良华也毕业于北大，是比陶然和文权高几级的师兄。因此，蓝色光标从一开始就带有浓浓的北大色彩、北大调性、北大气质。投票之后的第二天，陶然一组的五个人又召开了一次会议，为即将成立的这家公司命名。

陶然提议：莫不如我们每个人都写一个自己最喜欢的字，看看能组合成什么。于是，大家每个人都找来纸笔，写下了自己最喜欢的字。

结果——

陶然写的是缘分的"缘"。赵文权写的是化学的"化"。许志平和陈良华一个人写的是君子的"君"，一个人写的是孩子的"子"。亮开来，组合在一起，竟然是"君子化缘"。

五个人哈哈大笑。

蓝色光标起航

在那个年代，做公关公司，确实有点君子化缘的味道，因为公关公司是乙方，是做服务的。当然，公司最终并没有取名为君子化缘，而是继续讨论该起什么名字。

最后，陶然提议，就叫光标吧，因为我们服务的是IT行业客户，而电脑鼠标在屏幕上显示的就是光标，这是一种引领，也是一种决策。大家拍手称好。光标这两个字首先就被确定下来。但是大家又担心，两个字的名字可能会有重名注册不下来。于是，赵文权提出，那就叫蓝色光标，因为我们服务的是IT行业，在这个领域，著名公司的标准色都是蓝色。

蓝色光标的名字就这样产生了。

关于股份，赵文权提议，既然是五个人合办，那就每个人20%，大家都一样。关于投资，最早赵文权找陶然时，是希望20万创办一个公司，两个人一个人出10万。陶然提议，既然现在是五个人，那就每人出5万，一共25万元初始资金。

后来风生水起的蓝色光标，就这样，在半随意半认真间，诞生了。

与此同时，黄新京的益乘集纳公关也诞生了。1996年之后的那几年里，这两家公司都成长得非常迅速，并且影响很大。再加上此前黄勇从路村公关离职之后创办的西岸公关，这三家公司基本上是当时最火爆的本土公关公司。它们不但分走了外资公关公司的半壁江山，而且从这三家公司里边走出了数不清的总经理，分化出了数不清的公关公司，堪称中国公关的黄埔军校。而它们的起源，却如黄河、长江、澜沧江同出于三江源一般，彼此大有渊源。物与类聚，人以群分。志合者，何处不相逢。孙陶然在他事业的上升期，又开辟了一个强强联手的时代。

回溯起来，蓝色光标其实还不是陶然和文权第一次一起创业。早在大学刚刚毕业的时候，九兄弟中的高鹏程就拉着赵文权和陶然成立了一家公司，叫乾坤兄弟咨询策划公司，当时由高鹏程打理，但没有做起来，很快就清盘了。因此，这次算是陶然和文权的第二次合作。

蓝色光标成立后，最早是在北大南门外的中成大厦租了一间几十平方米的办公室办公。陶然从四达广告搬来一些电脑、复印机、传真机，这些都是《北京青年报·电脑时代》起步时用广告版面换来的产品。在没有鞭炮、没有仪式的情况下，公司开张了。蓝色光标的第一个客户是福建的实达集团，当时这家公司即将在A股IPO，成为蓝色光标的客户也非常偶然。

当时实达集团即将上市。为了庆祝上市，集团决定做一轮公关宣传。他们市场部负责此事的是一位美丽的福建女孩儿傅小姐，她一个人跑到北京来找广告公司，想将计划落地。《计算机世界》的人给她介绍了《北京青年报·电脑时代》周刊，于是她见到了孙陶然。

陶然告知女孩儿，专业人干专业事儿。四达是广告公司，《电脑时代》是媒体。她想做的事儿，应该由公关公司来执行。于是，陶然又将她介绍给了赵文权。实达集团就这样成了蓝色光标的第一个客户。而那时候，蓝色光标的注册都还没有最终完成呢。

当然，陶然自然也不会忘记把联想集团等客户介绍给赵文权，蓝色光标由此开始起步。蓝色光标最大的特点是客户的稳定性超好，实达集团至今仍然是蓝色光标的客户之一，而蓝色光标服务联想集团也已经超过了二十年。

一路走来，蓝色光标跟随联想集团走出国门，走到全球。诸如甲骨文、克莱斯勒等很多客户，蓝色光标均已服务多年。很多蓝色光标的员工都是在客户所在地驻场办公。客户人员可以轮换，但只要"蓝标人"在，他们的市场推广和品牌宣传就可以运转正常。

1996年9月，蓝色光标成立。到当年年底，公司盈利40多万，所有投资已经全部收回。有人测算过，当年蓝色光标每个人5万块钱的投资，最高峰时价值是35亿元，其回报率高达七万倍。陶然和赵文权同样把许志平、陈良华和吴铁三个小伙伴带到了他们梦想未曾到达的地方。

某种程度上来讲，许志平、陈良华和吴铁成为蓝色光标的发起股东，都是机缘巧合的结果。陈良华和许志平是因为陶然创办《北京青年报·电脑时代》请他们做顾问，吴铁是因为苏启强两边都是朋友不好意思参加任何一方，所以他们才有了一起创办蓝色光标的机会。

所以，有的时候，人的努力很重要。还有些时候，人品和运气同样重要。当然，我一再说，人品和运气，也是实力的一部分。从本质上讲，运气也源于人品。做人做得好，朋友就多；性格如太阳般温暖他人，朋友就会多；朋友多了机遇就多，运气就好。这是一个良性循环。若遇到一位大咖，并且大咖认可你，给你一次合作的机会，或者由他行举手之劳提携，也许就可以让你达到靠自身努力一辈子也无法企及的高度。但是，这个运气，是要建立在你的人品、才能都达到要求的前提之下。

蓝色光标就这样含着金钥匙起步了。

彼时的大陆，市场经济才刚刚起步。招商银行仅仅靠从台湾请到了中华信托的团队，把在台湾已经用烂了的信用卡营销方法复制了一部分到大陆，就造成了招商银行信用卡至今不可撼动的领先地位。那时，外面一切的东西都是新鲜的，只要把其一部分精华引入大陆，就可以获得巨大成功。蓝色光标的成功固然是时代使然，但更是五个创始人，尤其是赵文权和陶然的主观努力所致。

中国合伙人

蓝色光标成立之初，就形成了一个默契——经常开董事会。当然，这是因为五个股东都是董事，而且都是业内大咖。

初期的蓝色光标，赵文权在经营中也需要大家的资源和智力参与。陈良华是理论家和大家熟知的市场专家；许志平是一个杂家，他的阅历和经历足以让他从另外的视角来看待问题和分析问题；吴铁是财务出身，被大家一致推举为董事长，就是要管好公司的钱；陶然则算是个战略家，公司的方向需要他去参谋和把握，而陶然又是一个愿意做决断、敢于做决断的人。蓝色光标历史上所有的重大决策，都是赵文权找陶然商量，往往最后是陶然和赵文权一起下决心的产物。

在赵文权一人身兼董事长和CEO的过程当中，曾经有其他高管提出过反对意见，认为理论上这两个职务必须由不同的人担任。但陶然当时坚定地认为，必须让赵文权兼任董事长。他还说服了吴铁，把蓝色光标董事长的位置让给赵文权。

陶然的观点是，蓝色光标历史上已经形成了股权平均制，赵文权的股份跟大家一模一样。虽然赵文权拿工资，并且每年董事会会批准可观的奖金，但毕竟对赵文权而言，动力可能还是不足。不能给利益，总得给名分。所以，陶然力主让赵文权担任董事长兼CEO，以增加他的责任感和使命感。后来的事实证明，陶然这个决定是极其英明的。可以说，如果没有这样的安排，蓝色光标上市以及上市之后的很多事情，都会陷入更深的无主状态，其后果不堪设想。

蓝色光标从一开始，就体现了高水平创业者的素养。虽然最初只有赵文权一人在公司守位，但五个人依然是齐心协力、各尽所能。董事会最初委托陈良华拟定蓝色光标的三年战略。

陈良华经过一番案头工作，提出：第一年，也就是1997年，利润过百万；第二年，收入过千万；第三年，资产过千万。

现在看来，这只是一个战略目标，而非完整的战略。在陶然后来提出的经营方法论中，他指出，战略包括目标、打法、资源和激励，四者缺一不可：只有目标没有打法是空谈；有了目标和打法，没有资源支持是空谈；目标、打法、资源都匹配，但没有配套的激励政策也是空谈。只有四者相匹配，才是一个完整的战略。在1996年，一家只有25万启动资金、十几个人的小公司，能够制定出三年目标并且瞄着打，实非易事。五个人能各尽所能，通力合作，也和赵文权的性格和格局相关。

赵文权的性格比较和缓，他愿意跟大家协商，所以大事小事，他都召集其他四个人开会。而且不知从什么时候开始，就形成了一种默契：一件事，只要五个人中有一人反对就会被搁置不做。这个默契，被他们内部戏称为"每个人都拥有一票否决权"。这个原则，直到2009年深圳创投投资蓝色光标后才有所改动。当然，那是因为要上市，上市之后，董事会就必须按照少数服从多数的原则来执行了。

陶然多次在面对媒体时赞赏赵文权的格局，正是赵文权对已经约定的规则的遵守，以及骨子里把金钱和个人利益放在第二位的不凡格局，才使得先天股权结构不足的蓝色光标成为一家伟大的成功企业。

2010年2月26日，蓝色光标正式登陆创业板，成为中国国内首家上市的公共关系企业，股票代码为300058。公司上市前，五个人共同签署了一份《一致行动人协议》，作为联席股东，以合伙人姿态应对资本市场，并共同锁定三年股权。

蓝色光标的合作模式，绝对是中国合伙人的一个特殊范例和模板，是在中国的创业领域从未有过，也不会再有的一次特殊尝试。

他们的合作模式虽然值得分析和探讨，却不能让人完全借鉴。因为他们合作模式的独一无二源于他们每个人的独一无二。而把像他们五个一样独一无二的人凑在一起做事，以后的这个世界，恐怕是很难再来一次了。无论以何种形式。

第十七章

吹尽狂沙始到金

> 正确、及时地区分坚持还是维持是成功者必须具备的能力。如果是坚持就继续，如果是维持就迅速放弃，这是成功的不二法门。
>
> ——孙陶然《人生重要的是不维持》

蓝色光标成立时，五个联合创始人中只有赵文权在公司工作。吴铁担任董事长，但是基本上也没有比其他几人拿出更多的时间和精力参与公司工作。可以说，只是一个挂名的董事长。

2009年后，五个人讨论后决定，许志平和陈良华进入公司，加强公司的管理。其中，许志平担任类似COO的角色，后来蓝色光标的第一代IT系统就是许志平亲自写出来的。蓝色光标独有的PPY概念等也是许志平的发明。陈良华担任公司的首席导师角色，即推动蓝色光标整体品牌以及营销理论的建立。同时，推动公司内训，培养人才。孙陶然和吴铁，则从未在经营层担任过职务。

在世人眼中，五个人有着共同的认知，彼此信任，又拥有同学情谊和同样的成长背景，他们大概是比亲兄弟还要亲的合作关系了。要知道，在A股市场，能作为联席股东的，通常只有彼此存在亲属关系的人。

　　然而这并不是事实。这五个人，彼此确实是朋友，但绝非亲密无间。通常的相处，是大家一起开个董事会，开完会各自散去。这么多年，五人连坐在一桌吃上一次饭的经历都屈指可数。

　　孙陶然曾经这样描述他们的关系："我们很熟，彼此信任，但不是密友，我们是志同道合的合作伙伴，但并不是那种兴趣相投的朋友。"

　　三观一致，志同道合。性格相异，保持距离。各自忙碌，分工明确。因此，多年风云变幻，五个人的合作关系反而异常稳固。合伙人能做到这样最好，合伙人能做到这样也最难。很多人羡慕如此和谐的合作关系。可是，要知道，越是这样的关系，越是可遇而不可求。因为这其中最需要的，是大家的胸襟、格局和默契感，彼此高度相同。存异容易，求同，我说的是那种发自内心深处的求同，则难。

　　1996年9月蓝色光标刚刚起步时，是只有25万资本，租一间房，执照还没到手就开始接活的小公司。但是，蓝色光标出生时就含着金钥匙，因为它的五个联合创始人个个是业界大咖。同时，五个人理念相近，情怀相似。所以，在某种程度上，蓝色光标的基因质量又超出了同时代其他创业小公司太多太多。

　　中国的初创公司最容易发生的就是分裂。从师傅带徒弟开始，到徒弟长大了师傅不给徒弟合伙人待遇，徒弟愤而离开另起门户，跟原东家对着干，这几乎是中国很多公司，尤其是智力服务公司长不大的共同原因。它们在成长的过程中一次次裂变，每次裂变都削弱了自己的力量，并且从内部产生了自己最直接的竞争对手。而且，因为分裂出去的人最熟悉的就是原东家的那些客户和做法，所以这个对手不仅是最直接的对手，更是最有力、最强大的对手。

　　蓝色光标之所以能从1996年25万人民币投资起步，到2010年在A股创业板上市，直到今天成为年收入超过200亿，全球第八大、亚太第一大的企业营销服务集团，应该讲，跟五个创始人本身的素质有非常大的关系。

因此，这是一个个案，不可复制。陶然也一再提醒创业者，可以学习他的很多很多东西。唯独关于蓝色光标股权设计的这一节，感受就好，研读就好。

新来的掌门人

按照陶然后来总结的《创业36条军规》的内容来分析，理论上蓝色光标的股权结构并不好。五个人均分，每个人20%的股权，没有大股东，这些都直接违背了陶然后来在《创业36条军规》中规定的企业必须有大股东，而且大股东的股权比例应该超过第二及第三股东股份总和的理念。

这种不合理的股权结构，只是由五个人的情怀，以及五个人都愿赌服输守规矩这两点所成全的。同时，也因为除了赵文权，当时每个人都有自己手头的一摊事儿，起初并没有把蓝色光标这5万块钱投资，甚至也并没有把蓝色光标的事业看得太重有一定关系。

那么在这里，就要重点说说赵文权了。最后让这种股权结构能够维持，让蓝色光标做大做强，让每个人实现个人利益最大化的其实是赵文权，是他的高风亮节和襟怀坦荡。作为蓝色光标的唯一经营者和蓝色光标的直接创造者，赵文权接受了最初确定的均分股权结构，而且并没有像很多其他公司一样，要么逼迫其他股东让渡，要么带人出去另起炉灶。

在这一点上，赵文权担得起伟大二字。

陶然说，在这种情况下，百分之九十以上的创业者做不到。在我来看，可能比例更高。当然，陶然也能做到。最现实的例子就是，在打造拉卡拉集团的过程中，陶然一直在不断让渡股权给团队。随着几轮融资，陶然的股权已经稀释到了很低的程度。但是另一方面，这种均分的结构也有优点，就是让蓝色光标的股权相对均衡，所有的股东按照游戏规则合作，没有分裂。既然是自己当时同意的，那么就坚决接受这个结果。

蓝色光标成立之初的三年，按照陈良华制定的战略目标如期发展。但三年之期刚过，到了2000年左右，第一次变故就来了。当时，赵文权已经干了四年，有些疲惫。某种程度上，可能也是因为蓝色光标先天股权是平均分配的，赵文权提出，他也要离开经营层，大家一起找一个人，由五个之外的人来负责公司的经营。

大家达成了一致，同意这个决定。当时曾经有几个人选，一个是魏江雷（现在任新浪网副总裁），当时在美国惠普工作。一个是张秀斌，当时是《计算机周刊》的著名记者。这两个人和五个股东关系都很好，彼此也了解。不过，两个人当时都对蓝色光标未来的发展存疑，觉得没有太大的发展前途，因此没有接受这个邀请。最后，找来的是陈良华推荐的其他四人此前并不认识的清华计算机系毕业的高鹏。

高鹏到来之后，被直接任命为总经理。他一开始并没有进入董事会。董事会给他制定了三年经营目标，并且约定，如果达成经营目标，不但有工资和奖金，还可以按照每年期初的净资产价格，购买五位股东手中的一部分股份，最多可以购买到16.6%的比例。也就是说，如果高鹏可以达成目标，公司的股份将由五人均分变成六人均分。

以后的几年里，每年的经营目标，高鹏都做到了。最终他也如愿成为拥有蓝色光标股份六分之一的人。陶然等五个联合创始人兑现了自己的承诺，每个人的股份稀释到了同样的六分之一额度。

这个时候的陶然，正在指挥商务通攻城略地，做得风生水起。商务通奇迹当时正在让陶然成为各个营销媒体的封面人物和各种十大风云人物。

赵文权则加入了苏启强和吴铁创业的一个互联网项目——雅宝拍卖网，去担任CEO。当然，那个项目最后没有做起来。

2003年，高鹏管理下的蓝色光标开始遇到困难，客户经常投诉，核心客户有流失的巨大风险。于是，几个联合创始人坐下来跟赵文权沟通，希望他回来继续管理蓝色光标。这时赵文权出于对蓝色光标的责任感，也因为对雅宝网的前景也失去了兴趣，同意回归。

赵文权最初只是同意回来接手蓝色光标当时最大的客户——甲骨文公司（Oracle），并担任客服总监之类的职务，改善服务品质，先把客户稳住。但其他几个联合创始人的想法不止于此。大家都希望他回来接手整个蓝色光标。

赵文权对蓝色光标也有着深厚的感情，毕竟这是他一手创造出来的孩子。在半推半就之间，赵文权很快就重新执掌了蓝色光标。董事会于是安排高鹏去担任蓝色光标的副品牌智扬公关的总经理。

广告和公关公司采取多品牌的方式运营，是国际上的惯例。因为所有的客户都会提出要求，不能同时为他的竞争对手提供服务，也就是说，在汽车领域，你做了奔驰就不能做宝马；在IT领域，你做了联想就不能做惠普、IBM以及任何其他品牌。所以，大的营销服务集团就会注册或者收购多个品牌的同行公司，并让各个品牌独立运营，以便同时在一个领域承接不同的客户，蓝色光标也不例外。

在蓝色光标品牌之外，智扬公关很早就成立了，用以服务一些跟蓝色光标相冲突的客户。原来的智扬公关总经理能力平平，赵文权回归后，董事会便任命高鹏担任这个职务。蓝色光标由此形成了两驾马车并驾齐驱的状态。当然，蓝色光标的业绩是智扬公关的几倍。这样又相安无事发展了几年，蓝色光标重新进入了高速增长的状态。那个时候，蓝色光标的营业收入大概每年有三四千万。

陶然还记得，当年在董事会上曾经有过一次争论——公关业务的天花板在哪里？陶然认为，单一公司年收入5000万就是天花板，因为完全靠人提供服务的经营模式，收入的增长则意味着人员的同比例增长。5000万的年收入应该就是极限了。

赵文权则比陶然要乐观得多。他认为，第一个可突破的天花板是年利润5000万人民币。当然，当年的这个争论并没有持续下去。最后事实证明，陶然显然过于悲观了。因为今天，蓝色光标公关部分的收入已经是每年三四十亿人民币的规模了。而这个规模，超乎当时所有人的想象。哪怕到现在，如果不是事实就在眼前，让任何人去猜，估计他也猜不出来。原来，世界的公关市场可以这么庞大，蓝色光标的实力会如此之强。

三次危机

无须隐瞒，蓝色光标历史上也曾有过几次分裂的危险。最初，是陈良华和许志平两次想卖掉自己的股份，后来决定上市后，是高鹏想卖掉自己的股份。但是，大家都是基于遵守游戏规则来协商，想退出的人开出价码问剩下的人是否愿意出资购买。

每当出现有人想退出的局面，陶然和文权都是坚定的留守者。第一次是1999年，许志平和陈良华提出，以600万人民币一份的价格，把各自手中六分之一的股权出售给赵文权和孙陶然。陶然和文权已经决定受让，但是当时两个人都没有钱。

于是，陶然找到了他一个做资本市场的大学同学，一方面是想借钱，另一方面也想做做咨询。结果，那位所谓的资本市场上的高手玩家，按照陶然提供的蓝色光标财务数据做了一番专业分析，告诉陶然，这是一个每年复合回报率很低的买卖，不值得接手（当然，他是对照在股市二级市场炒股的年化收益对比的）。陶然本来就资金不宽裕，又接到了这样一个信息回馈，此事也就不了了之了。

第二次是2003年。当时，许志平和陈良华提出，愿意以2000万一份的价格出售各自手中蓝色光标六分之一的股份。最后一次则是在蓝色光标上市之前，高鹏提出，以7000万的价格出售他手中的六分之一蓝色光标股权。

难得的是，虽然有过动摇，但是大家基本上都能够心平气和地按照游戏规则协商。这一点非常重要。陶然在《创业36条军规》中曾专门提到，股东一定要事先签股东协议。股东协议的目的就是要确定公司的发展方向，以及确定公司的游戏规则，诸如董事会少数服从多数，股东会按超过三分之二的股份比例决策等。尤其是要约定股东的退出机制和如何确定退出价格，以避免公司分裂。

陶然同时明确提出了选择股东的四个原则：志同道合；遵守游戏规则；对公司长久发展有价值；真实出资，不能给干股。蓝色光标成立之初选股东时，陶然还没有提出这些理论。但是，万幸也好，潜意识也罢，蓝色光标的股东选择都契合这四个原则。

业界说，蓝色光标的股东书生气太浓，属于"秀才造反"那种类型，除了陶然之外，都是吃喝玩乐样样不行的人。同时，蓝色光标历史上一直还以销售能力差著称。公司不会找客户，不会推销自己的服务，甚至不会宣传自己的品牌。蓝色光标所有的客户都是自己上门的。对于各行各业的头部品牌来讲，如果要选择一个企业营销服务公司，不招标是不可想象的。而如果招标不邀请蓝色光标去投标，也是不可想象的。蓝色光标从成立至今，平均中标率一直在50%以上。也就是说，蓝色光标每受邀参加两个投标会便会中一标。所以，蓝色光标的客户都是对方主动邀请蓝色光标参加投标得来的。没有人会做客户关系，甚至跟工商税务城管打交道这件事，对赵文权以及其他几个联合创始人来讲，都是一件非常头疼的事。

这里面，只有陶然还算是一个可以和"三教九流"方方面面打交道的人。因此，蓝色光标历史上遇到的各种问题，需要出去喝酒，需要去跟客户打打高尔夫的时候，赵文权都会拜托陶然出面。2000年，陶然宣布退出恒基伟业经营层之后，其他四个人第一时间约了陶然见面，希望陶然出任蓝色光标董事长。赵文权甚至跟他说，他的职责只是陪客户的高层打打高尔夫和喝酒即可。其他的事都交给赵文权。陶然当然没有去。因为陶然心中还有另外的梦想。这个梦想就是后来的拉卡拉。不过，陶然说，他当时也有一种不想贪天之功为己有的心态。他认为，赵文权已经把蓝色光标做得非常好了，他自己过去当董事长，用陶然自己的话讲，显得很不地道。世界这么广大，为什么一定要去摘别人种下的果实呢？

当然，那个时候的陶然并没有意识到，等到2018年，因为蓝色光标股价长期低迷，市值严重被低估，以及中国A股市场同样长期低迷，在其他四位联合创始人的要求下，陶然主动也好被动也好，拉卡拉入主了蓝色光标，成了蓝色光标第一大股东。这是另一段后话。

老友记

1997年，蓝色光标的第一个完整年度盈利了一百多万，也拥有了一些稳定的客户。赵文权开始找到感觉，慢慢做得风生水起，与执掌四达广告的陶然遥相呼应。兄弟二人，一时间都成为中关村各路风云人物中的一员。那个时候，陶然的饭桌上总是"谈笑有鸿儒，往来无白丁"。每次聚会，都是各个公司的老总、市场部负责人以及各大IT媒体的主编主笔。当时以及多年以后，他们中的很多人，名字仍然被家喻户晓。

大概在2010年左右，赵文权召集了一次IT老友的聚会，那一次来了三十多人，他们当中，彼此之间相识最短的都超过了十年。现在，赵文权和陶然的微信中都还有一个"IT老友群"，五百人满满当当，群里的绝大多数人相识超过二十年。

每个名字都是响当当的，其故事都在中国三十年IT行业史上留下了深深的印记：杨元庆、雷军、王志东、蔡文胜、路彬彬、刘九如、汪云志、陈宏、赵文权、孙陶然、方兴东、王文京、苏启强、冯鑫、梁宁、李国庆、陈丹青、王峰、王缉志、李开复、徐少春……

这一长串的名字，今天依然在各个领域举足轻重。而在二十多年前，他们都曾经是中关村大街那些行色匆匆的身影，以及初夏的夜晚，中关村小酒馆儿里那些举着啤酒杯指点江山、挥斥方遒的青年。

往事如烟。往事有时也并不如烟。

第十八章

怎得梅花扑鼻香

> 股东是伴随公司终生的人，股东之间的合作是贯穿公司终生的。不论公司蓬勃发展还是苦苦挣扎，很多事情和股东的利益密切相关，股东之间不发生意见分歧、不发生问题是不可能的，关键是发生问题该如何解决，如果在股东开始合作之前就先建立规则由大家确认共同遵守就没有解决不了的问题，反之，一定解决不了。
>
> ——孙陶然《事先要签股东协议》

关于公关业务天花板的争论，体现的是当时几个联合创始人对蓝色光标未来的思考和担忧。

然而争论，并不影响公司向前发展的脚步。那个时候，陶然对蓝色光标的事儿参与得很少。一方面，他有商务通的事在忙；另一方面，陶然有一个根深蒂固的理念，那就是：所有不需要他去参与的事，他就不投入时间，甚至不投入精力。这也是他的事业越做越大而他自己却越来越轻松的原因。不过，一旦遇到需要他参与的事物，他就会毫不犹豫、毫不推卸地冲上去，把责任担起来。是否需要他参与，要看具体负责的人能不能达成应该达成的目标。

赵文权的事业

陶然的合作心态与分享心态，导致他一直在追求把能够让别人负责的事情都交给别人负责，而自己只做三件事：把握方向，时刻准备在别人做不好时作为备胎补位，以及帮助协调资源。其他的，他不多做关心，更不影响别人的判断。这是陶然一贯的做事风格，既给别人足够的空间，更随时提供让别人更强大的力量。

陶然理念的终极落点，是让每件事都成为某个人的事业，而不是让所有的事都成为他自己一个人的事。陶然从小就是一个会同时参与几件事的人，但每一件事他都会尽可能寻找到领军人物，使之能够自己出题自己答题，向着数一数二方向发展。在没有找到可以交付的人时，陶然会责无旁贷地亲自担任领军人物，一旦找到可以交付的人，他会以最快速度交付给对方。

对方如果做得好，他乐见其成；如果做不好，他会出手相帮，甚至亲自上阵。

前些年，陶然认为，赵文权带领蓝色光标走在正确的方向上，并且做得很好，所以，陶然乐得不去浪费自己宝贵的脑力和时间思考蓝色光标的事情。这也体现了陶然身上的另外一个品质，就是对专业的尊重和敬畏。虽然他是一个极其聪明的人，也非常自负，但是他一直在寻找专业的人做专业的事，并对专业高度尊重。

这种尊重表现在，他从不轻易对专业的事指手画脚，除非他已经再三确认对方确实错了才会直接下结论做决策。很多很自信的领导，往往过于自信，对什么都要发表意见。在陶然看来，这是一种很差的管理方法。

本质上，陶然相信自己对最高逻辑和原理的理解和掌握程度。但是，在具体的业务问题上，陶然则首先把自己置于小学生的地步，希望最大限度地调动具体负责人的能力，并且让他们体会到，是他们在担担子、做决策，在对结果负责。

他相信，大多数情况下，别人7×24小时专注的事情，会比自己的聪明和智慧更接近正确。所以，他首先选择尊重专业，尊重具体领军人物，但绝不放弃自己的思考。而当自己的思考与对方的决策不一致时，他就会花更多的时间去研究和找出答案。

陶然的手下都知道，在陶然的团队里担任领导，做不到陶然的要求绝对是不行的，但是，只做到陶然此前的要求也是不行的。陶然的要求是进取，是永远要把今天的高点当作明天的起点，是永远要奔着最终目标去。凡是达不成最终目标的努力，在陶然看来，最多是苦劳而已。而没有结果就是没做。也就是说，苦劳没有任何意义。当然，这个唯结果论，是否符合所有公司的情况，大家可以见仁见智。

蓝色光标在陶然心目中，一开始的设定就是赵文权的事业。陶然知道，只要赵文权不找他就是一切顺利。他最怕的是接赵文权的电话，尤其是半夜接赵文权的电话。每逢此时，陶然知道，一定是有麻烦了，而且是必须他出马去解决的麻烦。

差点卖掉蓝色光标

2005年，执掌大权的赵文权经过慎重思考，向董事会提出了一个建议：把蓝色光标卖掉。因为像蓝色光标这一类的公司，在国际上都是通过并购成为大的集团，例如WPP集团、宏盟集团（Omnicom）、杭特沃斯（Huntsworth）等，所以蓝色光标的未来，要么把自己卖给国际巨头，要么自己成为巨头。

要成为巨头，就必须上市。如果不上市，就没有市盈率，没有市盈率就无法进行并购。而2005年的中国，一家公关公司要在A股上市，显然是天方夜谭。所以，蓝色光标似乎只有一条路，就是把自己卖给国际巨头。几个小伙伴都觉得这个提议不错，于是认真委托了一家财务顾问公司，帮助蓝色光标寻找买家。很快，多家国际巨头对蓝色光标表示了兴趣。毕竟，蓝色光标几乎是当时中国最大的公关公司。

2006年，当时国际排名第四、总部位于英国的杭特沃斯传播集团与蓝色光标达成了框架收购协议。双方约定，杭特沃斯按照2005年蓝色光标业绩的

12~14倍，收购蓝色光标100%的股权，最高付款额6000万美元。也就是说，六位股东，每个人可以拿1000万美元。赵文权和高鹏带领团队留下，对赌三年业绩，然后就可以自由。

在当时，这是相当不错的一笔交易。1000万美金也是一笔巨款。看起来，几个股东都很满意。但事实上，陶然和赵文权还是心有不甘。尤其是陶然。他经常跟赵文权讲：凭什么这么好的公司要卖给别人？已经做到这种高度，我们应该自己成为巨头才是！

一切都仿佛是天意。一个看似偶然的小插曲，使得这次交易流产了。按照交易双方约定的进度，这笔交易应该在2006年完成。但是由于外方在进度上的拖拉，直到2007年一季度末，对方才完成所有程序。

而按照交易双方的约定，蓝色光标的估值是按交易前一年，即2005年蓝色光标税后利润的12~14倍定价的，具体多少倍按照蓝色光标的增长率定夺。如果同环比增长率高就14倍，如果增长率低就12倍。

但是陶然和赵文权认为，既然已经推迟到了2007年签约，蓝色光标2006年的业绩已经出来了，就应该按照2006年的业绩作为基数计算公式估值，三年对赌期的起始时间也应该就此顺延一年。

这当然是一个合理要求。但问题是，蓝色光标2006年的利润比2005年的利润增长了50%以上。实际上，在那之后的若干年，每一年，蓝色光标都在以这样的增幅增长。

而对交易的买方来讲，这将意味着购买的价格一下子增加了50%。外方以对交易的法律结构有疑虑为由，想放弃交易。他们认为，虽然在中国只能采取大家在中国普遍采取的交易结构，但是这种结构对他们的权益是有风险的。

不管是外方多虑，还是业绩计算基准年的调整使得他们的购买价格要提高50%，或者是他们自身的原因，总之，外方希望放弃交易。得到这个消息的时候，别的股东或许有些沮丧，但是陶然和文权反倒有一种如释重负的解脱感。当时，陶然跟文权讲，咱们不卖了，咱们自己上市！

蓝色光标的中国梦

那个时候一直传闻中国股市要开创业板。但是这个创业板还没有一个时间表，根本不可预期。陶然坚定地告诉文权和其他几个股东，只要横下一条心，我们一定能上市。我们现在就下决心按照上市的要求做好一切准备。我相信，中国市场一定是向着改革方向走的，三年不行五年，只要我们下定决心去上市，就一定能上市！上市了，我们自己就是巨头。我们去买别人！

这又是陶然身上非常难得的一个特性，对未来充满信心，并且一直按照自己最长远的目标去做准备。有时候，这种准备在短期对他们是不利的，但是为了那个长目标，他们仍然不为所动，无畏前行。

在上市这件事上，还有一个人曾经得益于陶然的这种坚定看法。那就是暴风科技的冯鑫。

暴风科技的上市之路，也是历经坎坷。在他们选择拆除VIE结构回国内时，正巧，中国股市IPO暂停了，何时重启遥遥无期。当时，冯鑫找到陶然，咨询是否要重回国外。陶然的建议是：横下一条心，就在国内等待。只要把公司做好，A股总有重开的那一天。只要公司在增长，早一年晚一年没什么了不起！

于是，冯鑫坚定了在A股上市的想法。后来的故事大家都知道了：A股重启，暴风科技上市，连续四十三个涨停板，成为一个传奇。上市之后，冯鑫在接受记者采访时，专门谈到了陶然的建议和影响。

2007年，在创业板开板一推再推根本没有前景的情况下（如果创业板不开板，蓝色光标这种公司在主板是不可能上市的）就把自己按照一个上市公司去要求，企业付出的代价是相当巨大的。

不论是内部的合规性，还是在五险一金、财务、税务的处理上，都要增加巨大的成本。毋庸讳言，当时中国绝大多数的企业在员工的五险一金，甚至是在税务方面都会打一些擦边球，否则，中小企业在大环境下基本无法生存。如果按照上市的要求去做，就意味着必须按照上市公司的最严格标准要求自己。那些所谓的擦边球，就要开始全面杜绝了。即便如此，陶然还是认为，这种代价，应该付也必须付！

当时，除了高鹏有些疑虑之外，几个小伙伴都没有异议。但高鹏也是一个遵守游戏规则的人，既然六个人中的五个人都同意，他收起自己的反对意见，认可董事会和股东会的决定。如果蓝色光标的故事要拍成《蓝色合伙人》，我认为最精彩的部分就是陶然他们几个创始人对游戏规则的尊重，对契约的尊重。而这些，也是成功最核心的基因。幸运的是，蓝色光标的创始人们有这些基因。

于是，股东们做了一个决定：完全按照上市的标准来做公司，横下一条心，向着自己上市去努力。陶然提出，如果准备自己独立上市，第一件事就是要引入风险投资。

蓝色光标当时并不缺钱。引入风险投资，引入的其实不仅仅是钱，还有现代的企业治理结构。在陶然看来，这会使得公司的股份结构以及治理结构更加市场化，也更加规范。

后面的故事大家就都知道了：

蓝色光标引入了达晨创投。为了满足中国上市制度的要求，现金流非常好的蓝色光标破天荒地第一次向银行申请了贷款，以表示自己"缺钱"，有负债。为了让公司显得不是那么"皮包公司"，公司买了两层楼作为固定资产。

2009年年底，创业板开板。相比很多匆匆忙忙进行股改以及辅导的公司而言，蓝色光标早已经将一切都按照上市公司的要求准备就绪了。

万事俱备，只欠东风。

2010年2月26日，蓝色光标作为第五十八家创业板上市公司上市了。

此后，就是蓝色光标时间。

蓝色光标通过一系列的并购重组，成为创业板的并购明星，也让自己从一家公关公司，变成了一家为企业营销提供全面服务的公司；从一家纯粹的中国公司变成了具有一家全球服务能力的公司；从一家年收入几千万的公司变成了一家年收入超过200亿的公司。

尤为传奇的是，2013年，蓝色光标收购了2006年几乎收购了自己的那家国际巨头。2015年，陶然随习主席的代表团出访英国。在参加中英论坛时，陶然在演讲中不无自豪地谈到中国梦。

陶然说："八年前，一家英国上市公司想收购蓝色光标；两年前，蓝色光标收购了当年想收购自己的这家英国公司。我的祖父母都是农民，世世代代居住在农村。我的父母是家里第一代大学生，从农村搬到了省城。我自己从省城考入到北京大学，毕业后在北京创业，我和小伙伴创办的公司又走出国门，收购了很多国际公司，成为全球排名第八、亚太排名第一的企业。从被买到买，之间不过六年。而这一切，从大学毕业开始算起，只用了二十五年，从我父母那一代开始算也不过五十年。这翻天覆地的变化，就是中国梦。我们从被买的对象变成了买别人，从遵从别人的标准到我们来制定标准，这就

2015年，孙陶然随习主席访英，代表拉卡拉与英国最大的账单支付公司 Allpay Limited 签下商贸首单

是中国梦。"

关键时刻的匿名举报信

蓝色光标的上市，足以写成一部跌宕起伏的剧本，足以单独出一本企业传奇的传记。创业板开板之初，因为蓝色光标早早就做好了准备，早已改制成为股份公司，财务方面也早已按照上市公司来规范，同时所处的行业又属于新经济行业，所以蓝色光标上市的呼声一度非常高。在媒体的报道中，有媒体甚至把蓝色光标列为创业板的001号上市候选。然而，蓝色光标的上市之路却是一波三折，最后位列第五十八家。

用陶然的话来讲，这也是运气加运气加运气。在中国，有时候做事情，运气确实是要排在第一位的。陶然讲过自己的一次亲身经历。当年，北京推出个性化车牌的时候，陶然非常想把自己的车牌换成个性化车牌，并且已经想好了几个号码。但是因为政策刚刚推出，去办的人很多，于是陶然就想，反正不着急，等过一段时间人少了再去办吧。结果还没等到他去办理，没几天，个性化车牌政策被叫停了，想办也办不了了。陶然讲这个故事是想说明一个道理，在政策多变的情况下，不是企业好就一定能够成功，只有那些运气特别好的好企业才能够成功。

还有一个关于政策周期的例子：在2017年上半年，上市环境变得宽松，很多利润只有两三千万的小公司都上市了。而到了年底，政策则变为创业板5000万，主板8000万利润以下基本上都不能申报了。也就是说，上半年上市的某些公司，如果不是在那个时间点运气好赶上了，也许这一辈子就上不了市了。

用陶然的话说，在中国，创业者必须十八般武艺样样精通才可能成功：不但要懂产品，还得懂研发、制造，以及市场、销售和售后服务；不但要懂企业，还得懂工商税务和政府；不但要懂白道，还得懂灰道和黑道……如果任何一方面不懂，可能都会寸步难行。如果都懂了，运气就会变好。蓝色光标当年上市就是这样。

然而，蓝色光标提交上市申报材料之后，很快遇到了精准阻击。一封匿名的举报信对照蓝色光标招股说明书里披露的各项信息逐条进行举报。这封信在蓝色光标即将被安排发审会之前，精准地快递到了每一个发审委委员的办公桌上。而当时，蓝色光标的招股说明书并未公开。

所以，这是一件非常蹊跷的事情。匿名举报者是如何获得蓝色光标的招股说明书的？匿名举报者是如何获得每一位发审委委员准确的通信地址的？匿名举报者是如何知道蓝色光标的准确排会时间的？显然有人在捣鬼，而且不是一般人。这个人，或者这几个人，到底是谁？

陶然和文权都有过自己的分析和猜测。但这注定将成为一个永久的谜团。一切都是猜测，未经证实也无法证实。

按照有举报就要核查的规则，蓝色光标的上市进程被延缓下来了。

最为惊险的是，在蓝色光标第二次被安排上发审会的前一天下午，匿名举报者再次发出了举报信，重复了以前举报过的几个问题。这真的是精准打击了，目的就是让你没有时间核查，无法上第二天的发审会。

很快，保荐人接到通知，公司需要在第二天发审会前就举报信所提到的问题提交书面反馈回复。现在的情况是，在这么短的时间内准备并提交相关回复，几乎是不可能完成的事情，所以赵文权提议蓝色光标申请推迟第二天的发审会。

陶然坚决反对。陶然告诉赵文权，我们就是死也要站着死，我们就是死也要在发审会上死，不能这样屈辱地自己申请撤，那无异于自杀。我们问心无愧。那些捕风捉影的匿名举报，跟我们没有关系。既然伸头是一刀缩头也是一刀，我们就选择伸出头轰轰烈烈地就死吧！

当时蓝色光标的董秘是田文凯，孙陶然大学的同宿舍同学，毕业后一直在深圳的证券公司工作。之前提到，陶然毕业时就是让他把自己的行李一起带到深圳的。蓝色光标决定自己上市后，陶然一个电话把田文凯叫到北京，说服田文凯从深圳来到北京，加盟蓝色光标，担任董秘，具体负责蓝色光标的上市工作。从深圳抛妻弃子来到北京，去做一件对于任何一个证券业从业人员都认为天方夜谭的事情——帮助一家小公关公司上市，对于一个理智的人来讲，确实不是一个明智的选择。

但是陶然提出了，田文凯就接受了。不得不说，他们两人各自的魅力与魄力都值得大书特书。当然，从中也可以看出他们彼此之间的深度信任。谈及这一点，田文凯的回答是，他从来都相信陶然。而陶然的回答是，别人追随你只有两个原因，一个是你能带给对方期待的物质上或精神上的提升；另一个是，你能够带着对方从一个胜仗走向另一个胜仗。就像踢足球的C罗，他想去的从来都不是薪酬最高的球队，而是最可能拿冠军的球队。

蓝色光标上市的发审会是在2009年的12月29日。前一天，也就是2009年12月28日下午五点多，陶然接到了赵文权建议申请撤回明天发审会的电话。陶然坚决反对撤回，并在电话里反复告诉赵文权千万不要提出撤回。放下电话，陶然马上打给田文凯。因为当时田文凯正陪同赵文权在证监会。陶然告诉田文凯，坚决不允许赵文权申请撤回，并且明确告诉田文凯，从现在起，一步也不要离开赵文权，要寸步不离跟在赵文权身边，如果赵文权提出撤材料，田文凯必须马上以董秘的身份声明，这是赵文权个人意见！不代表蓝色光标董事会，更不代表蓝色光标全体股东！

叮嘱完田文凯，陶然马上出门，直奔蓝色光标。

成功很多时候充满未知。明天和意外突然将要一起到来。

第十九章

马后横捎意气归

一旦决定去上市，就要信念坚定、意志坚定，逢山开路，遇水搭桥，只有那些抱定"咬定青山不放松"死缠烂打到底的企业才可能上市成功。

——孙陶然《上市是企业的成人礼》

在赶往蓝色光标的路上，陶然的大脑飞快运转，他一边思考该如何解决这个在关键时刻被人捅了一刀的问题，一边不停地打电话。天无绝人之路，各路人员在电话的召唤下齐聚公司，所有人连夜开会，让蓝色光标就新的匿名举报涉及的几个问题补充反馈回复。如果能够补充说明完毕，明天就如期上会。如果完不成，第二天蓝色光标的发审会还是会被取消。

陶然赶到蓝色光标时，已是晚上将近八点钟。会议室里坐满了蓝色光标的中介机构。赵文权、田文凯，以及蓝色光标的财务总监陈剑虹等都在现场。陶然走进去，在坐下之前，还不忘从兜里掏出随身携带的相机，拍了两张工作现场的照片，然后开始参与到工作当中。

死也要站着死

后来，陈剑虹回忆说，她对陶然的崇拜就是从那时开始的。

在那样的紧急形势下，大家都已如临大敌，很多中介机构的人看起来面如土色，陶然却胜似闲庭信步，泰山崩于前而色不变地走了进去。甚至，还拿出相机拍了照片。陶然坚定地告诉在场所有人：不撤材料，马上开始补充该完善的材料。这种坚持与执念，给了大家巨大的鼓舞，也起到了作为大家主心骨的作用。

事实上，冷静下来之后，大家发现，举报信中所提到的问题，实际上在之前的审核过程中已经核查和回答过，现在要做的是进一步补充和完善。经过通宵准备，所需提交的材料准备好了。

陶然安排，第二天一早，大家分头拿着材料去各家中介机构盖章，该通知谁几点到、在哪里等就通知谁。在第二天早晨八点半之前，必须把盖好章的全套上会文件交到证监会。然后上会。

体育运动中有一个说法：球星的作用就是在关键时刻，就是在千钧一发的赛点发挥作用。例如最后一秒钟出手的三分远投，以及点球决胜时最后罚球的那个球员，彼时考校的已经不是技术，而是心理素质、临场发挥、日常积累，以及作为球星的天赋。

关键人物的作用也在于此。他们从来不会抱怨环境的恶劣以及命运的不公，他们的全部注意力只在于：如何在既有环境之下，选择最佳路径来实现自己的目标。而且，环境越是嘈杂，他们越冷静。压力越大，他们越兴奋，越能发挥出水平。从陶然高中时代参加考试时的状态就能看出，他便是这样的人物。像陶然这样的人物，我们称之为比赛型选手。

平心而论，如果没有陶然，就没有2009年12月28日那天晚上的坚持以及应对。而如果没有那一天晚上的种种，蓝色光标第二天的发审会一定会撤销。以后是否能够重排乃至上市，那就真的是一个问号了。

只是，历史不能假设。

幸亏，历史不能假设。

第二天，赵文权和陈剑虹参加了证监会的发审会。陶然没有去，因为发行体制规定，企业出席发审会只能有两个人。

陶然待在了家里。他甚至没有起床，躺在床上一边看电视，一边等消息。这是陶然多年的习惯，举重若轻，欲擒故纵。陶然的心情是急迫的，他当然希望去证监会现场，即使在门外等待也好。但是他不会去。他知道，去了无济于事不说，只会徒增现场的混乱和赵文权等上会人的紧张。

中午十二点多，赵文权的电话终于来了。

全票过会。

陶然很高兴，但是为了万无一失，他告诉赵文权要保持低调，消息不要扩散，一定要等到正式通知下来再宣布。然后，他让赵文权带大家找一个餐厅，他马上赶过去请大家吃午饭。后来，陈剑虹回忆说，在发审会上，赵文权阐述到最后，眼里是含着泪光的。当赵文权说我们决心死也要站着死的时候，在场的委员们也有些动容了。最后蓝色光标才能获得陶然和赵文权都没有想过的全票通过。

傍晚时分，证监会网站也公布了蓝色光标过会的消息。陶然这才彻底放下心来。即便如此，陶然也没有选择狂欢。甚至最后2010年2月26日蓝色光标在深圳交易所敲钟和正式交易，以及在当天晚上的庆功宴上，陶然也依然没有忘形庆祝。

这同样是陶然的一种习惯：越是大的成功到来之际，他越平静。我想，这一方面是因为，在陶然看来，一切成功都是瞄着打的结果，都是做对的事，及把事情做对了的结果，所以没有什么值得大肆庆祝的。

另外一方面，是因为所有的成功都太艰辛，在成功的路上都付出了太多的体力、脑力和心力，都经历了九死一生。因此，等到真正成功的那一刻，反而没有力气庆祝了。就像登山，真的登上山顶时，已经耗光了所有力气，所以到达顶峰的人往往只是静静地坐在那里，独自品味。

几年以后，陶然喜欢上了德州扑克。在一本描写德州扑克的小说《底牌》中，他读到主人公说"没有什么事情值得你得意忘形"。陶然颇有共鸣。

陶然说得不错，这确实是比《中国合伙人》更加精彩的合伙人故事。

2010年2月26日，蓝色光标上市了，成为中国第一家上市的公关公司。也从此开始了和其他国际巨头一样的并购之路。

上市敲钟那一天，陶然和赵文权、许志平、陈良华、吴铁都到了深圳，陶然还破例地穿上了西装。上市后回到北京，正好临近春节放假。赵文权召集齐其他四个联合创始人，带着家人一起吃了一顿饭。这是五个人一起创办蓝色光标十四年以来，第一次不是因为开会，而是纯聚会性的一起吃的第一顿饭。

拉卡拉入主蓝色光标

创业板开板的最初几年，蓝色光标是创业板的一颗明星。他们的大手笔并购，使自己迅速从一家为企业营销提供公关服务的公司，转变为给企业的营销提供公关、广告、数据营销、CRM、用户画像等全方位服务的公司，并把自己的势力范围扩展到了国际，不但收购了当初想收购他们的英国公司，还在加拿大、美国、新加坡等国收购了多家公司。

到2018年，蓝色光标已经成了一家年收入超过200亿，在全球35个国家设有办事机构，唯——家具备全球企业市场营销服务能力的中国本土公司。

而这一切，只用了短短八年时间。

当然，这八年的路也不是一帆风顺。尤其是在2016年以后，中国A股市场持续低迷，期间发生了千股跌停的股灾、熔断，以及后来一系列的大跌，再加上蓝色光标在并购过程中借贷现金过多，蓝色光标一度陷入了市值低迷的困境。市值一度从最高时的500亿跌至100亿。

2017年下半年，几个股东又开始反复找陶然，希望他出手拯救蓝色光标。陶然本身也很愿意，因为他也有着深刻的蓝色光标情结，在蓝色光标的几次年会上，陶然在发言时都谈到了"我以你们为荣"。陶然说，能够亲身参与创办一家在全球有影响力的、在全球行业中排名前十的公司，他深感荣幸，也深深以与他共同奋斗的那些人为荣。

当然，这并不妨碍陶然指出蓝色光标在经营和管理上存在的问题，以及出手整治。在陶然看来，蓝色光标的问题在于以下方面：

首先，在并购的第一阶段，目标可以是并购利润，把企业迅速做大，但在第一阶段的使命完成之后，必须进入并购的第二阶段，即按照产业整合的方向进行并购。应该说，蓝色光标最初几年的并购是成功的，迄今为止，整体上并购的主体也是对的。通过并购，蓝色光标从单一公关业务转变为公关、移动广告、数字化营销、大数据运营等多个业务并行发展，分支机构也得以遍布全球，引领市场潮流。但是，在并购策略的优化方面，蓝色光标迟钝了，优化的动作慢了，这是导致蓝色光标市值低迷的第一个原因。

第二个原因，蓝色光标在并购时，借贷了大量现金，但是，受种种外界因素影响，没能迅速地跟进资产证券化，让公司背上了沉重的利息负担。加之上市之后的风光让赵文权头脑发热，直接用十几亿资金投资了几十个早期公司的少数股权，这些投资并不能合并出利润回来，而公司投出的资金又让公司背上了利息负担。两项相加，蓝色光标每年的利息支出就有3亿人民币。

第三个原因，是蓝色光标二十一年的历史。二十一岁的蓝色光标，也犯上了大企业病。冗员多、人员成本高、机构重叠、效率低下等，应收款等经营指标控制得也不好，导致公司的利润并没有随收入增长而增长。

这一点固然有历史久了、企业大了的自然因素，但也跟赵文权的性格相关。赵文权的性格很柔，不像陶然是一个霸道总裁。公司大了，时间久了，文权在管理上的"温柔"日积月累，形成了很多弊病。到2017年，年收入近150亿，全球员工近6000人的蓝色光标，利润竟然下滑到只有2亿多人民币，市值也下滑到只有100亿人民币出头。

蓝色光标上市之后，陶然本来减少了对蓝色光标的关注，他相信其他四个联合创始人的关注足够让公司走在正确的轨道上，所以这些问题的发生，陶然也没有能及时感知。

当蓝色光标市值下跌，其他几个小伙伴找到陶然后，他才关注起来。一旦他用心钻研，很快就能把这些问题看得比其他人清楚。当然，发现问题并不妨碍他对蓝色光标的价值和赵文权能力的认可。

在陶然看来，蓝色光标毕竟是一家年收入超过200亿，在一个朝阳行业位居全球前十的企业。这样的行业地位不是轻而易举可以达成的。放眼中国，能够做到行业全球前十的企业也是屈指可数。这样一个上市平台如果加以整治，可以成为拉卡拉系一个潜力巨大的企业。所以，出于几个共同创办蓝色光标的小伙伴的请求也好，出于陶然对蓝色光标的情结也好，出于陶然想打造拉卡拉系的战略布局也罢，2018年1月，陶然携拉卡拉，果断出手十几个亿，举牌蓝色光标，成为蓝色光标第一大股东。此后的半年里，陶然花了相当多的心力和时间，和赵文权一起梳理蓝色光标，针对问题，一一解决。

这是再一次体现陶然做企业时的狼性和狠劲的时刻。

按照陶然的五行文化理念，没有结果就等于没做。发现了问题不去解决，便跟没发现问题一样。去解决而没有解决掉，跟没有去解决一样。在陶然入主之后，蓝色光标开始慢慢被要求以狼性改变原来那种说了也不做，或者做到什么程度算什么程度的状态。陶然更是亲自出手，把几件原来蓝色光标人都认为不可能做到的事情做到了，并由此给大家建立一种结果导向的信心。

其实，陶然最终做的就是一件事情，他将拉卡拉的五行文化逐步导入蓝色光标，用文化管公司。通过陶然自己总结的经营方法论和管理方法论，围绕企业的使命、愿景和价值观来经营和管理公司。

力挽狂澜

仅仅半年的时间，蓝色光标的面貌又一次焕然一新。

当然，本来这些事赵文权自己也已经看清楚了，并且想为之做出改变。陶然的加入，只是扣下了扳机而已。它促使赵文权立刻、坚决地行动起来。多了一层促进，多了一个监督，赵文权便将原来蓝色光标那种努力做、尽力做、做到什么程度算什么程度的状态，变成了马上做、必须做、一定要做到的状态。

立竿见影。到2018年蓝色光标发布上半年年报时，经营性现金流三年来第一次转正，经营性利润比2017年同期增长了41%。蓝色光标再次回到了健康可持续成长的轨道上。而对于陶然而言，这一次的成功，只是他经营和管理理念的再一次实践罢了。

我开始写作本书对陶然进行采访时，他还没有入主蓝色光标，但是在本书成稿我再见陶然时，入主以及改变，一切他都已经做完了。这一切，快得令人咋舌。

现在，面对蓝色光标的未来，陶然充满信心。他认为，蓝色光标严重被低估，未来，蓝色光标作为拉卡拉的"红四方面军"，将成为一支伟大的部队，一个伟大的公司。当年的蓝色光标虽然十分成功，但在很长的一段时间里，都只是陶然在创业道路上的一个分支。他与赵文权联手创立蓝色光标，说到底，只是他未雨绸缪的一部分。

重新说回当年的Plan B。除了蓝色光标，陶然还做了一件非常重要的事情，当年的四达广告艺术公司属于集体所有制，陶然提出按照存量不变，老事儿老规则、新事儿新规则的原则，《北京青年报·电脑时代》归属四达广告艺术公司，四达广告艺术公司（陶然任命刘峻谷接替自己担任总经理）的股权不变。但开展新业务，成立新公司，则要按照四达集团30%，团队70%的原则各自出资组建。

在此期间，在陶然的主导下，宇宙流广告公司（刘峻谷担任总经理）宣布成立，负责《南方日报》《为您服务报》《信息产业报》《生活时报》这些报刊电脑版面的经营。

同时，他们先后又创立了生活速递直投广告杂志公司（刘峻谷、黄明等），蔚蓝轨迹全案代理广告公司（孙积慧、沈蓓），世纪星空企业咨询公司（陈良华、许志平、吴铁），蓝色光标公关公司（赵文权、许志平、陈良华、吴铁），佳策公关公司（孙浩然）。

这些公司都按照团队持大股的方式组建。刚开始时，陶然出资和持股比较多，然后，随着时间的推移，他再逐步平价把股份让渡给具体经营团队。尤其是陶然决定和张征宇等一起组建恒基伟业之后，他更是将自己在各个公司的持股降到了30%以下。

陶然说，如果一下自己占30%，就是自己搭操盘者的车；如果自己占70%，就是各个公司的操盘者在搭自己的车。这在调动团队的主人翁精神上，是完全不一样的操作。联合创始人分享股份的同时，也分享责任和压力，核心员工拥有期权激励，就会感到公司跟自己息息相关，从而产生更强烈的主人翁意识。这是当下最流行的公司发展模式。只是，我们现在说的，是二十多年前陶然干的事儿。

这么多年来，我都是以一种局外人欣赏和仰视的目光看待陶然的。我最钦佩他的，是他永远能走在时代的前端。他做的每一件事，都是之前没有人做过的，而又总能开启一个行业的先河。因为，其中都蕴含着他对人生的洞察，对创业的深度思考。

我还欣赏陶然的性格。他性格中最重要的一个特质，就是分享。作为同学，我能不断感受到这一点，对他这种特质的认知也在不断加深。

分享于陶然而言，包括：

人格上的分享。陶然会将自己所有的感悟和收获毫无保留地与他人分享，至于被分享者能感受多少，那就看个人的悟性了。

收获上的分享。无论是盈利，还是公司的股份，无论是新的资源，还是意外的获取，陶然总是第一时间跟团队一起分享。

未来资源上的分享。陶然最愿意做的就是提拔手下。提拔的目的不是为了巩固自己的小圈子，而是为了让每个人都有机会去更高更大的平台上尝试和展示。

而这一切的初衷，都是因为，孙陶然要实现自己在创业过程中的人生价值。

在我看来，孙陶然是这个时代最纯粹的创业者，没有之一。之所以这么说，原因有如下几点：

一、从1991年大学毕业开始，一直到27年后的拉卡拉集团，陶然除了一次次创业，从未做过别的事情。

二、陶然在做创业者的时候，每次都是开行业领域之先河。他为后人打造了一个又一个创业样板。

三、陶然跨越了时空的限制。他在每个时期打造的创业产品，推广的创业理念，涉足的创业领域，都是那个时代最稀缺最不成系统的部分。陶然将之系统化和产业化。

四、陶然在创业的过程中，始终怀有一颗赤子之心。从未刻意，从不矫情。

五、陶然创业时，从寻找合伙人，到打造团队，到经营管理，都洞悉人性。

陶然创业至今，所有的选择，在今天看来，居然无一失误。我想，这是因为他的纯粹。因为纯粹，所以实力强，也因为纯粹、实力强，所以运气好。

第二十章

不辞辛苦出山林

> 很多人理解的竭尽全力就是竭尽自己的力量，这是不对的，如果只是竭尽自己的力量，相当于尽了三分之一的力。竭尽全力，有三个维度，全部做到才是真正的竭尽全力：1.竭尽自己的力量；2.竭尽自己的资源；3.竭尽全力去求援。
>
> ——孙陶然《你是真的全力以赴，还是仅仅在完成任务》

时间再次回到1997年。

这一年，中国发生了许多大事：邓小平逝世、香港回归、三峡大坝截流成功、十五大召开。中国进入一个新的历史时期。

对于孙陶然来讲，1997年也是不平凡的一年。随着一系列公司的组建完成，我们俨然看到了一个全方位企业营销服务集团的雏形。陶然也向自己的合作伙伴和旗下员工宣布了自己对未来的设计：建设中国最成功的营销传播集团，以期上市。遗憾的是，这个设计还没有来得及实施，陶然就又一次选择了离开。这一次，他去的地方，是后来在一个时间段里被称之为商业奇迹的恒基伟业。

这其中的渊源，是一段绕不过去的历史。必须细说从头。

大拐弯

之前，我们曾经介绍过四达集团的历史渊源。这家本属于民政部的集体所有制企业，下设56家公司，其中53家一直亏损，只有3家实现盈利。四达广告艺术公司在陶然成为的总经理之后就始终跻身于这3家盈利的公司之列。

之前数次提及，陶然是一个在各个领域都走在时代前端的人。那个时候，他就开始致力于思考企业上市的问题。但是，研究结果前面也提到了，四达集团不具备上市条件，最终，他还是只能放弃。

1998年初，张征宇找到陶然，开始向他灌输一个新计划：成立一家新的、大家一起持股的电子产品公司，是为四达集团的凤凰涅槃。这，就是后来推出了全中文掌上手写电脑——商务通的恒基伟业电子产品公司。张征宇一有成立恒基伟业的想法，就向陶然发出了邀请。但在当时，陶然婉拒了。

在内心深处，陶然始终不认可四达集团那种管理风格。年轻气盛的陶然不认为四达那种经营和管理思路能让新公司成功——他已经看透了有56家下属企业的四达集团，对集团的经营和管理能力也不抱希望。他只想在自己的一亩三分地里打造梦想，而一旦四达集团不允许他实现这个梦想，他说，他会信奉"此处不留爷，自有留爷处"的原则，重新选择别的落脚点。

实际上，到1997年，陶然已经完成了将所辖区域从集体所有制向创造者所有的民营企业集团的转换。那个时代，中国所有的民营企业都产权不清。因为在四十年前，中国是不被允许有民营企业的。因此，当年陈春先在中关村成立第一家民办研究所"北京市华夏新技术开发研究所"，才会引起那么大的轰动。有关部门甚至一度认为，应该让他锒铛入狱。只是在邓小平批示之后，中国民营企业才有了生存和发展的空间。

所以，在二十世纪八十年代前后创办的几乎所有中国民营企业，都顶着集体所有制的红帽子。例如当年的四通集团，它是向四季青乡借了2万块钱，挂靠在四季青乡的名下起步的。当年的联想集团也是一样，柳传志向中科院计算所借了20万人民币，由此踏上征途。

而企业的经营者都是几乎完全凭借一己之力把企业做成功的，选择挂靠只是因为彼时并不允许没有挂靠单位的企业成立。借款也明确是借款，而且这些企业很快就把借款连本带息都还清了。但是，这样的起步方式以及对出资部门的挂靠，在非常长的时间内，困扰着这些企业。企业到底是归经营者所有，还是归被挂靠的部门所有？

1990年左右，我们这一代人读大学时，学术界争论得最激烈的一个主要问题，就是经济体制改革中这种产权状况如何处置。创业者当然谋求对自己所创造企业的所有权，被挂靠的部门也理解甚至接受，但是相关的法律法规，要么是没有，要么是不清晰。

于是，创业者们八仙过海各显神通地解决了这个问题。各有各的方法，因为各有各的情况。许多在当初尝试改制却又不成功的企业，昙花一现后就开始走下坡路了。有的创始人甚至被冠上侵吞集体资产的罪名，当年的健力宝就是这种情况。当初没找到机会也没尝试的，大部分都消失在历史长河里了。当然，也有一些企业至今仍在，比如海尔。海尔应该属于当时留下的为数不多的异类了。也有一些企业成功实现了改制，比如联想、TCL等。这就是柳传志总结的转大弯。要想不做改革的牺牲者，便不可以楞干蛮干，而要经过长时间的规划，并在与上级主管部门达成一致之后，设计完善的MBO（管理层收购）方案。

国外那些在私有制土壤里出生长大的投资者们可能感到不可思议。对今天中国的创业者而言，这些问题可能同样不可思议，但这就是当年中国的状况。这就是当年横在中国所有创业者面前的一座不可逾越、涉及荣辱甚至生死的大山。必须说，今天中国的这些变化，是历史的进步，更是中国创业者的幸运。

对于当时的陶然来讲，说先知先觉出手于事前也好，说幸运也好，困扰当年所有民营企业家的产权改革问题，在陶然这里，用存量不动，增量新设，老事儿老规则、新事儿新规则的思路，轻描淡写地于不经意间就解决了。陶然当时内心很清楚，如果四达集团和张征宇不同意这种办法，他就会离职，去创办自己的企业。

按照陶然的性格，他绝不会听天由命。一旦他认定这个环境不是自己想要的，他的首选一定是离开这里，再去开辟一片新的天地。如果没有解决企业的股权结构问题，即便陶然没有离开，依旧布置了他那02计划，他也不可能招揽到那么多人才与他一起奋斗。

也就是说，没有陶然在1996年到1997年间对四达广告艺术公司体系的股权结构所做的这一轮改造，就没有后来蓝色光标等企业的成功。甚至，陶然若因此离开四达集团，张征宇、四达集团以及后来的恒基伟业会是怎样的情景，也同样就不得而知了。还是那句话，幸亏，历史不能假设。

最难的是人

现在看来，陶然身上敢想敢做的特质实在难得。他似乎天生就知道，每件事的目标都可以分为有没有、好不好以及贵不贵三个层次。必须先解决有没有的问题，再解决好不好以及贵不贵的问题。

事实上，这三者又是紧密相连的。如果最终的结果虽然是"有"但性能却"坏"到了一定程度，或者性价比"低"到了一定程度，那么这个"有"就应该放弃。陶然很明确，如果性能低到一定程度功能就不存在了。所有事情都是有底线的，若达不到底线，就不如不做，或者换个方法做。委曲求全地维持，是没有意义的。

这个原则，对于每一个创业者来说，都具有相当实用的指导作用。这个道理于陶然而言，则是骨子里永恒的坚持。可惜，很多人从来不明白这个道理，以至于长时间陷在"食之无味，弃之可惜"的鸡肋式结果中苦苦挣扎，浪费了新生的时机。

在《创业36条军规》中，陶然将这个道理提炼为一条军规，即：坚持是必须的，维持是没有意义的。如果是"聊胜于无的有"乃至"不如死的生"，那便不如"无"和"死"。只是维持的话，必须果断放弃，改弦更张。这是成功者必须具备的"断舍离"。

成立新公司要有三个要素：人、钱、产品。人，意味着你有团队和班底，有能够支撑公司框架的核心成员。钱，是一切起步发展的核心支持。产品，是你的目标、规划和发展动力。钱，当时张征宇有，但很少。

其中一个颇为传奇的细节是，当时已经负债累累的四达集团把借到的最后的钱都投入香港股市之中，希望抓住机会一战翻身。但在1998年经济危机山雨欲来之前，加杠杆投入的钱已经亏损大半。幸亏张征宇做出了一个后来被看作是最明智的决定，他果断平仓，保留了1500万港币的火种。

这1500万，就是恒基伟业最初的资金来源。其中1000多万作为给商务通代工厂的15000台订货订金，200万后来给了孙陶然，让他招兵买马，组建恒基伟业的总部和投入市场。

这是1998年初。而1999年中即开始名满神州的商务通，就是靠张征宇从股灾中抢出来的这最后1500万港币起家的。

产品，也有。从1995年代理名人牌掌上电脑（PDA，Personal Digital Assistant）开始，张征宇最初将很多自己的产品改进建议提交给厂家，但是厂家有些麻木、不够敏感。于是张征宇开始组织力量研发自己的掌上电脑产品。到1998年初，产品的雏形已经快出来了。最难的，是人。除了孙陶然，其他几位四达集团的优秀高管已经被张征宇基本纳入彀中。现在，就等孙陶然的回复了。

上天给的机会，不能浪费

张征宇之所以大力邀请陶然，除了陶然是他的部下之外，更重要的原因，就是多年来陶然在各种场合、各种机缘下，向张征宇展示了自己作为一名管理者、创业者、创新者、发现者和先行者的实力。

孙陶然创办《电脑周刊》，从最初向张征宇借钱，到最后年利润千万。孙陶然说有六成把握就言出必践，将事情做到了百分之百成功。在张征宇的心目中，做新产品，创新业绩，非孙陶然莫属。四达集团曾经有一个不好的习惯，就是觉得外来的和尚会念经，从来都是看中外面的人才，而对自己的人才视而不见。

1992年，陶然加入四达的第二年，他做策划部主任做得非常不错。但是，当时的公关部缺少一名撰稿员。平时稿子都是孙陶然自己亲自撰写，他的文笔很好，但写宣传报道之类的命题作文不是他的长项，他也不喜欢，总亲自上阵他也忙不过来。结果有一天，刘文献就跟陶然讲，让他想办法挖一个撰稿员过来，月薪最高可以开到1500元。陶然当时都惊呆了。

要知道，作为公关部的二把手以及策划室的主任，陶然当时一个月的工资是180元。而刘文献竟然让他去挖一个月薪1500元的人作为自己的手下！这就是当时四达的企业文化，给每个人待遇都很低，但是领导经常给一些报销的权利或者红包补贴，这当然是为了把下级控制住而采取的另一种方式。但是，陶然不喜欢这种搞得像恩赐一样的模式。陶然喜欢的是光明正大地给下属涨工资，发奖金。

这一次，张征宇是真心认为陶然是人才，也花了大心思要拉陶然入伙。首先是找陶然谈心，并且让陶然的师弟赵明明做说客。其次，是拉着陶然到青岛开了一周的会，让陶然了解他未来的时间表和筹备中的产品情况，让陶然找感觉，同时，也是想听取陶然的建议。陶然至今还清楚地记得，那是在青岛海边的一家五星级酒店，张征宇拉着陶然、赵明明等几个人住了一个星期，把产品的每一个细节都过了一遍。期间，所有的人，尤其是陶然，从用户角度提了很多产品修改意见。

再然后，是委托陶然的四达广告艺术公司和世纪星空咨询公司帮助给即将上市的产品做全套的市场方案。不过需要先记账，因为没有钱。在这个过程中，张征宇也让陶然更进一步地了解产品。

这所有的举动当中，最打动陶然的，其实是他师弟赵明明的一段话。赵明明为了劝说陶然，把陶然拉到家里，赵明明的妈妈亲自下厨，做了一桌好吃的，两个人喝了一顿酒。赵明明跟陶然讲："做广告公司只能挣到千万级的利润，做产品才能做到亿级的利润。陶然你不想去试试更大的舞台吗？现在张总准备的产品很好，可是你我都知道，按照四达集团这么多年的经营管理思路，肯定做不好这个公司，千载难逢的产品就会被糟蹋了。你难道不觉得羞愧吗？"

这段话彻底打动了陶然。

类似的话在多年以后的2012年，陶然自己还重复过。那是赵文权拉着陶然和许志平、陈良华、吴铁去英国考察收购杭特沃斯时，陶然和文权异口同声地说："上天给了我们一个并购国际巨头走向世界的机会，如果我们不接住，上天会生气的。"听起来，这又很像《亮剑》里面李云龙部署一万多人攻打平安县城时的那句话："这种富裕仗，我八辈子都没有打过，咱们就敞开了当回地主！"——既然老天给机会，就要抓住它，好好干，不能辜负天意。

也许，所有能够成功的人，他们的思维方式和选择都是一样的，那就是：绝不浪费老天给的机会！这应该也是所谓的成功基因吧？早在大学毕业时，当陶然确定了他无缘去当总理，只能去当总经理之后，就如同金庸的《鹿鼎记》中韦小宝跟自己讲要替康熙办十件大事再退休一样，陶然也给自己定了一个愿望。

陶然认为，企业有五种类型。他希望，既然自己选择了做企业，就把五种类型的企业都做遍。

四达广告和蓝色光标算是做了乙方。《北京青年报·电脑时代》系列算是做了媒体。这两类，陶然不仅体验过了，并且也证明了自己可以做得很好。此外，还有硬件产品和服务以及投资，这三类企业，他当时还没有机会尝试。现在，终于有一个做硬件产品的机会了。陶然动心了。

加上张征宇安排的青岛之行，以及请陶然带一个小组，为即将面世的产品做全案策划，连产品的名字"商务通"都是陶然取的，这一系列举动和安排，都让产品和陶然之间，渐渐地产生了一种微妙的联系。

产品仿佛已成了陶然怀中的孩子，在陶然的怀里已经抱了很久，连名字都是他取的，关联和缘分已经产生，再割舍也难了。到了1998年的6月，陶然其实已经潜移默化地被牵引着，越来越深入地走进了恒基伟业的事业。陶然的心也开始倾斜和关注过来。最后，陶然跟张征宇做了一次深入谈话。

张征宇提出，大家都不要出资，启动资金他已经安排好了。陶然作为第二大股东，占股5%。赵明明（当时在四达集团旗下代理销售名人掌上电脑的公司任总经理）、范坤芳（当时已创办了自己的公司平治东方）、宋建元（当时在四达集团任总部财务部总经理）、冯庆宇（当时在四达集团总部负责新产品研发）、李明（当时在四达集团任办公室主任）各占3%，张征宇占80%。张征宇说，大家不用出钱的理由很简单，因为新公司是在四达集团的基础上孵化的。而他自己占大股的理由也很简单，因为四达集团还欠着几个亿的外债，张征宇需要用他的股份分红去偿还。这算是新公司对四达集团应尽的义务。

当时，陶然对新公司的股份并不是特别在意，因为陶然已经有了自己的四达广告系。陶然加盟新公司主要出于两个原因：一方面，他看好这件事。之前说过，凡是他看好的事儿，他都愿意出手相助，乐见其成，他认为浪费机会上天是会生气的。另一方面，陶然最深层的想法是，他想帮张征宇。张征宇是陶然大学毕业进入社会之后遇到的第一个老板，陶然非常感激他，也非常尊重他。时至今日，说起张征宇的时候，陶然从来都尊称为张总，从来不会直呼其名。

张征宇一直赏识陶然，并且给了陶然相当大的自主权。在陶然说只有六成把握成功创办《北京青年报·电脑时代》时，在四达集团那么困难的情况下，张征宇还借给过陶然60万。而陶然从来都是滴水之恩涌泉相报。在自己把四达广告系做得风生水起的同时，四达集团日益债务缠身，陶然希望，自己能够帮到张征宇，帮到四达集团。

但是，他依然有顾虑。

于是他跟张征宇讲，如果自己过去，头衔不重要，表面如何都无妨，他唯一的条件，就是公司实质上的经营管理得听他的。陶然提出：财务、研发和生产由你张总来管，除此之外的事都要由我来管。这个公司的文化、管理风格以及企业战略都得由我来定。当然，我会跟大家商量。股东会按照股东会的规则走，董事会按照董事会规则投票。但是，经营上不能投票，要孙陶然说了算。同意，我就加盟。否则，你们就找别人。

张征宇的本意，其实是希望陶然去管品牌和市场，他认为这是陶然的长项。但陶然从来都认为那是术，企业的经营和管理才是道。而自己绝不仅仅是一个市场营销专家，自己更大的本事在于企业的经营和管理。陶然认为，一个公司，如果企业文化和经营管理不行，营销再怎么做也是不可能成功的。所以，陶然提出，他不仅要管品牌和市场，还要管除了财务、研发和生产之外的所有事情。

研发和生产是陶然所不懂的，也不是他的兴趣所在，而这些却正是张征宇最擅长的地方。财务交出去是陶然想让张征宇放心：公司最大的股东是你，财务大权也在你手里。张征宇答应了。陶然决定加入。然而这种股份结构和职务安排也埋下了后来张征宇不按现代企业制度治理公司以及陶然和其他联合创始人离开的隐患。

后来，一位与相关人员关系极其紧密的人说，张征宇是个好人，但是他在企业经营和管理上有一些根深蒂固的认知偏差，这就注定了最后恒基伟业的结局。

而这，不仅仅是张征宇一个人的遗憾。更是陶然以及其他五个联合创始人的遗憾。

恒基伟业和商务通的辉煌，可能从一开始，就注定是昙花一现。昙花再绚丽也还是昙花。它命中注定，只开刹那，随即凋零。

第二十一章

天将奇艳与寒梅

指挥官必须亲临辖区的每一寸土地，了解实际情况，做到心中有数，不能飘在天上不落地，坚决不允许有只管人、不管事儿的指挥官。那种接到一个任务就作为二传手传给下级的指挥官，或是出现问题就去责问下级的指挥官，是飘在天上的指挥官，是官僚主义的指挥官，是只管人、不管事儿的指挥官，是必须被撤职的指挥官。

——孙陶然《指挥官在任何时候都不能放弃指挥权》

在恒基伟业成立之初，大家约定，虽然张征宇担任董事长兼总裁，但是当时的张征宇正被四达集团的历史债务问题所困，不能公开露面，也不能让外面知道恒基伟业是张征宇的公司。

所以，陶然出任董事、常务副总裁，不仅主持公司经营，还对外全权代表恒基伟业，进行产品发布，信息沟通，处理各种与公司业务相关的事宜。这就是在恒基伟业横空出世又名满天下之后，媒体都在问"你们公司总裁到底是谁"的原因。

筹备恒基伟业

1998年9月，陶然再一次租下了友谊宾馆苏园的一套公寓，和赵明明一起，开始了恒基伟业的筹备工作。他们做的第一件事儿，就是在陶然承办的《北京青年报·电脑周刊》上为恒基伟业打招聘广告。陶然和赵明明招聘了八位大区经理，还各自招了一个秘书。二人策划，要在全国划分八个大区，招商并建立渠道。也许是天意使然，也许是人以群分。这次招聘到的八位大区经理中，有六位在恒基伟业长期干了下去，并且成长为恒基伟业的中坚力量。

很多时候，陶然都孩子气地有一点唯心论。他总是认为，一切的一切都是命运的安排。"文章本天成，妙手偶得之"这样的意境，在他看来，也是早已注定的结果。陶然说，至少上天待他总是如此，总是在自己需要的时点，把需要的人和资源送到自己身边来。陶然还举了很多例子：

例如，自己刚刚开始为四达广告艺术公司寻找主业方向，便有了钮明的电话。之后，《电脑时代》成熟后，刚开始考虑开拓新的领域，便有了张征宇一起创办恒基伟业的邀请。而后来要招人的时候，便立马招来了若干能力不错、人品又好的核心干部。再后来，要拍摄广告，便有了张羽推荐策划大师。再再后来，需要广告代言人，便有了张羽偶遇陈好……

经由我们那个年代成长过来的人，很多时候，都相信命运的安排和上天的眷顾，这大概跟我们的成长经历有关。

关于掌上电脑，我想用个人的一点小经历作为说明。

作为中央电视台的一名纪录片导演和当时小有名气的写手，我在1996年便拥有了自己的第一台电脑。电脑由卖电脑的人亲自送到我家组装成功，又教我如何从DOS系统切换到Windows系统。那个时候，电脑刚刚能拨号上网，不过总是断线。我买的电脑，几乎每隔一天就会出现问题。当时，我以为是自己的操作有问题。现在想来，更多的原因是那时的电脑本身还不够完善。当时，我租住的小区有电脑的人家不超过五个。在那个连电脑都没有被普及的年代，掌上电脑可谓是一种传说了。那个时候，如果你家里的固定电话不是程控电话，那么，就连你家的电话线路都会时不时出现故障。很多人家里虽然有固话，但多是分机。你会在许多老电视剧里，甚至是郭德纲的相声里，寻觅到那个年代大家用公用电话联系业务时的无奈和尴尬。

当时，我们最常用的一种通讯联络工具叫作BP机。BP机可以储存大约一百条信息，满额之后便需随时清理。我们所持的手提电话叫作大哥大，只能在有信号（模拟信号）的地方随时通话。储存电话号码的功能是大哥大不具备的，到了大哥大被称为手机之后才开始陆续被开发出来。手机可以储存通讯录的历史也要追溯到二十世纪九十年代末期。当时，还是只有SIM卡可以存电话号码，一张手机SIM卡的储存上限是一百个号码，而且还不能输入中文。直到1998年，第一款全中文手机才终于问世，这意味着手机可以用中文发短信了。

我用我的私人记忆梳理了那个年代电子产品的微历史，一是想和我的同龄人一起回顾那段一切都在起步中的历史，纷乱、无序，但是充满希望；二是想告诉对那个年代知之甚少的人，那时想要拥有一部能同时上网、玩游戏、看影像的智能电子产品，真的还只是一个不切实际的梦想。

更实际一点的想法，就是拥有一部电子产品，它可以多多地储存电话号码，可以当作电子备忘录，可以简单处理日程表。这个产品，便是"商务通全中文掌上手写电脑"。

产业爆发的前一年

作为恒基伟业打造的主要产品，商务通的由来还是需要更详细地被梳理后呈现。四达集团很早以前就代理过台湾厂家的一款产品，名字叫快译通，这是一种类似于电子记事本的东西。当时，四达集团下属的一家公司因为代理快译通挣了一些钱，但是不久之后，这家公司从四达集团脱离了出去，脱离的同时，把项目也带走了。这之后，四达集团的另一个下属公司拿下了一家类似产品的代理权。这个产品的品牌叫名人。当然，在90后、00后眼里，它可能是全然陌生的字眼，但是，在我们这代人的心目当中，它在当年却是声名显赫的大品牌。

代理名人那家子公司的总经理就是赵明明，后来成了恒基伟业的七个联合创始人之一。张征宇是博士出身，技术上十分懂行，在他看来，名人这款产品毛病颇多，因此他希望名人能改进产品性能。不过，名人并没有完全采纳张征宇的意见。张征宇于是决定自己去做此类产品的设计、生产和开发，自己去抢占有可能马上到来的此类产品的市场爆发期。

这个产品，就是后来被商界称为商业奇迹的商务通。心平气和地评价，恒基伟业也的确开创了中国一个新领域的新时代。1998年到2000年，在这三年，等待孙陶然的，将是他创业生涯中第一场刺激、惊心动魄的战斗。当然，也是一场让他名满天下的战斗。其时，陶然刚刚跨越自己的而立之年。

从某种角度而言，恒基伟业的成功，是孙陶然对其企业管理以及市场营销理念的一次实践。孙陶然具有随时随地学习的能力。他曾经反复强调，领军人物必须具备三个素质和两个能力。三个素质是志存高远、心胸宽广以及意志坚定，两个能力即战略能力和学习能力。

作为一个随时随地学习着的人，陶然还给出了学习的三个方向，即向书本学，向先进学，以及不断复盘向自己学。操盘商务通奇迹，不仅是孙陶然企业管理和市场营销理念的一次实践，更是他自己从中学习和感悟的过程。商务通成功后，陶然的企业管理和市场营销理念也有了新的上升和飞跃。

陶然曾说，会学习的人最强大。世界上最可怕的事情，就是比你聪明的人比你还爱学习。陶然自己就属于这类人。在他身上，勤奋并非体现在工作的时间上，也不是体现在苦干蛮干上，而是体现在思考和学习上。在那个时代，最著名的广告语有两句，一句是陈汉元先生为当时的威力洗衣机策划的"威力洗衣机，献给母亲的爱"，一句就是"呼机手机商务通，一个都不能少"。

恒基伟业成立后，陶然作为董事和常务副总裁，主持恒基伟业公司的经营和管理，并具体操盘商务通的品牌策划和市场推广。可以说，商务通的营销方式之所以能成为后来所有商学院的必修课，原因就在于战略的正确、精准和独特。

当时，四达集团下属有56个公司，其中不乏各种类型的人才。张征宇的想法是，从中选出几个志同道合又有能力的人作为联合创始人，一起发起成立一家新公司，以金蝉脱壳的方式，用新公司的成功反过来解决他自己以及四达集团的困境——当时的四达集团已经负债累累。

四达公司负债的原因有很多，其中一个就是盲目扩张。这56家公司不仅种类繁多，而且名目混乱，又缺乏管理，除了3家公司之外，其他的公司都不盈利，要么亏损，要么苦苦挣扎。而造成负债的另一个原因，则在于领导人的思维方式。张征宇总希望能一战定天下，这样的思路就像是在赌场上一把定输赢一样，让四达集团没少上当受骗。靠常规经营盈利已经很难翻身了，张征宇于是想搞一个股权和四达集团没有关系的公司，以免受四达集团拖累。万一做成了的话，可以用这边的盈利把他自己和四达集团的债务还掉。

这就是恒基伟业成立的初衷。当然，这是跟随张征宇的人后来才慢慢了解到的。与张征宇喜欢一战定天下不同，陶然更喜欢稳。他认为，做企业是一个积小胜为大胜，同时寻找决战机会的过程。又拿游戏来举例，这就像打德州扑克一样，获胜之道是做对的事并且把事情做对，让自己的失误少于其他人的失误，聚沙成塔，然后等待别人犯错或自己拿到极好的牌，借机争取大胜。不能总想着all in决战，否则，一旦失误或者被别人买到牌追上就会被清台，那便是灭顶之灾。

陶然说，做企业万不能总是想着all in。做产品也只有等到产业转折点才有可能获得大的爆发，而捕捉产业的转折点不能太早也不能太晚，太早了容易成为先烈，太晚了容易赶不上班车。最好的方式，是在一个产业爆发的前一年介入。如何能掌握这个契机，那就要靠直觉，靠对行业的思考和判断，靠一个企业家的睿智与机敏。

商务通做对的事情

这里，还要先普及陶然的一个理念：他从来不赞成做行业的第一个，因为那样很容易成为牺牲品；他希望做行业的第一批，这样，既减少了出头之后面临多方挑剔的风险，也能赶上一个行业最好的红利期。幸运的是，当时的商务通就是在掌上电脑行业大爆发的前一年进入市场的。

在没有产业转折点的时代，或者虽然处于产业转折点但没有相应的产品的时代，做企业只能靠持续成长慢慢累积盈利。陶然曾经专门讲过很多次，做企业不需要大起大落的爆炸性增长，需要的是每年比前一年增长20%，然后慢慢等待爆炸性增长的机会。

事实上，甚至也可以不需要爆炸性增长的机会，如果你真的能够每年比前一年增长20%，能够这样坚持20年，你就比巴菲特的公司还能赚钱。世界上最赚钱的巴菲特的公司，在过去20年的年复合增长率，也不过是18%。所以，赚钱的核心，其实就是可持续成长。

陶然的这套积小胜为大胜的思路，与张征宇希望一战定天下的思路当然是矛盾的。历史上，四达集团被人诈骗，以及张征宇把剩下的能够借到的钱全部投入到香港股市的行为，都是追求可能的暴利回报，以及希望一战定天下或者一战翻身的失败案例。它们反而证明一战定天下的想法不但定不了天下，反倒会让自己不断遭受重创，甚至陷入绝境。最后，是孙陶然积小胜为大胜再寻机决战的思路，最终成就了商务通，以1500万港币起家，仅仅靠做了对的事并且把事情做对，第一年，商务通就卖出了66万台，收获了近10亿元的销售额和3.5亿的净利润。

恒基伟业1998年10月成立。商务通于1998年12月18日召开产品发布会。1999年1月，商务通开始陆陆续续给代理商们发货。陶然和张征宇最初约定，第一年的销售目标是3万台到6万台，这已经是一个可以获得不错盈利的开局。后来，随着时间的推移，再根据市场的反馈，他们又把目标逐步提高到了12万台至20万台。

这样的结果，相信张征宇一定会感到庆幸。最初他两次找到陶然邀请其加盟，都被婉言谢绝了。幸好他没有放弃。还记得张征宇的曲线救国战略吧？当时，他邀请陶然到青岛参加产品的定型会议，还找了个由头，名义上是叫孙陶然、赵明明、冯庆宇和李明几个人一起到青岛参加一个电子产品展览会。

看展会当然是其次，几个人在青岛海边的一座五星级酒店住了将近一周的时间，一起把产品设计过了一遍，这才是张征宇的主要目的。当时的产品叫乾坤PDA，"商务通全中文掌上手写电脑"的名字还没有诞生。张征宇给大家详细讲解产品，还把产品的每一个页面，以及页面上每一个按钮的操作全盘模拟演示了一遍，并征求大家的意见。陶然当时便感觉，产品的用户体验设计得确实不错，张征宇是花了大心思的。而且，他把名人PDA中所有不好的用户体验都改掉了。

虽然此前张征宇已经授权名人PDA使用自己发明的百家姓查询方法，但他又对百家姓查询方法进行了改进，而且选用了汉王研发的最新版本手写识别软件，手写识别率比名人有了大幅度的提高。

陶然几乎是在一瞬间就判断出，这个产品有需求。大众、高频、刚需，这是陶然对一个好产品的理解。

陶然多次讲过，一个企业如果经营遇到困难，要先看收入和利润有没有出问题，如果收入和利润有问题，先看产品有没有问题，如果产品有问题，先看需求有没有问题。他认为，需求是企业一切的开始，对创业者而言，抓住大众、高频、刚需，便是一个产品成功的开始，也是企业成功的开始。

很显然，商务通在那个时候就抓住了市场上的大众、高频、刚需。1998年，大多数人的手机最多只能存五十个电话号码，而且几乎都不能输入中文。那个时候的人，不管你是有钱还是有权，记电话的方式无一例外都是用各种各样的小本本。如果有一个小巧的可以随身携带的电子产品，能够存储一万个以上的电话号码，并且可以很方便地查询，那一定是大众的、高频的刚需。当然，张征宇在青岛展示给大家的产品还非常不完善，有很浓的工程师色彩。陶然又从一个消费者，尤其是傻瓜消费者的角度，提出了非常多的修改意见。

这是陶然做企业的一个特质，他总是亲自深入产品的第一线，并且把自己放到一个傻瓜用户的角度，随意摆弄这些产品，从中发现问题。关键是，任何产品到了陶然手里，他总能在前三分钟之内便发现非常关键的问题。

陶然说，道理很简单，因为开发者是按照了解产品、懂产品的思路来设计和使用产品，而自己是按照不懂产品、随意破坏的使用方式来使用产品，所以产品的BUG便很容易被迅速发现。陶然敏感的直觉也能让他直奔最可能出BUG的地方而去。这也许是一种天分。

青岛会议，是张征宇一次用心良苦的安排，他勾起了陶然对即将出生的产品的兴趣和信心，以及将它们推向成功的斗志。回到北京之后，张征宇又邀请陶然带着他的广告公司和咨询公司为即将上市的产品做整套市场营销计划。这是陶然的本行，也是陶然的又一个兴奋点。于情于理于公于私，陶然都不会拒绝。

于是，1998年春节一过，陶然便组织了陈良华、许志平、孙积慧等几个人成立了一个小组，自己亲任组长。张征宇对孙陶然的要求与期望就只是广告策划，但是陶然不会只做这些。陶然的营销理念是，广告只是最后的一步。广告涉及两个问题：说什么以及怎么说。怎么说，是最后的艺术升华，基础还是说什么。这才是核心，必须搞对。

往前倒的话，广告只是市场推广的33种手段之一，市场推广又是营销4P之一（分别是产品、价格、渠道、推广），营销4P的前提则是，目标消费者是谁，产品定位是什么。这里说一点关于营销4P的题外话。陶然认为，营销的核心就是4P。后来，很多人曾经鼓吹过4C或者6C，陶然认为，那都是狗尾续貂之作，虽无伤大雅，但是如果因为狗尾而丢掉了貂，那就大错特错了。虽然4P已经提出很多年了，"独特卖点主张"也已经提出很多年，但陶然认为，4P始终没有过时，任何其他发挥，都不能丢掉4P以及独特卖点。

1998年春天，在当时四达广告租用的小白楼别墅中，陶然小组开始了商务通策划。之前提到，虽然张征宇委托的是广告，但是陶然的习惯是，他只按照对的方式去做。陶然认为，张征宇的委托太局部了，要做好这个局部必须先从基础做起。都没有跟张征宇提及，陶然便自己给自己加码了。陶然决定，从市场研究和产品定位开始做起，做全套全案。商务通可能是当时中国民营企业之中极少数的在产品投放市场之前，甚至是在产品没有定型之前，就进行了完整的市场策划的产品。所以说，商务通的成功不是偶然，不是运气，而是如陶然所说，是做了对的事，并把事情做对的结果。

正如商务通成功之后，陶然接受采访时所言："我只是把教科书上讲的产品、价格、渠道、推广这4P都做对了而已。"这么说来，商务通的成功好像确实没有诀窍。但是，换一个人，他能做对吗？我想，那就未必了。归根结底，没有孙陶然，就没有商务通奇迹。这是一个不争的事实。

第二十二章

绝知此事要躬行

商业模式就是你如何赚钱，核心是四个问题：用户是谁？你卖什么给他们？怎么收费？怎么推广？本质上，经营公司就是做买卖，即做出一种有人愿意花钱买的产品，并找到一种方法把产品源源不断地卖出去，你如何做买卖就是你的商业模式。

——孙陶然《尽早验证你的商业模式》

在做商务通的全案策划时，陈良华曾经提出过一个"张先生"的概念：假设张先生是一个典型用户，大家去想他的年龄、职业、收入状态，以及作息习惯，然后再去定位产品特色、产品价格和产品的渠道推广方案。然后，再去思考如何触动张先生，如何说服他购买产品。当时，张征宇准备给产品取的名字叫乾坤PDA（个人数字助理），这个名字遭到了陶然的反对。陶然认为，首先，产品品类不应该叫PDA，因为那是厂商自娱自乐的东西，老百姓不知道是什么。给产品命名，通俗易懂为上，应该叫当时流行的掌上电脑，而且应该定名为全中文掌上手写电脑。

这样的定位一目了然，把产品的品类功能都涵盖了，消费者一搭眼，一听名字，就知道这个产品是干什么的，给谁用最合适。事实证明，这是非常高明的定位。当然，这也是现在市场上流行的产品品类命名方法。而孙陶然为产品命名的理论出台时，还是20多年前的1998年。他又一次走在了时代的最前端。

定位商务通

除了"全中文掌上手写电脑"的定位，陶然还给这款产品起了"商务通"这个名字。因为陶然认为乾坤这个名称不具备独特性，用在任何产品上都可以。而一款好的产品名称应该是朗朗上口好记易记，并且传达着产品的核心功能。

在确定商务通这个名字之前，陶然在自己的电脑上写出了一系列的名字：商务通、商灵通等，都是围绕商务功能。他自己最中意的是商务通。名字一提出，大家均拍手叫好。这个名字朗朗上口，非常好记，并且一看就知道是跟商务有关。"商务通全中文掌上手写电脑"，一个名字，一个后缀，把产品品牌和用途说得清清楚楚。

张征宇也认为商务通这个名字非常好，但是他担心名字因为涉及品类无法注册。陶然的脾气又上来了，他说，如果我们做不起来，商标能不能保护又有什么关系呢？如果我们做起来了，即使商标注册下不来，也总有其他方式把它保护起来。即便无法保护，李鬼毕竟是李鬼，如果李逵随处可见，李鬼自然也就没有了生存空间。更何况，如果我们做起来了，我们可以有更多的办法把商标注册下来！

这是典型的陶然务实风格，永远关注终极目标，永远关注本质问题。说做就做的人，不会做之前在细枝末节上纠缠。这个特点后来在更多的时候都被证明了。

陶然的判断是对的。他们首先用商务通文字和图的组合，在商标局申请了注册，进行了有限的自我保护。后来，随着商务通畅销全国，名闻天下，商务通的商标最终获批。产品的名称和定位确定下来了，剩下的就是价格、渠道和推广了。

在价格方面，张征宇提议，标价1980元一台。因为这个价格是当时物价条件下低值易耗品和固定资产的分界线。张征宇认为，商务通的主要购买者是通过公款购买。对于体制内可以公款消费的单位来说，2000块钱以上的实物消费就要列入固定资产。而不进入固定资产，在内部审批上就会减少很多麻烦。此外，当时的市场主流产品名人牌PDA也是1980元的售价。张征宇提议的这个价格，被小组一致认可。当然，在商务通上市四个月后，由于市场的热销以及希望投入更多的预算建立品牌，陶然提议把售价提高到每台2180元及2380元两种，而这个提价也并没有影响产品的销售势头。

这是后话。

最开始，1980元的价格是全国统一零售价。陶然还创造性地将这个价格打在了广告上。当然，现在大多数产品都是这样做的。但是在当时的1998年，这也开了一个先例。这又一次契合了陶然的个性。他从来不管惯例，只做自己认为对的事。每台1980元，这与当时的市场主力名人牌价格相同，但是商务通的性价比显然更高，竞争力也更强。首先，商务通的屏幕比名人大一倍，内存比名人大一倍，张征宇自己发明的百家姓查询方法升级版也被装入了商务通。同时，商务通还搭载了汉王公司最新版本的手写识别软件。所以，商务通的价格虽然跟名人一样，性能和用户体验却远远超出名人。

策划小组当时为商务通策划的第一个广告语就是"商务通，查电话只点一下"。而那时的名人PDA，查电话则需要点三下甚至更多。当然，早期的商务通也有劣势，就是外观丑陋、模具粗糙。这点确实无法和名人相比，但它的性价比已经足够秒杀名人。

在后来总结商务通的成功经验时，陶然曾经说过，商务通的成功是一个综合的成功，是一个方方面面创新的成功。他们在企业文化、产品、价格、渠道、推广等方方面面都做了创新，每一个创新都提升了公司和产品的战斗力。

当然，第一功臣仍然是产品本身。高性能价格比、强用户体验的产品是一切成功的基础。因为陶然坚信，产品是道，营销是术。产品不行，靠营销玩花活，即使有可能得逞于一时，也必不可长久。

颠覆式渠道创新

在渠道方面，陶然主导了重大创新。当时参加小组讨论的，除了陶然和陈良华、许志平之外，还有赵明明。小组之中，只有赵明明是懂PDA行业的。此外，包括陶然在内的所有人，都从未涉足这个行业。

赵明明介绍了PDA行业的特点，陶然发现这个行业突出的特点是：

都是小老板在做。每个人圈的地盘很大，也都做了很久，但都没有做大。一个注册资金只有20万甚至10万的夫妻店，都会拿下一个省的代理。大家的销售方式基本上是见利就走，俗称"串货"。每个代理在全国都发展了很多小伙伴，只要要货，在进价基础上加50块钱就发给你。甚至有些货，代理商在订购之后直接告诉工厂：不要发到我这里，发到某某处即可。

代理商的生存状态也极为尴尬。当时名人的江苏省总代理是陶然原来在四达集团的老同事，陶然曾经问他企业状况如何，对方回答：每年都在盈亏平衡点上挣扎，好的时候赚十几万，不好的时候赔几万。

在陶然看来，如果一个省的代理商都是如此的生存状态，这样的渠道可谓毫无价值，也毫无意义。陶然说，每到这时，他思维中的那些朴素的逻辑和常识就会起到作用。陶然觉得，既然每个代理商实力这么小，为什么要给他这么大的地盘呢？这不合理。何不给每个代理商一个小地盘？如果将他的代理区域缩小，他就可以集中精力耕好自己这块地，而不是到处批发和串货了。

陶然认为，代理商把产品批发出去没有任何的价值，也不是他的职能所在，只有把产品卖给最终用户才有价值，才是一个代理商该做的事。代理商应该集中精力把产品卖给自己代理区域的最终用户，为了卖给用户，就必须投放广告进行市场教育。PDA行业多年以来的那种厂家不做广告，代理商也不做广告的苟延残喘状态，更加需要推倒重来。与其苟延残喘，不如放手一搏。

陶然决定，商务通要改良代理商队伍。这个产品是大众高频刚需，陶然预测，从1999年开始，这个行业就要迎来它的市场爆发期了。这个时候，必须抢先做好市场投入。营销学上曾经统计过，后来者要挑战市场领先者，投入至少要是领先者当年投入的3～5倍，而成功率只有30%不到。

陶然说，商务通如果作为第一个在市场上大规模投放广告的PDA产品进入市场，就一定能成为新的市场领先者。而要做到这一点，朴素的逻辑是：必须要求代理进行市场投入，把力气花在把产品卖给最终用户上面，并鉴于代理商的实力以及深耕细作的需要，缩小代理商的代理区域。如此，同时采取市场保护措施，形成一个谁播种谁收获的市场环境。

赵明明提到，行业的惯例是代销制，多年以来都是先给货，代理商卖完货再给钱。陶然认为这是个非常不好的做法，因为压力全在厂商身上，代理商则做得太舒服了。陶然提出，商务通要采取经销制，先付款后发货。于是，先款后货的小区域独家代理制的渠道政策在陶然的倡导下，被确立为商务通的渠道政策。

先款后货的方案在跟张征宇等人讨论时，曾经遇到了很多质疑。因为那些PDA行业的行家里手都认为，这不符合行业现状。整个行业都是厂家尽可能多地发展代理，而代理靠批发走货走量。陶然却提出了这样一个全新的模式，能行吗？

陶然非常坚持。在陶然看来，PDA行业代理商这么多年半死不活的状态，恰恰说明了原来的模式是错的。商务通走新的模式还有可能成功，但是如果走旧的渠道模式，将是死路一条，这是没得选择的选择。

这和陶然在蓝色光标上市事件上体现出来的性格特质完全一致：既然缩头是一刀，伸头是一刀，那我就把头伸出去死命一搏！死也要死得轰轰烈烈，何况还有相当大的生机呢！

后来，在《创业36条军规》中，陶然写道：唯有创新才能创业，创业者必须敢于突破常规才能成功。因为所谓的常规，就是先来者的成功经验，后来者要挑战领先者。使用领先者的套路显然没戏，只有改变套路才有机会。

陶然最终说服了大家。后来，商务通的先款后货和小区域独家代理制成了商务通成功的最重要法宝之一。同行从一开始的不屑一顾，到后来的看不懂，到最后的想学却发现这个方式非常艰难，根本无从学起。

一方面，是他们想学的时候，商务通在市场上已经遥遥领先，并把渠道中最强大的资源都吸纳走了。1999年商务通进入市场，第一年销量即达66万台，是整个行业过去10年销量总和的3倍。

另一方面，行业的老玩家们，由于渠道已经根深蒂固，各种利益相互纠缠，代销制、大区域以及批发串货已经成为渠道基因，想改成与之完全相对立的商务通模式，比把渠道推倒重来还难十倍。

有人说，陶然敢于坚持先款后货的小区域独家代理制，是因为他是行业的局外人，没有条条框框，所以敢干。这当然是一个方面的原因，但我认为，除此之外，还有两个原因也很重要。一个是我一直提到的陶然朴素的生存逻辑：与其循规蹈矩去死，不如放手一搏求生。这一直是陶然深入骨髓的信念。还有一点，就是陶然的哲学认知。他认为天下之事，本质上都绕不过"原理"的内核，而人文学科最高深的原理和自然科学最高深的原理是相通的。这些原理就是普世价值和我们之前数次提到的逻辑和常识。"凡事不合逻辑必有问题，超越常识就是骗局"，这是陶然的经典语录之一。那么反过来，凡事只要按照逻辑和常识去做，就会做对

载入广告史的经典案例

当年商务通在推广方面的创新令人印象深刻，尤其是广告创新。至今，很多消费者和当年的亲历者记忆犹新。至今，这仍然是一场很难被超越的商业奇迹。商务通的广告模式是在电视垃圾时间长时段播放海量广告。在当时乃至现在，一般的电视广告都是15秒或者30秒，在中央电视台这种大媒体

的黄金时间进行投放，如当年的孔府家酒、爱多VCD等。不过，对于陶然这种完全不教条，甚至是对教条深恶痛绝的人来说，凡事他都要用自己的大脑来分析再做决定，绝不会人云亦云、别人怎样他也怎样。

商务通的用户群很明确，用陶然的话来讲，就是有钱的、有权的，或者既有钱又有权的这批人。在1999年那个年代，掏2000多块钱去买一个并非必需品的商务通随身携带，还是一件相当奢侈的消费。毕竟，在那个时代，一台彩色电视机也不过两三千块钱一台而已。所以，商务通的用户群注定是这三类人。

这三类人，陶然认为，他们根本不可能在晚上七点这样的黄金时间待在家里，按照常规逻辑判断，他们要么是在外面吃饭，吃完饭可能还要出去唱歌喝酒，要么是在工作，回到家里都是半夜十一二点。而这时候，这些人的亢奋状态都还没过去，必然不会马上入睡。那个时代没有智能手机，没有移动互联网，也没有电脑游戏，大家最主要的家庭娱乐方式仍然是看电视。而深更半夜看电视的人，很少有人会固定看某个频道，通常他会不断地调台寻找自己可能感兴趣的内容。所以，如果广告商选择在半夜播放广告的话，其实放在哪个台并不重要，只要广告足够长、频次足够密集，让他们在调台时能够看到即可，看到了能够被吸引即可。

对于商务通这个产品来说，它的优势很明显。只要能把它的性能讲清楚，就一定会有人来买。也必须要讲清楚，别人才会来买。瞄准受众以及他们看电视的方式，是陶然开辟的用户分析模式。这个用户分析模式，当是彼时大数据的一个萌芽。因为那个时候，还没有硬件可以对用户进行数据分析，只能靠社会调查和人性观察才能感知用户、了解用户。

当时，还有一个真实的故事，坚定了陶然的判断。陶然甫一筹组商务通，就想拍摄电视广告。他绞尽脑汁地想，该找谁来帮自己拍。然后，他想起自己认识的北京电视台的一位主持人，他好像对电视广告比较熟悉。但因为已经多年未联系，陶然已经找不到这位主持人的电话了，不过他还记得当初是一个叫张羽的哥们儿介绍他认识的这位主持人。

张羽，当时是中央电视台《东方时空》节目主持人，也是央视许多大型直播节目的主持人，著名媒体人，陶然的师弟，在大学时就与陶然熟识，是陶然九兄弟之外的兄弟。

陶然于是打电话给张羽要那位朋友的电话，张羽顺口问了一句什么事儿，陶然说，自己要推出一个产品，想找那位朋友帮着拍一个广告。张羽就说，这事你找我呀！我这儿有专家。陶然喜出望外，约了张羽马上见面。张羽带来了他的一位哥们儿，朱波。

朱波，我的前同事，一起共事20年。央视《感动中国》品牌节目的总制片人，中央电视台新闻评论部著名策划人，名副其实的策划大师。安静地看完了产品演示之后，朱波说，这是个好东西。没问题，我来帮你写广告创意。张羽说，我来帮你找人拍摄。

没几天，朱波把写好的广告词拿过来了，并且告诉了陶然一个故事。当时朱波还不会用电脑（不要鄙视他，那时候电脑还是专业人士手中的工具，对于普通人来说，不会用电脑非常正常），所以在创作的时候，是用纸笔写的广告文案。不过，为了表示对陶然的尊重，在纸上手写完成后，他让中央电视台的一位打字员小姑娘帮助自己用电脑打了一遍。结果。小姑娘打完文案便问朱波：这东西多少钱一台？在哪儿能买到？

就是这个故事，坚定了陶然的判断。陶然更加确信，商务通的广告一定要仔细详尽。只要能跟人介绍清楚产品，别人了解了产品的各个细节之后，就一定会买。

而朱波写出来的文案，最后做成的便是那个后来十分著名的广告——

在一阵霹雳闪电之后，陈好和李湘铿锵有力地发问："你还在使用翻得破烂不堪的电话号码本吗？"

现在，这已经成为中国广告史上的一个经典案例。

第二十三章

试玉要烧三日满

任何时候，做好规定动作才谈得上自选动作。做好规定动作是第一位的，规定动作做好了没有自选动作，八十分；把规定动作做好了还能够做好自选动作，一百分甚至一百二十分；如果规定动作没做好，自选动作做得再好也不到六十分。这就是规定动作和自选动作的关系，对于绝大多数企业在绝大多数情况下，规定动作都是执行力，创新力是自选动作。

——孙陶然《管理必须有一点小苛刻》

好的产品自己会说话。好的产品只要让用户有机会见到，搞清楚它是干什么的，用户自己就会产生共鸣。商务通就是这样的一个产品。张征宇和孙陶然都认为，只要面对面地给对方演示清楚这个产品，目标用户里百分之八十以上的人都会当即掏钱购买。现在的问题是，如何用最快的速度让潜在用户把产品了解清楚。

陈好代言

陶然提出，用形象代言人的方式拍摄电视广告。而且，还必须用美女。美女的亲和力强。如果一个美女用长达十分钟、类似于电视购物的方式，给你详细讲解这个产品是干什么的，怎么使用，用户很可能会听进去。商务通的目标客户大都是那个年代的成功人士，男性居多，对于美女的广告代言接受力更强。陶然决定使用美女形象代言人拍摄长时段电视广告。

他选中的第一任形象代言人叫陈好。是的，就是后来红遍大江南北、出演《粉红女郎》的影视明星陈好。当时的陈好，还是中戏大一的学生。她被发掘背后，有一段非常有趣的陈年故事。

最早帮陶然选形象代言人的是高晓松。陶然与高晓松的相识始于很久之前，由太合传媒董事长、太合百度音乐董事长钱实穆引见。钱实穆是陶然的大学同班同学，是当年陶然班里被大家戏称为"东北四虎北京狼"中的"北京狼"，是陶然九兄弟之外的兄弟。

钱实穆与高晓松很要好，要好的程度可以参考朋友间的传闻，说钱实穆就像高晓松的妈，高晓松的任何事儿钱实穆都管。而很多人不知道的是，孙陶然和钱实穆，彼此也是什么事对方都会管的关系。这就是大家现在俗称的"好基友"了。

好基友之间自然是无话不谈，无时无刻不在相互牵挂和相互帮助。最初毕业那几年，孙陶然和钱实穆等小伙伴在一起消磨了大把时间。陶然的第一笔意外之财也是跟钱实穆合作，在中关村一条街一起卖了一台电脑，当时每个人赚了几千块钱，相当于陶然当时一年多的工资。这笔意外之财，也就是陶然刚结婚时，那台平面直角21遥彩电的资金由来。

听说陶然要请广告代言人拍广告，高晓松就自告奋勇地说，我帮你去选。他当天就去了电影学院，找到熟识的朋友，约见了一批电影学院的学生。因为商务通刚刚起步，陶然说还请不起大明星，请那种好看有气质的美女就行。那时，刚刚起步的商务通还没有开始销售，陶然手里连着公司开办带市场投放，只准备了200万元。

关于商务通起步阶段的资金匮乏，还有一些故事可以讲述。这些故事背后，大家同样可以窥见陶然的性格、气质和行事风范。

最初，商务通的筹备地是在陶然的福地——友谊宾馆苏园。与此同时，陶然还亲自挑选了紫竹桥西边的青东一号院九层作为恒基伟业的总部。在装修好搬进去的第一天中午，陶然请全体员工吃了一顿饭。

当时，恒基伟业员工加在一起还不到30人。吃完饭之后，大家回到公司开第一次全体员工大会。吃饭的时候陶然喝了一点酒，下午就借着酒劲儿给大家描绘了一通使命、愿景和价值观。尽管公司刚刚起步，但是在陶然心目中，这将是一个伟大的公司。之所以伟大，不仅是因为7个创始人被称为黄金组合，还因为陶然骨子里那份与生俱来的自信。

陶然借着酒劲讲完话后，便请员工发言。当时的财务部经理是一位开朗直率的女性，口无遮拦，站起来就说："请大家一定要相信咱们公司真的是一个好公司！孙总真的是一个好老板！公司账上本来一分钱都没有，根本发不出工资，今天上午公司收到了一笔货款，孙总就马上跟我说，就用这笔钱先给大家发工资……"

大家听完可谓五味杂陈，陶然则是哭笑不得。这确实是当时商务通窘迫状况的一个真实写照。尽管如此，广告必须投入。

在陶然内心深处，钱从来都是挣出来的，绝不是省出来的。没有钱，广告代言人就选艺术院校的在校生好了。高晓松从北京电影学院带回来一堆照片，堆放在陶然的办公桌上，让张羽和陶然一起挑选。张羽认为这些人都不行，于是他自告奋勇，再次前去寻找。

当晚，张羽去了中央戏剧学院。在那里，他遇到了跟高晓松一样的问题：一样找了自己熟识的朋友，一样约见了一批被推荐的学生，一样一个都没中意。张羽失望地准备往回走。就在校园门口，他遇到了一位正从校外走进来的女孩儿。这个女孩就是陈好。

陈好当时刚刚上大一，在回校的路上与张羽不期而遇。张羽眼前一亮，立刻拦下陈好说明来意，并带回了陈好的照片。第二天，张羽将照片拿给陶然和朱波看，两个人都觉得不错。陈好便由此签约，成为商务通第一任形象代言人。

签约后，陈好便拍摄了十分钟的商务通电视购物广告。广告播出后，效果奇佳。那一年，她才十八岁。从某种程度上讲，这条全媒体覆盖的广告也成就了陈好，让陈好一夜之间家喻户晓。

李湘、濮存昕锦上添花

初战告捷。按照陶然一旦撕开战场的口子就迅速扩大战果的理念，商务通很快又签了李湘和濮存昕作为形象代言人，并将广告做到了中央电视台。

说到签约李湘，更是非常偶然的一件事。恒基伟业成立后，陶然担任董事和常务副总裁，并主持公司的经营。除了研发、生产以及财务之外，所有的事情都是他管。而这时的赵明明则担任副总裁，负责北京和上海分公司。范坤芳任副总裁，负责市场。宋建元担任分管财务的副总裁。冯庆宇分管研发和进口。李明继续担任办公室主任。

没过多久，赵明明就找到陶然，说这样不行，老范一个人负责全国市场，根本就顾不过来，渠道拓展速度太慢。陶然也发现范坤芳做事太过文质彬彬。赵明明提议，把全国分成南北两个大区，由他和范坤芳各管一个大区。陶然认为可行。这样既可以加强落地力量，又可以让两个大区相互竞争、彼此促进，同时也可以赛马中识马，可谓一举三得。于是，他张罗召开了总裁办公会，张征宇也同意划分大区，在会议现场，大家当场就把全国分成了南区和北区，将大区经理分别归属两个人管理，并制定了各大区的销售指标。

会议结束时，赵明明跟陶然说，以后市场推广就是南北大区的事儿了，你在总部管好品牌推广就行了。这句话，让陶然突然意识到，这样下去可能会产生一种危险，用不了多久，总部就会被架空。两个大区很可能形成诸侯割据、各自为政的局面。

以陶然的风格，他当即说出了自己的担心，并提议重新划分，将全国重新划分成三个大区，赵明明和范坤芳各管一个大区，陶然自己也管一个大区。大家觉得无可无不可。于是，他们又重新把全国划成三个大区，因陶然还要担负总部的运营及全国的品牌推广，范坤芳和赵明明很绅士地提议，把最成熟的东三省加上几个比较成熟的，同时陶然也熟悉的省份组成中区，由陶然分管。陶然挑选的省份包括福建、湖南和云南这三个省份。

后来的事态发展证明，分成三个区是明智的决定。陶然直接分管了一个区，通过直接了解一线情况，让自己在管理和销售上更加接地气，同时，也能够更顺畅地把自己的一些想法部署下去做试点，得出结论后再在全国推广。

而这，也是后来陶然着力倡导经营上必须先打样再复制，打样必须一把手亲自抓，管理上不允许有只管人不管事儿的干部，不允许干部空对空的原因。再后来，陶然在管理上一直坚持团长必须兼主力营营长，营长必须兼主力连连长的方法，其道理也一脉相承。

商务通开始招商时，陶然还规定，PDA行业的代理商一个都不要。在陶然看来，洗脑不如换脑。这些人根深蒂固的串货思路以及滚刀肉老油条的习性不是他所需要的。所以，他给大区经理们的指示是，带着准备好的商务通启动包杀奔各地，每到一地首先买下当地所有的报纸，通过报纸广告寻找当地最活跃最有实力的销售企业，从中发掘商务通的代理。但是，绝不允许从原来的PDA行业当中寻找商务通代理。不过后来，依然有一些有远见的行业内代理商想尽办法挤进了商务通代理商的行列。

这其中，拿下湖南长沙代理权的杨亚斌就是PDA行业的老代理商。但是他思维活跃，长袖善舞，与赵明明和范坤芳很早就熟识。他最早发现了商务通的商机，并完全按照商务通的条件签下了长沙代理权。签约后，他又来到北京，通过赵明明约陶然吃饭。吃饭期间，杨亚斌力邀陶然在方便的时候，到湖南"视察"指导工作。

当时，湖南卫视才刚刚上星。全国的观众看到《快乐大本营》这样的节目都眼前一亮，主持人李湘青春朝气的风格也开始走进了大家的视野。陶然于是开玩笑地说："你能把李湘请出来一起吃饭，我就去长沙！"事实上，这真的不过是陶然的一句推托戏言。没想到半个月后，杨亚斌真的给陶然打了电话，说已经约好了李湘，欢迎陶然周末来长沙现场观摩《快乐大本营》。

既已有言在先，哪怕是戏言，陶然也要践行约定。陶然当即安排周末去了长沙。杨亚斌也确实约到了李湘。饭桌上，陶然提出请李湘做商务通的第二位形象代言人。这对于李湘来说，是一个新奇的提议。在这之前，她还从来没有拍过电视广告。李湘说，自己要好好想一想。没过多久，李湘就成了商务通的第二位代言人。

邀请李湘的时候，已经是1999年的4月。这时的陶然正在准备实施商务通的第二阶段推广计划。那时，商务通已经初步打开市场，成功在望，一方面准备提高销售目标，另一方面也准备提高产品售价。同时，他们还在计划要去中央电视台投放广告。

上央视的建议，是张羽和朱波看到商务通出货量和零售量节节攀升后提出的。中央电视台不仅是一个投入产出比高的媒体平台，也不仅是有着巨大影响力的媒体，更重要的是，中央电视台代表着一种背书和认可。能够在中央电视台打广告的产品，消费者会认为，这一定是行业领先者，一定是被大众认可的产品。陶然从善如流，于是就有了邀请李湘的举动，以及李湘拍摄蹦极篇广告的创意。

1999年5月底，商务通广告正式登陆中央电视台。《晚间新闻》之后的黄金时间，中央电视台第一次出现了掌上电脑行业的广告。广告语变为"呼机手机商务通，一个都不能少"，展示的方式则是李湘从高高的蹦极台上一跃而下。

商务通的第三位广告代言人是濮存昕。1999年下半年，商务通已经在市场上取得了辉煌成功，一年卖了所有品牌过去十年销量总和的3倍。陶然那时的想法是乘胜追击。张羽的想法与陶然不谋而合。

于是，面向2000年，他们一同策划了几件事：

一、1999年12月31日，是千禧年的跨年之夜。中央电视台进行了史无前例的跨年直播。商务通买下了贯穿直播的广告。直播时，商务通的广告插播了几百次，让全国观众在迎接千禧年的同时，时时刻刻与商务通相伴。

二、恒基伟业核心骨干及代理商几百人在三亚召开公司年会。在张羽和陈好的主持下，商务通的旗帜插遍了天涯海角。

三、2000年，商务通最先冠名赞助了光线传媒的《光影星播客》栏目——这也是王长田创业的第一个项目。

商务通的冠名对光线传媒的起步起到了很大的作用。多年以后，光线传媒已然上市，风光一时无两，王长田遇到了孙陶然，他还主动感谢当年创业时商务通的投放对他们的发展起到的作用。

四、在黄健翔牵线之下，他们赞助了四川全兴足球队。四川商务通足球队的标志出现在了中国甲A足球联赛的赛场上。那时，甲A联赛还是中国顶级足球赛事。

五、陶然他们又一起策划了一部长达两分钟的电视广告片，其主题是："成功的足迹，呼机手机商务通，一个都不能少。"这部广告片由濮存昕和李湘出演，完整地讲述了一对年轻恋人奋斗和成功的故事。

两分钟的广告片投放在中央电视台黄金时间，这在中央台的广告播放史上也属首次。与濮存昕和李湘的高知名度相互辉映，商务通的影响力又一次大幅上升。

陶然他们策划的这一切，目的都是抢占品牌的制高点。

垃圾时间的价值

以"做对的事情并把事情做对、做精彩"为初心的策划方案的实施，让商务通的品牌牢牢地占据了中国消费者的内心。这些创意，即使在今天看来，也依旧精彩绝伦。这之后，太多的广告创意和拍摄手段以商务通为榜样，相似之作纷纷登上各个电视台的荧屏。被仿效得最厉害的一招，则是商务通起家的法宝：在各类卫视、各地电视台垃圾时间投放长时段电视广告。

所谓的垃圾时间，指的是晚上十一点以后至早晨七点钟之前，以及下午时段。这些时间，是当时广告主一般不会选择的时段。当时的电视媒体和现在的24小时播放模式完全不同，绝大多数电视台都是择时播放节目，相当一部分电视频道只有三分之一时间有电视信号。所以，垃圾时间的广告售价非常之低，而这些时间，恰恰是商务通潜在用户收视的"黄金时间"。当时，陶然提出了一个理念——买下低价格的广告时段是代理商的核心能力，并以此作为是否授予代理权的标准之一，代理商必须加以重视。

商务通启动包中要求的，是最低每天5次，每次10分钟的播放体量，同时，还要买断全年。所以，他们当时购买的广告时间非常便宜，基本上每分钟广告的价格都只有一两百元，其中最便宜的每分钟只要两块五毛钱。

另外，除了直接用钱去买，各地代理商为了拿到广告时段可谓八仙过海，各显神通，其中有些方式简直令人难以置信。例如，吉林省某一地市的代理商跟当地电视台谈广告，但当地电视台说，没有那么多广告时间。代理商说，这好办，你们每天晚上晚关机二十分钟，每天早晨早开机二十分钟，把全年的这些时段都给我即可。之前说过，当时的电视台并不是二十四小时播出。部分地市电视台在每天晚上十一点半就结束节目关机了，晚关机二十分钟和早开机二十分钟，对电视台来讲是一个没有成本的行为。

当时的那位代理商，用一辆二手轿车就置换了一年的广告时段。而且，每天播出的时长有五十分钟之久。

这些海量投放的广告，让商务通家喻户晓。因为精准地考虑到了目标受众的特点，所有的广告都是在目标受众熬夜、早起，或者是下午闲来无事的时候播出。商务通的创举还在于，电视广告播出的时候，电视画面的下方一直挂着销售电话，看到的用户可以直接打电话订购，送货上门。这个行为你可能觉得没什么新鲜的，现在的所有广告貌似都是如此。但是，在当年商务通广告出现之前，鲜有广告商如此而为。

当年，商务通送货上门速度之快更堪比今天的快递小哥。河南的代理商老总是个女老板，她的私家车是一辆崭新的尼桑。偶尔，美女老板还会开着自己的私家车去送货。这不禁让那些下单购买了商务通的客户目瞪口呆。

看到以上种种，也就不难理解，陶然为什么会说商务通的成功经验很简单了。他的确只是按照教科书上的说法，把产品、价格、渠道和推广，这每一桩每一件，都做对了而已。不过，话虽然说得简单，做到其实非常难。因为这其中需要的，是对目标用户的深刻洞察，以及不教条、不按部就班、不因循守旧的创新性思维。

行业的惯例未必是对的，同行的做法未必是对的，只有盯着自己的终极目标，按照朴素的常识和逻辑自己分析判断，才能在产品、价格、渠道、推广等每个方面都做出正确的选择。

当一切对的选择都被好好地做对了，成功便成了理所当然。

第二十四章

我花开后百花杀

打样的核心原则是一把手亲自打样。道理很简单，打样是找路的过程，找路是天底下最难的事儿，每一个路口都需要判断向左还是向右，每一个沟沟坎坎都需要逢山开路或者遇水搭桥，如果判断错了或者找不到开路、搭桥的方法，就是此路不通，如果找到了方法，就找到了正确的通路。而这每一个判断和行动，都和经办人的水平密切相关。如果经办人水平低，很可能就走不通此路，如果经办人的水平高，很可能就走通了，差别就是如此天上地下……

——孙陶然《不亲手打样就是渎职》

1998年12月18日，在北京香格里拉饭店，陶然主持召开了商务通的产品发布会。当时，近百名京城名记到场。而这些人，都是陶然过去几年耕耘《北京青年报·电脑时代》和打造四达广告系时结下的人脉。

陶然在上面讲解，记者朋友们在下面试用。但是，意外出现了。突然，有人喊道："陶然，我的商务通死机啦！"接着，又有人喊："陶然，我的也死机啦！""还有我的！""……"声音此起彼伏，场面瞬间有点尴尬。

事实上，发给记者们的产品，还是前一天陶然让人反复测试挑选过的。但是，没想到现场依然如此。陶然后来说，产品质量确实是商务通遇到的第一个坎儿。对于所有硬件公司来讲，都必须先要迈过这个坎儿。

陶然当即告诉大家：请勿大惊小怪，之所以出现这种情况，是因为给你们的是测试版！你们既是小白鼠也是第一个吃螃蟹的人，而工厂正在测试更高级的版本。等到投放市场的时候，一切问题都将得到解决！典型的陶然风格。

所有沟通都是逻辑和理念的沟通

在陶然看来，所有的沟通，都是逻辑和理念的沟通。沟通的第一步，是建立人和人之间的信任。第二步，是让对方接受自己的逻辑和理念，尤其是逻辑。如果对方接受了你的逻辑，自然会得出你的结论。如果一直各说各的逻辑，那么双方将永远不可能达成一致。所以，任何时候，陶然都是先给出理论，再谈及事实。这种方法屡试不爽。

这一次，陶然给出的，不是产品死机是不是质量问题，以及是什么质量问题，而是一个理念：你们拿到的是测试机，任何新的电子产品都必然会有软件的bug，厂家都在不断升级，问题正在解决之中。陶然试图建立让记者们与自己达成一致的逻辑理念。

那些谙熟电脑的记者们一听，马上频频点头称是，反倒觉得，陶然的产品还没有最后成型，刚刚问世就让大家尝鲜，是对大家的重视。陶然经常这样通过理念和逻辑，把坏事变成好事。这也应该是领导者需要掌握的一门本领。

商务通初期进入市场时，方方面面都处于劣势。但是这并不能让陶然胆怯或者退缩。面对那些实力雄厚或者资历很深的桀骜不驯的代理商，29岁的陶然站在台上，展示的是一副胸有成竹的样子。此时，他给大家讲的仍然不是产品和进货量，而是一个理念：

只有在行业爆发前夜进入一个行业，才能够赚取暴利。现在，PDA行业就处于爆发前夜，未来的赢家一定是商务通，能否抓住商机就在你的选择。客大欺店、店大欺客是中国人的传统陋习，我保证，未来商务通的店变得多大，都一定不欺客。所以，请你们现在，客大也不要欺店！

很多人说，成功是需要气场的。陶然就是那种自带强大气场的人。想象一下这样的画面：在1999年2月召开的张家港代理商会的舞台上，年仅29岁第一次执掌产品公司的陶然，站在一群年纪比他大、身价比他高，在商场上摸爬滚打了多年的代理商老板面前，以一副成竹在胸的样子侃侃而谈，而他所执掌的不过是一个刚刚成立，甚至没有钱发工资的名不见经传的公司，产品还带着各种bug。

正是这样极具违和感的画面，叠加在一起，成就了后面的孙陶然和商务通。关于商务通到底能不能叫全中文掌上手写电脑，在当时也有一个故事。PDA的鼻祖是苹果公司早年的一款产品，当时被命名为牛顿（Newton），但牛顿注定是一个半成品，并没有在市场上推广开来。

1999年，美国惠普公司推出了一款搭载微软Windows CE系统的掌上电脑Jonata，被业界戏称为"猪拿它"。Jonata价格昂贵，而且Windows CE系统并不符合中国那些高端消费者的使用习惯。因为其最强项的功能是日程管理，并且实现了和电脑中的日程管理同步，不过这是欧美人日常需要的，而非中国人的日常最需要的。

陶然讲过一个故事。那个时候，他的大学同学赵欣舸要从美国回国探亲，他给陶然发了一封邮件，问陶然能不能约一下三个月之后的某天一块儿吃个饭。陶然只回了一句："滚！"在陶然看来，提前三个月甚至更久确定自己的日程表是欧美人的习惯；而中国人的随机性很大。提前一天约吃饭就已经是邀请了，很多情况下，基本上都是当天告知。

惠普的掌上电脑功能是很强大，但你之蜜糖我之砒霜，日程管理以及可以与电脑的日程管理同步这些强大功能，是欧美人的刚需，但绝不是中国用户的刚需。

而商务通恰恰相反。这个产品的主打功能——查电话和手写记事簿，正是当时中国人的诉求。商务通在1999年卖了66万台。据说，就在当年年底，惠普的Jonata事业部召开了一次内部庆功会，庆祝出货量超过1500台。这个数字，大概只是商务通不到一天的出货量。

所以，有一次记者采访陶然，说Windows CE才是掌上电脑的标准操作系统，Jonata才是掌上电脑的标准，商务通不是。陶然只是用他那惯有的平静语气回答：如果我占有市场的百分之九十九，你占有市场的百分之一，那你说，到底我是标准还是你是标准？如果你一定要说你是标准，OK，那好吧，你拥有标准好了，而我，拥有市场。

真正的标准，永远是经过市场检验而得出来的。被市场接受的标准，才是真正的标准。话虽这么说，其实，刚开始的时候，陶然也有点含糊，因为他不确定，能否把商务通称为"全中文掌上手写电脑"。为此，他还特地问了张征宇。

张征宇肯定地回答：商务通搭载的是当时最先进的ARM公司的龙珠CPU（就是现在主流智能手机都选用的ARM，商务通早在1998年就选用了），同时，商务通具备操作系统，拥有电脑的一切特质，绝对可以被称为掌上电脑。

先打样再推广

在梳理陶然的每一段创业历程的过程当中，我逐渐了解他的方式方法。如果说，别人都是顺时针跟着人群往前走，那么他走的就是一条逆时针的路。他跟别人总是不一样。一样很容易，不过，常常会流于平庸。不一样很难，因为你逆着行走时，会不断经历阻挠、碰撞，迎接审视和排斥的目光。逆的背后，需要有胆略的支撑，以及内心的强大。

商务通的成功，还有一个重要的因素，就是先打样再推广。这也和陶然多年以后在拉卡拉五行文化之中提出的"管事四步法"深度吻合。

打样是东北口语。在我们东北，原来都是手工做鞋子，做之前要先做鞋底，做鞋底时要拿一张白纸把脚的形状画出来，然后贴在鞋底照着做，这样做出来的鞋一定是最合脚的。这就叫作打样。

在工作中，打样就是试点。先找一个局部试试看，看预想的方法行不行。如果行，再总结出操作手册全面推广。打样既是验证方向方法，也是树立榜样样板。有了方法，有了榜样，其他人也就有了学习和努力的目标。

陶然同时强调，打样时必须一把手亲临前线指挥，以便提高打样的成功率。毕竟打样的目的是为了验证我们的方法成立，而不是为了验证此路不通。商务通投放市场后，陶然和赵明明、范坤芳有意识地选了几个地方重点关注，把它们当作试点，测试陶然组织策划的商务通启动包中给出的推广模式是否成立，这就是商务通营销过程中的打样战略。

当时参加试点的是三个地方：一个是当时赵明明分管的哈尔滨，一个是郑州，一个是范坤芳自己的公司所在地济南。哈尔滨的代理商是行业内的老人，虽然思维活跃但还是有些迷信老方法，一直以报纸广告为主，效果一般。郑州也是从报纸广告开始，但是发现效果没有预期的好之后，很快谈下了电视广告，投放了十分钟的陈好篇，并且在播放时一直滚动订购电话字幕。这个尝试果然收效显著。郑州方面于是加大投放力度，很快打开了市场。在陶然看来，广告是一个投入产出的问题。如果投放一块钱广告能够赚回来一块钱以上，就可以投放十块钱，如果还能赚回来十块钱，就要再投放一百块、一千块。

开始的时候，随着广告投放量的加大，投放产出比一定会持续提高，直至投放一块钱挣回来两块甚至五块。但投入产出比会有一个饱和点和拐点，到那时候，就要停止增加广告甚至逐步减少。这是广告销售的理论基础，也是陶然在广告领域摸索和实践总结出的规律。

不经意间，陶然发现，一个大家都没有想到的地方——江苏张家港冒出来了。当时的张家港还是一个不通火车、不通飞机、人口只有二十万的小城市。但按照商务通启动包的要求，张家港的代理商老老实实地购买了广告时间，布放了专柜，结果一个多月之后，居然卖出了768台。

这说明了什么？首先证明了代理商不靠串货而是通过打广告把货卖给最终用户的方式是可行的。其次，它证明了商务通启动包中策划的产品、价格、渠道及推广方案是可行的。第三，它证明了代理商专注在零售上利润可以达到最高，甚至是暴利。

当然，除了张家港，郑州的数据也非常不错。一起创业的七个小伙伴都非常兴奋。陶然还提出，要在张家港召开全国代理商大会，推广张家港模式。之所以没有选择销量更大的郑州，也没有叫郑州模式，陶然是想借此告诉所有的代理商，如果张家港能成功，全国就应该都能成功。因为，按照张家港这样一个不通火车不通飞机的小城市能够一个月卖出700多台的销量计算，那些省会大城市每个月可以卖出多少台？想想就让人兴奋。

这时候，张征宇的理科思维发挥了作用。他列出了全国400多个主要城市，列出了每个城市的人口数、人均收入数、手机保有量以及GDP数，以此作为变量，以张家港和郑州的销量为基数，计算出如果都达到张家港和郑州的效果，每个城市每个月应该能达到的销售平均值。

陶然非常认同，并将之命名为理论销量。理论销量的意思是，如果你按照张家港模式做了，理论上你能达到的销量。理论销量的提出非常重要，因为它给了恒基伟业的市场队伍，以及代理商一个明确的目标。目标就是指挥棒，会指挥着大家向着这个目标前行。更何况，张家港和郑州已经做到了。榜样的力量是无穷的，有了榜样，下面的代理商就有了努力的方向，管理层也就有了提要求的依据。

1999年2月26日，恒基伟业在张家港召开了商务通第一次全国代理商大会。陶然要求把全国所有正在洽谈，有意向，但尚未签约的代理商全部请到张家港。

当时，张家港还不通飞机不通火车，大家都需要先到南京，再坐汽车抵达。在南京时，陶然特意向当地代理商提出，自己想去看看中山陵。陶然是有着浓厚的历史人文情结的人，每到一个国家一个城市，参观当地的博物馆几乎是他的保留节目。孙中山对中国近代史的影响毋庸置疑，既然来了，陶然一定要去拜谒。之所以提及这个细节，是因为多年以后，陶然加入了民革，并且担任了中央经济委员会的副主任。

已经签约的和有意向的代理商们都被请来了，陶然亲自主持会议。在会议上，陶然拿着他自创的产业爆发前夜、做出对的选择是成功的一半，以及客大不欺店、店大不欺客等理念，做了一次慷慨激昂的演讲。十几年前东北师大附中的演讲与口才选修课成就了陶然的好口才，他的好口才，又在此刻成就了商务通产品的一次大爆发。范坤芳和赵明明则组织了大家对张家港模式的学习。之后，会议还安排了舞会和酒宴。

从酒品看人品

喝酒，是陶然体系的一种文化，这并非是逼酒和比酒，而是用喝酒的行为来表达自己的性格特质，就像俗语说的，从酒品看人品。联想也有酒文化，柳传志认为，做事要先把嘴皮子磨热，沟通好了再干，如此，效果才好。而联想控股的执委，个个都是海量。陶然体系的高管之中，酒量好的人不多，陶然几乎是酒量最好的那个。不过在我看来，陶然的酒量其实很一般。陶然认为，喝酒是中国的传统文化。在商场上，酒确实能促成一些合作，即便不是根本原因，酒也是搞好气氛的最佳工具。

陶然原本不能喝酒，在大学时，他基本不沾白酒，啤酒也只是一瓶的量。工作之后，因为工作需要，不得不开始喝酒，并且慢慢地酒量练得大了一些。作为同学，我们常常有机会在一起喝酒。我很喜欢他喝酒的样子，不拼，不灌，随性，透着真诚和内心的温暖。

陶然跟我说，他深刻记得的大酒有三次。一次是刚到四达不久，刘文献被提拔为四达集团副总裁。在四达集团的年会上，刘文献去给各桌敬酒。刘文献其实酒量很大，但当天却选择了不喝酒，而是带着陶然去敬酒，让陶然帮着喝。全场四五十桌，每桌至少一杯啤酒。陶然坚持喝完了。

另一次是做商务通时，陶然去参加黑龙江省的代理商大会。作为总公司领导，很多代理商来主桌给陶然敬酒，陶然是著名的酒量不行酒品好的人，从来不以自己的身份地位逼别人喝酒，别人敬的酒也都会喝掉，他认为这是对别人的尊敬，是必需的礼貌。那次代理商会大概有四十多桌，陶然每桌敬了一杯白酒。在主桌上，又被不少代理商敬酒。本来，饭后还要召开代理商大会，陶然还要上去动员进货，可那时陶然已然喝得不省人事，根本没法讲话了，因此只能回房间睡觉。那次讲话，便由陪同陶然来的肖朝君自告奋勇上台代替。肖朝君只讲了一句：孙总今天陪大家喝成这样，订货的事儿，大家看着办吧！据说，那次订货会，创造了一个小小的订货纪录。

还有一次喝多的经历，发生在1996年陶然与南方日报社谈合作时。

当时，陶然把《北京青年报·电脑时代》做成功了。第一个慕名而来的报纸就是《南方日报》，它也是当时广东省的第二大报纸。报社派北京办事处主任勘良找到陶然，说《南方日报》也想办一个电脑周刊，希望交给四达广告艺术公司来办。陶然说，广州太远了，我们对那边市场情况不熟悉，需要考虑考虑。勘良说，我等您考虑，但是我们想得很清楚，如果你们合作我们就办，如果你们不和我们合作，我们就不办了。

这段表述可以说正中陶然的软肋。陶然从小最怕欠别人人情，他和别人合作的时候，总是让对方的收获超过预期。因此，一听勘良这么说，陶然不得不重视起来。别人既然把这么大的期望寄托在自己身上，自己自然要慎重对待。带着已经开发出来的广告客户扩大到别的媒体上，本来是陶然战略的一部分，但是，如果去外地，去到遥远的中国最南端，和说着粤语的广东人合作，陶然确实有顾虑。

勘良很有策略，他每周打一个电话，问陶然的考虑是否有了结果。陶然只要说没有，他便马上挂掉电话，不再打扰。一个月后，陶然不好意思了。勘良再打电话过来时，陶然说，咱们见个面吧。见面相谈甚欢，只是关于年度买断的价码，双方期望的差距有些大。于是，勘良约陶然去广州考察一下《南方日报》，具体的价格由陶然和他们广告部主任李迪生面谈。于是，陶然带着两个助手飞到了广州。

落地是中午，勘良带着陶然走进饭店，包房里坐了一桌子美女，都是

《南方日报》广告部的业务干将，男的只有广告部主任李迪生和陪同陶然去的勘良。吃饭时，李迪生说，既然是中午，那就喝一点啤酒吧。陶然说好。当时陶然的心态是，虽然自己带的两个助手不能喝酒，但是勘良不喝酒他已经知道了，一桌子女孩加一个广东人李迪生酒量能大到哪去？何况还是啤酒。于是来者不拒，放开了喝。没想到，广告部的这些女孩儿每一个都是海量，直接把陶然灌晕了。

第二天早晨，勘良来接陶然去报社谈合同。

陶然心想，这下坏了，第一次喝酒就喝多了，搞不好会让人觉得自己不靠谱，影响以后的合作。没想到到了李迪生办公室，一阵寒暄过后李迪生直接说："签约吧！"陶然说："价格还没谈拢呢。"李迪生说："就按照你们提出来的价格签好了。"

后来，陶然和李迪生、勘良都成了朋友。在李迪生和勘良看来，酒品赌品最看人品。从酒桌上就能看出，陶然为人实在厚道，和陶然合作，他们非常放心。陶然也由此对广东人评价一直很高，他觉得广东人既有守信的一面，也有大气的一面，合作起来眼光看得远，事前虽然事无巨细都要谈清楚，但是说过的话绝对算数。

陶然就是这样的性格，对他而言，所有的事情都可以分为自己喜欢做的、自己应该做的和自己必须做的三种。这三种，该怎么选择，他永远拎得很清。对于必须做的事，他从来不会考虑喜欢不喜欢或者擅长不擅长，考虑的只是怎么把事情做到最好。对于应该做的事，基本上也一样。

当然，陶然一直在努力把必须做的事减少，把时间花在自己喜欢做和应该做的事上。而这，就是陶然所理解的自由。

陶然有个观点：从左边看，人生是一个走向死亡的过程，人要在这个过程中工作、生活、体验人生；从右边看，人生就是一个不断争取自由的过程，就是一个争取能有更多做自己喜欢做的事情的权利的过程，而只有减少必须做的事，才能更多地做自己喜欢的和应该做的事。

这些年来，我认识的成功人士也不计其数了，陶然是难得的看得通透的人。正是因为有这种通透，陶然才能走得这么高远，也才能在收获了诸多世俗物质的同时，还可以尽量收获到他想要的自由。

第二十五章

一举成名天下知

猎鸟有两种方法，一种是霰弹枪打鸟，用霰弹枪对着一个方向开火，打到哪个算哪个；一种是用狙击枪打鸟，不但要精确瞄准，还要讲究过程和方法，确保一颗子弹打到一只鸟。我们做工作，当然要追求后者，前者不但浪费子弹，而且有巨大的不确定性，打着了是偶然打不着是必然，一切都得听天由命。工作的最大目标应该是追求必然性，减少不确定性，必须要瞄着打。

——孙陶然《设立清晰目标是管理的第一步，也是最重要的一步》

在张家港代理商大会的酒足饭饱、歌舞升平之余，陶然公布了自己总结的关于张家港模式的几个要点。

张家港模式

首先，低成本买下所有电视台"垃圾时段"的广告时间。用单次长达10分钟的电视广告，以日总播放时间不短于50分钟的量来投放广告。具体时间参考每天晚上11点钟之后，早晨7点钟之前以及下午的时段。第二，广告播出时，要在画面里附上销售电话。销售电话必须有五条线以上。广告播出时间布置好足够的人手接听销售电话，并保证送货上门。第三，选择当地最好的商场布置专柜，并安排专门的销售员。第四，坚决贯彻小区域独家代理制。一旦有人串货，杀无赦。

当时，参会的代理商，大部分人都接受了这个模式。没有签约的签约了，签约的开始打款进货，并且开始找电视台的关系谈广告价格。陶然还要求，代理商必须把购买广告时段谈判的进度和价格第一时间通报到北京总部。

这是陶然一直以来的一个良好习惯：对于重要的事情要求及时汇报进度，不是讲完就完，而是随时要求下面的人反馈结果。这个习惯，可以在他的书籍当中，在他的公号里不断看见。当然，也有代理商还在观望，陶然也可以理解。他告知他们，可以观望，但是很可能会错失十年不遇的商机。

之所以还有代理商在观望，主要是因为那个时候的恒基伟业还只是一家刚刚成立几个月的公司。陶然他们推广的营销办法，又与PDA行业一向的做法截然相反，再加上商务通又是一个全新的产品，质量问题尚还频频出现。关于质量问题的一个最极致的例子，就是最早的第一批一万五千台订货，最后被返回来了一万三千台。陶然后来开玩笑地讲，当初没有返回来的两千台，大概是被人当作礼品送出去了还没有被拆封的缘故。也就是说，第一批商务通的返修率已经接近百分之百了。

这就是做硬件的难度。

第一次做硬件的恒基伟业，同样需要交学费。好在在陶然的严厉把关和督促下，产品改进得很快，又迅速地进入了可卖的状态。此外，张家港模式的成功让恒基伟业和陶然、赵明明、范坤芳在代理商中建立起了崇高威望。从此，代理商不再将恒基伟业称为恒基伟业或者厂商，而是直接叫总部。

前者，是合作；后者，是一体。

前面谈到的那个陶然做调研时的江苏代理商，原来他年景好的时候挣十几万，年景不好的时候赔几万，而1999年，他靠代理商务通挣了800多万人民币。在江苏当地而言，于PDA行业而言，这是一个天文数字。因此，代理商对商务通，对陶然和赵明明、范坤芳奉若神明。

到了当年年底，在恒基伟业于三亚召开的千禧年跨年员工及代理商大会上，辽宁的代理商上台发言说：我们的原则就是，总部的指示，理解的要执行，不理解的更要执行，不理解说明你落后了，要在执行中加深理解。

商务通综合征

在商务通的起步期，还有些代理商对陶然的不许串货政策将信将疑。于是，就发生了著名的四川代理商串货案。长春代理商举报在长春的市场上买到了两台不是他出货的商务通。当时的商务通，所有的产品都带有特殊标记。在系统里一查，就查出这两部产品是四川代理商的货。四川代理商背后的老板是四达集团当年的一位副总裁，陶然北大时的一位师兄，其人曾经在PDA行业浸润多年，先知先觉拿下了商务通几个地方的代理权，但并没有太把陶然不许串货的政策当回事儿，对串货控制不严。

查明之后，陶然大怒。对于陶然来讲，这是动摇商务通模式根基的大事。陶然指示手下，必须严惩。必须取消成都代理商的代理资格，做到杀一儆百。这一下，成都代理商吓坏了。他们这才发现，原来陶然不是说说而已，这位新打交道的老朋友执行起政策，是会动真格的。

因此，他们一方面马上飞至北京赔礼道歉加解释加汇报整改措施，另一方面，迅速派人飞到长春把两台货高价买回，还主动给长春代理商以双倍的赔偿，并请求长春代理商帮助说情。最后，这些动作取得了一定的效果，陶然最终并没有取缔成都代理商的代理资格，而是给予了一个严重警告。不过这件事已经足够震慑整个渠道体系。

一方面，代理商尝到了打广告把货直接卖给消费者可以获取高额利润的甜头；另一方面，他们也看到了陶然执行政策的决心和信心。从此，在那个商务通年出货量达66万台的时代，市场上几乎见不到任何串货的行为发生。小区域独家代理制得到了非常好的执行，被行业称为奇迹。

关于串货，在这里需要多说几句。不许串货实质上是保护市场、保护代理商的地盘、保护市场开发者的利益，同时也让代理商更有积极性地去耕耘。不过，过度的市场保护也会保护落后，让落后的代理商舒服地苟延残喘。所以，在度过商务通市场启动初期之后，陶然和赵明明暗地里是保护甚至纵容"适度"串货的。

当然，这是两个人心照不宣的小秘密，不会让"外人"知道，而且在"外人"面前，陶然从来都是义正词严地对串货"斩立决、杀无赦"。陶然做事的风格总是原则性和灵活性并用，从不教条，也不拘泥，一切以达成结果为导向，在坚守底线的基础上，在遵守法律的前提下，再去寻求"不择手段"的方式。管他黑猫白猫，能抓到耗子就是好猫。对于抓不到耗子的猫，他绝不护短。

而关于先款后货的原则，陶然更是铁面无私，绝无通融的可能。陶然甚至明文规定，公司的老总和股东都不允许赠货。在当时，赠货是一种相当流行的习惯。很多公司的老总和股东对外赠货一年加起来可能会达上千台甚至数千台。但是陶然却规定，股东可以赠货，但所有的赠货会被记录下来，年底分红时从本人的分红款中扣掉。这样的手段，有效制止了赠货现象的发生。

商务通畅销之后，一直供不应求，代理商更不可能要求先货后款，不仅如此，就是打了款，也还要排队等货。那个时候，代理商都是第一时间把款打到北京排队等货，甚至有的代理商会亲自带着现金到北京总部来盯着提货。商务通的畅销景象由此可见一斑。

关于这一点，还发生过一个真实的故事。作为地道的长春人，陶然酷爱吃东北的油豆角。长春的代理商得知了这一点，每次来北京时就会给陶然带一些东北油豆角。陶然也就安之若素地"受贿"了。对不拘泥于小节的陶然来讲，从来都是糖衣炮弹打过来，糖衣留下，炮弹打回去。某天，长春的代理商走进陶然的办公室，左手拎着密码箱，右手拎着一个麻袋。陶然一看就知道，这是拿着现金来进货了。结果，代理商打开密码箱，里边居然是满满的东北油豆角。麻袋里则全是现金。原来，代理商是坐着火车来的。他说，上车之后，他就把密码箱放在脚下夹着，麻袋则往行李架上一扔。没有人会想到破破烂烂的麻袋里面装的全是现金，而高大上的密码箱里装的却是"行贿"陶然的油豆角。

这就是当年的商务通。它让整个公司以及代理商体系都处在了一种热火朝天的状态下。陶然为此还取了一个名字，叫商务通综合征。因为战场上一个胜仗接着一个胜仗，一个奇迹接着一个奇迹，所有人都处于一直成功的兴奋之中，夜以继日地干着自己的工作，解决着一个又一个问题。

代理商也是如此，他们夜以继日地开网点、铺货、投广告，所有人都在一种极度亢奋的状态下。大多数人都没有经历过这样的成功。对于代理商而言，不论是行业外的，还是行业内的，多年来都处于半死不活的状态。如今，终于真正扬眉吐气了！

当然，陶然自带的部队不同。他们在《北京青年报·电脑时代》时就已经经历过类似的胜利，早已经见怪不怪了。陶然认为，打胜仗是鼓舞士气最好的方法，在一个胜仗接着一个胜仗的时期，甚至不需要太多的管理。因为每个人都会全力以赴地工作，来不及懈怠，任何一点懈怠都会让你在群体之中显得极不合群，不合时宜。

在大家都干得热火朝天的时段里，张征宇也遵守自己的诺言，放手让陶然按照自己的想法建立公司的使命、愿景、价值观，制定各种规章制度和流程，并且严格执行。但是，毕竟大家都在经营层，所有的总裁办公会也都是一起参加，所以经常还是会产生一些管理理念上的冲突，但是并无大碍。因为大家也和下面的人一样，沉浸在胜利的喜悦之中。

成功并非偶然

商务通在战场上攻城略地之时，由于方法过于标新立异，也曾面临过整个行业的踌躇与观望。很多人都会有这样的疑问：陶然既不许代理商串货，又不许代理行业的元老涉入，只找从来没做过这个行业的人合作。这么多苛刻的条件，再加上恒基伟业又是新成立的公司，别人凭什么选择与你合作？

答案只有一个：利润。

当时，一台商务通的成本在740元左右。给代理商的价格是1480元，市场定价则为1980元。这就意味着，商务通直接给代理商空出了500块的利润空间。此外，在1480元的出货价中，陶然他们还拿出200元作为代理商的广告返利。也就是说，看起来代理商们投放广告很费钱，但其实是总部出钱为区域代理的营销推广买单。

所以，代理商的那500块算是纯价差，而销售一台商务通，总部和代理商的获利是同样多的。甚至到了后来，前期投入减少了，那200元的广告返利于代理商而言还能留下一部分。他们的获利甚至比总部还多。在巨大利益诱惑下，陶然他们找代理商的过程虽然艰难，但是，一旦对方有意加入，谈起来就非常顺利，合作起来也相当顺畅。

从1998年10月公司成立开始，截至1999年2月商务通第一次全国代理商大会召开，在短短5个月的时间里，恒基伟业已然招齐了全国各大城市的区域代理。所以，在创业的过程中，难不可怕，可怕的是你没有信心做好它。这一次，又是陶然的创业心态和赢家心态帮他取得了成功。

战场上的胜利，让七个小伙伴都非常高兴。张征宇那个时候最喜欢做的事情，就是从他位于青东一号院写字楼九层最东侧的办公室踱步到位于最西侧的陶然办公室，然后告诉陶然：今天我们又卖了多少台商务通，今天公司又赚了多少钱，你作为5%的股东又赚了多少钱。当然，作为占比80%的大股东，他赚的钱是陶然的16倍。

有一次，张征宇问陶然：你知道为什么100美金掉到地上，比尔·盖茨都不会去捡吗？因为在捡这100美金花掉的几秒钟里，比尔·盖茨在微软公司挣到的钱要远远大于这100美金。所以，他会把心思用在公司上，而不会选择去弯腰捡钱。当然，这是一个玩笑。只是在这个玩笑的背后，我们能深入体会到，在当时战场节节胜利的情况下恒基伟业创始人们的喜悦。

赵明明是一个数字天才，他经常到陶然办公室，告诉他，今天哪个省的代理商进了多少台货，哪个省的代理商销售了多少台。由赵明明说出来的数字竟然是可以全部精确到个位数的。这是陶然一直非常钦佩赵明明的地方。

商务通的成功几乎是一瞬间的事儿。现在总结起来，这种迅速绝对不是运气。产品发布之前，张征宇和冯庆宇就带着研发团队干了一年多的时间。陶然带着市场团队也已经干了半年多。所以，商务通是一场标准的瞄着打的战争，是按照教科书上教授的，把产品、价格、渠道、推广4P每一个环节都严丝合缝做对了的结果。

1999年2月底的张家港会议开完之后，全国掀起了一场进货高潮和销售高潮。到了4月份，范坤芳来到陶然办公室，他告诉陶然："我们应该正式考虑今年有可能卖到12万台甚至20万台了。"老范的市场敏感是陶然一直非常佩服的，他率先发现了这一点，并且提出调整销售目标的建议。

于是，总裁办公会讨论，3万台到6万台的计划确实保守了，12万台甚至20万台是可以预期的。大家决定，为此调整相应的计划，并分头去落实。

首先，增加订单，筹措资金扩大生产。这一点因为商务通的现金流一直非常好，代理商都是先款后货，所以实施起来非常顺利。

其次，加大广告投放，进一步建立品牌优势。为此，他们决定从5月份开始，到中央电视台投放电视广告。

最后，把产品价格从1980元提高到2180元。因为在当时看来，市场对价格并不敏感，多出来的200块钱，他们计划全部用于总部和代理商的广告投放。

二十年前，陶然便已经意识到，树立品牌不是一种投入而是一种投资。花1块钱在品牌建设上，这个品牌未来有可能会给你带来10块钱、100块钱的回报和收益。

在陶然看来，一边盈利一边投入广告是最舒服的。商务通既然已经确定一定会成功，那么在这个时候拿出钱来进行品牌建设，可以说是一件一本万利的事情。大家都十分赞成。

　　从最初起步的3万到6万台的销售小目标，到12万到20万台的大目标，商务通仅仅用了4个月的时间。其核心原因，就是在张家港，他们把启动包中的市场推广计划打样成功了，由此证明了之前试验的打法是成立的。

　　此外，他们计算出了每个地方的理论销量，形成了明确的操作手册，使得全国范围内可以坚定地进行复制。张家港会议以后，陶然宣布，哪个代理商如果完不成理论销量，不是产品问题也不是模式问题，而是代理商自己的问题。而随着完成理论销量的城市越来越多，陶然已然不需要再重复这些理念，所有的人都已经心领神会并心服口服了。

　　多年以后，在拉卡拉，陶然又提出了五行文化。在管理方法论中，他提出了管事四步法，即：先问目标，再做推演，亲手打样，及时复盘。而这些管理思路，最早的来源，就是他在四达广告艺术公司时代，一直到商务通时代的那些实践。"实践出真知"，这绝对是一条颠扑不破的真理。

第二十六章

征帆去棹残阳里

> 当第一个产品做成功之后，企业必须去尝试第二个第三个产品，因为企业不可能靠一个产品打天下，必须进行多元化，一方面保持增长，一方面也是规避单一产品出问题带来的风险。
>
> ——孙陶然《跨界有风险，实施要慎重》

　　与任何公司一样，商务通在它的发展历程当中并不一帆风顺。陶然主持商务通两年多的时间里，商务通曾经出现过两次大的危机。其中两次都是靠着陶然历史上累积的资源，由他亲自出马解决的。

　　陶然历来认为"公司的盈利，只有80%属于公司，10%必须回馈给周边环境，10%应该回馈社会"的理念。

棋从断处生

　　商务通的第一次危机发生在1999年的4月。那时，商务通才刚刚起步，某城市的代理商，由于和当地同行之间的新仇旧怨，导致了同行恶意举报，乃至最后还产生了司法危机。这件事如果处理不好，商务通在当地的市场就会大受影响。而这次危机的根源，用现在的话讲，是同行羡慕嫉妒恨的结果。最终，陶然亲自协调将事情妥善解决。

第二次危机发生在1999年的9月份。那一次，是因为之前四达集团及张征宇的债务纠纷引起的，陶然说，在处理这次危机时，对面的人曾经指着陶然的鼻子口出狂言："你是恒基伟业的负责人吗？你敢代表恒基伟业吗？你相不相信我马上可以让你们公司从地球上消失？"

那种巨大的压力，陶然也是第一次碰到，但他依然十分淡定。他告诉对方：我是恒基伟业第二大股东，第一大股东现在不能履职，所以恒基伟业的事你可以和我谈，你如果想解决问题，我们一起坐下来协商。属于我们的问题，我们一定会承担责任并且妥善处理。不属于我们的问题，我们也不会揽到自己头上。对方看到恐吓对陶然不起作用，在一通发泄之后，便也进入了心平气和提要求的状态当中。

这就是孙陶然。

在他的创业历程中，他遇到过不止一次重大危机。每一次，陶然的选择都是正面面对，坦然面对，淡定面对。陶然知道，正如恐惧解决不了问题，逃避也没有意义。唯有迎面上去才是解决问题的唯一途径。这有点像《亮剑》里的李云龙。

陶然从来不会说"我只是小股东，或者我只是常务副总裁，上面还有总裁，这个事不是我的事儿"这类的话，也不会甩出"这个事儿我需要请示一下或开个会才能答复你"这样的托词。陶然认为，自己辖区的事情都是自己的事情，自己辖区边缘的事情也是自己的事情。从中能够看出陶然后来在拉卡拉五行文化中提出的"协同"概念：要向上思考，向下执行，站在上级的高度思考自己该做什么，站在下级的角度关注如何落实；前棒后棒交接出现问题是前棒全责；每个人都必须把自己的防区向周边延伸一公里；几个部门发生问题，现场级别最高的人责任最大，等等。

陶然喜欢用各式各样的故事来阐述自己的理念，包括剧集、小说、传奇、逸事、段子等。陶然常常说起《亮剑》，一开始就是李云龙奉命带部队打阻击，完成任务之后，上级命令撤退，但李云龙的决定是从正面突围，结果击毙了日军指挥官并且突围成功。

陶然说，所谓"棋从断处生，富贵险中求"，最凶险的地方也是机会最大的地方。很多时候都是如此。在处理危机时，正面面对，如果有错就坦然认错，在此基础上寻求解决方案和补救措施，往往是最佳的做法。但这种做法需要主事的人敢于负责，敢于担当。这就不是任何一个领军人物都能够做到的了。就像我们常说的，道理都懂，却还是过不好这一生。很多人，就是输在懂道理，却没有能力执行。

创始人之争

陶然从来都不是一个愤青。你从来看不到他愤世嫉俗，更听不到他牢骚满腹。他总是平静地看待这个世界。因为他知道，这个世界本来就有黑有白，还有各种深深浅浅的灰。所以，遇到黑的时候不沮丧，遇到白的时候不欣喜，遇到灰的时候也不着急。黑的白不了，白的黑不了，这世间最终总有公道可循。

当然，陶然并不是期望公道会无端降临在自己身上，他平时就非常注重自我努力和自我保护，通过不断强大自己的实力，让自己免于被不公正对待。这就是那个把"世事洞明皆学问，人情练达即文章"看作座右铭的陶然。1999年，恒基伟业销售了66万台商务通，是年初计划的22倍，即便是对于调整之后的目标，也有4～5倍，总利润达到3.5亿。

一时间，商务通的品牌响彻大江南北，无人不知，无人不晓，陶然也入选了当年度的各种风云人物。这是一次令人羡慕的成功。翻开我们同龄人的记忆，有无数的关键词关乎我们共同成长的年代，而这些关键词无论以什么方式梳理，都逃不开商务通。

从产品角度讲，商务通是电子产品发展道路上的一座里程碑。从历史发展角度讲，商务通是中国人快速进入以电子产品为主要媒介的社交社会的一块敲门砖。从传播角度讲，商务通开辟了中国产品洗脑式广告营销的先河。

我认识中国做产品广告非常成功的几位大咖。他们每个人在代理产品，游说客户，与传统媒体签订包版广告的过程中，全部都受到过商务通的影响。

之前，我数次说过，孙陶然深谙人性。所以，无论是之前的《电脑时代》周刊承包广告，还是此时的商务通传播，或者是未来的拉卡拉体系搭建，陶然都是在了解人性、洞察人性的基础上设定战略，找到方向。陶然的成功与商务通的辉煌一样，从来都不是偶然。可惜的是，人性又总是与人共苦易，和人同甘难。商务通也没能逃出这个窠臼。

随着时间的推移，随着公司的兴旺发达，张征宇越来越想走到前台。于是，在公司的管理，尤其是下一步的发展战略方面，在张征宇不断试图介入的过程中，他和陶然之间的冲突开始变得频繁起来。矛盾主要来自两方面，经营和管理。陶然强调，原则问题必须第一时间明确表态。同时，必须奖优罚劣，按劳分配。张征宇则更喜欢混沌状态，他认为从无序到有序最有活力。

陶然认为，商务通的核心竞争力应该是品牌和渠道，而这也是产业链中含金量最高的，应该借助商务通的品牌和渠道把全世界当作自己的设计室和加工厂，择其优者而用，甚至是自己提出需求，让全世界的厂商成为自己的ODM（原始设计商）。商务通应该集中精力，塑造品牌和渠道，剩下的事儿让别人去干。

　　"我们应该打造一个以商务通为中心的生态系统，建立最广泛的统一战线，用利润分成的方式让产业链的下游为我们所用，成为我们的合作伙伴。只要商务通的品牌和渠道在我们手里，外面就会追着我们要求合作。随着我们的实力不断壮大，他们就会渐渐习惯于做没有品牌的供应商，对我们的依赖性也会越来越强，最后将无力与我们竞争。"

当时，在陶然的操盘之下，最火爆的时候，大陆和台湾的代工厂排着队到陶然的办公室，说："孙总，我们所有的产品都在这里，所有在研的产品也都在这里，或者你需要什么产品，你告诉我们，我们来开发和制造。"这其实就是后来苹果干的事。

自己赚品牌和渠道的钱，把设计制作等交给合作伙伴。陶然提出这些理念时，是2000年，也就是19年前。现在回想，如果19年前企业真的按照陶然的部署去做了，也许智能手机的历史也会被改写。毕竟，他们起步的时间实在太早了。

可惜，历史不能假设。

面对众多找上门来的供应商，陶然选择了福建实达开发的一款PDA，命名为商务通快乐星808。作为陶然商业理念的尝试之作，虽然已被投入市场，但是其他小伙伴或不以为然，或不愿配合，公司和渠道中甚至传出来一种说法，说快乐星是孙总的产品而不是恒基伟业的产品。

夭折的商务通手机

张征宇认为，只有恒基伟业才能做出最好的产品，而商务通的成功无疑助长了他的这种自信。所以，他坚决拒绝采用任何别人的产品，一切产品都要自己研发。张征宇在产品上还是非常敏感的。1998年，他发现了商务通的商机。2000年，他又提出了恒基伟业要进军手机市场。因为手机的确是一个非常巨大的市场，在这个市场里，能占到百分之五的份额分上一杯羹就是不得了的规模。这确实是真知灼见，也显示出了张征宇在技术层面上的远见。

当时，智能手机才刚刚起步。张征宇决定，在商务通的基础上研发智能手机，对标当时摩托罗拉的智能手机328型号。TCL也在同期启动了自己的手机计划。万明坚带着金喜善，瞬间将TCL手机做成了TCL的明星。

陶然当然非常赞成进入手机市场，但是他希望的是从OEM（原始设备制造商）开始，选择一款手机，贴上商务通的牌子直接投入市场进行销售。同时，逐步地提出自己的需求，过渡到找手机厂商ODM，最终慢慢过渡到自己研发。当然，最终也不一定要自己研发，只要品牌能在市场站稳脚跟即可。

今天的苹果手机很大程度上都不是苹果公司研发的。耐克也是一样，一直采取重心在做品牌的战略。这两个品牌的基础都是让全世界最牛的代工厂为自己ODM，这与陶然的设想如出一辙。

而张征宇则坚持自己开发手机。他首先在紫竹桥东侧的万源大厦租下了一层楼，在恒基伟业总部之外，也就是在陶然的辖区之外组建了手机和无线PDA的研发部门。同时，张征宇又让冯庆宇去深圳招兵买马，组织了一个200多人的研发队伍，从手机主板开始开发。张征宇希望，哪怕是手机上的一个按钮，都应该是商务通自己设计的成果。张征宇在陶然的管辖范围之外设立新的办公区，这本身就是一个非常不好的兆头。陶然的感觉很不好。其他的几个联合创始人感觉也不好。

表面上看，张征宇只是设立了一个新的办公区，但底下的含义至少有两个：一个是核心层的分歧已经相当之大，甚至可能是根本性的；另一个则是，张征宇已经准备一意孤行了：不管你们什么意见，我想干的事儿一定要干，而且我已经开始干了——这，就是张征宇当时留给陶然的印象。

在手机项目上，陶然的意见是，即使一定要开发，也要先从应用层面进行研发。因为要做新产品，就必须先抢占市场先机，先从应用层面开发就是为了尽量降低开发难度，以确保产品上市时间。之后，再徐图深入研发。但张征宇认为不能这样。他坚持只有从底层自主办研发才能做出好的产品。

当时，两个人发生了一场激烈的争论。陶然问："诺基亚全球有3万个工程师，难道都比不过我们？就只有我们能做出比他们还好的手机吗？商务通刚上市时，百分之百的返修率以及粗糙划手的工艺难道我们都忘了吗？"张征宇说："我确定是这样的，我确定是这样的，我确定是这样的。"张征宇坚定地认为只有自己才能开发出最好的产品，别人都不行，也不需要与别人合作。争论的最后，陶然丢下一句话：按照你的做法，我们自己研发的手机产品上市之日，就是产品落伍之时。未来的事态发展，又一次证明了陶然的判断。

从主板开始研发难度非常大，队伍又是新组建的。冯庆宇主持研发的手机比预期晚了将近两年才推出。而当年下订单的元器件价格在两年之后的已经降到了原来的一半，造成商务通手机的成本超出市场同类产品一大截；产品的设计指标在立项时都是先进的，但两年后摩托罗拉智能手机的第二代已经推出，其他国外品牌也推出了各种新手机，在性能和性价比上都超出当年立项的商务通手机一个档次。商务通手机的命运可想而知。最后，为了消化库存，恒基伟业花了很长时间，想了很多办法，更何谈盈利和占领市场先机呢？不过，当这场争论终于被市场验证结果的时候，陶然已经辞职离开恒基伟业的经营层了。

之后的事实清晰无误地证明，陶然当初所言全部不幸言中。而且是每个观点每个细节都完完全全地言中。可惜，为时已晚。商务通手机失败了，商务通也错失了进入手机市场的最佳时机，商务通品牌没有与时俱进地扩大影响力，反而日渐被人遗忘。

而这一切，都不可逆转。

2000年，张征宇又策划了另外一个产品，无线PDA。当时，张征宇的规划是，推出一款硬件产品，再搭建一个内容平台，从硬件、内容到运营，全部自己来做，做成一个产业链。内容方面，要包括新闻、娱乐、股市等全部类型。股市方面，他收购了一家出品炒股终端机的公司；资讯方面，则自己做了一个网站。

陶然同意这个产品方向，虽然他觉得同时开发手机和无线PDA两个方向分散了自身的资源。但他仍然不同意整个产业链都由自己完成。陶然提出，如果一个产业链有四五个环节，我们应当只做其中最核心的环节，其他的找合作伙伴来做，搞最广泛的统一战线才能整合大家资源为我们所用。

而张征宇认为，第一，别人做不好。第二，他不想跟别人分享利益，一定要自己做。陶然告诉张征宇，且不说我们自己是否有足够的人力、财力和能力全部自己做，即便我们每个环节都能够做到90分，可是五个90分乘在一起便只有59分，还是相当于不及格。

张征宇仍然很坚持。陶然无奈之下只好去组织其中一部分工作的实施，张征宇亲自组织另外一部分的实施。但实际上，确实做不下去。因为领域跨度太大，战线也太长了。一连串的交锋下来，张征宇的做法陶然不认同，同样，陶然的做法张征宇也不采纳。

1999年底，陶然策划了一个产品"商务通卡"，为每个商务通用户提供价优质美的航旅、酒店、餐饮等服务——它事实上可以被看作携程的萌芽状态。虽然陶然反复力推，但是因为大家不愿意在每台商务通的销售收入中提取十块钱甚至更多作为"商务通卡"的运营费用，最终也不了了之。矛盾在不断激化，终有一天，将迎来它的爆发。不过，在爆发之前，一切依旧是歌舞升平的美好景象。

千禧年前后，是恒基伟业的辉煌年代。他们的产品驰名中外，他们的品牌盛极一时。当时中国其他PDA公司都只能跟在商务通的后面，借力商务通带来的市场商机赚取利润。

那个时候，互联网还没有全面普及，后来的三大门户网站，以及BAT互联网巨头们，当时都还在生长初期。陶然说，因为商务通太火了，所以当时的三大门户都曾经找他们拉过广告。

谈到这些往事，孙陶然不无感慨。商务通做得最好的时候，也是中国的互联网公司做得最难的时候。那会儿，马化腾曾想100万就卖掉QQ，丁磊也曾数次想把公司卖掉。历史给予恒基伟业公司以及陶然们的机会其实非常好。

可惜，往事如烟，沧海桑田。世间转变总是那么快，所谓"是非成败转头空"，该来的，总是会不可避免地到来。

第二十七章

一片冰心在玉壶

所谓"识时务者为俊杰",最高段位的"识",是想清楚到底是选择自己作为领头大哥,还是死心塌地地追随一个领头大哥,二选一,能够做出正确选择的,最有"见识"。

——孙陶然《与机会擦肩而过是因为我们没有见识》

陶然总结:企业的天花板是企业领导人的见识。所以企业的领导人必须主动地大力提升自己的见识,提升自己发现商机以及为企业制定正确而高明的战略的能力,提升自己可以站在一个多元角度审视未来的能力。

憾失携程

一个没有见识的企业,必然"有眼不识泰山",必然错失商机。

陶然说,要增强见识,功夫在诗外——即在办公室之外,在业务之外,甚至在行业之外。7×24小时地在办公室并不能提升董事长的见识。董事长对企业的价值也不在时间的投入上。作为领导,待在办公室事必躬亲,那是错误的,是用战术上的勤奋掩盖战略上的懒惰。从某种角度上讲,甚至是渎职。

陶然说,一把手的岗位职责,应该是定战略、建班子、带队伍。没有为企业制定出正确而高明的战略,就是一把手的渎职。没有把下辖的每个岗位都安排上胜任的领军人物，也是一把手的渎职。没有建立和宣传贯彻企业文化，培养出一支招之能来，来之能战，战之能胜的铁军，同样是一把手的渎职。

陶然的这个见识，是创业者的顶级见识，应该也是陶然能成功创办多家企业的基础。陶然是一个敢于承认自己不足和错失的人。他承认，当年没有系统性地进军投资领域，是自己的遗憾。

陶然之所以一直将其作为错失和不足耿耿于怀，是因为当时他自己对于互联网还是有些感觉的，他力主的"商务通卡"项目，已经具有用户经营的思维了。商务通卡，即陶然策划的那张针对商务通用户的会员卡，最初是为商务通用户量身打造的，即凡是购买商务通的人都会得到一张附赠的商务通卡。客户拿着商务通卡，在订酒店、订机票和餐饮娱乐上，都能享受独家优惠。这个计划曾经被短暂地推出过。当年，陶然一声令下，全国代理商们一起出动，短短一个月内，便签下了几乎所有城市中最高档的酒店和餐厅。

想一想，这是不是像携程？

陶然当时的设想是，借助商务通的品牌影响力以及各行各业对商务通用户的垂涎，调动所有代理商行动起来，每家代理商负责自己的区域，目标是和区域内所有高端的酒店、餐厅等场所签约，为商务通用户争取特惠。恒基伟业只要从每台商务通的出货价中提取10块钱，作为商务通卡服务体系的投入，就可以最终打造出一个服务所有商务通用户的全面优惠体系。

当时，代理商出去谈判的结果是，所有的商家都非常愿意。毕竟当时商务通的影响力太大了。商务通用户众多，如果能够吸引一些商务通用户来店里消费，商家当然欢迎，即使给出最大的折扣，他们也愿意。商务通用户，是那个年代消费能力最强、影响力最大的人群。如果真的用这张商务通卡把所有的商务通用户粘在一起，商业上的想象空间太大了。

遗憾的是，这个项目只做了开头，没有持续做下去，最终不了了之。

核心原因当然是上一章提到的，有人不愿意从每台商务通售价中提取10块钱，虽然这个钱数不大，即便按照1999年的总销量66万台来估算，也只有660万而已。当时，商务通全国700多家代理商已经把餐厅酒店全部签完了，如果组建起专门的运营队伍，这件事是完全可以做起来的。但有人就是不愿意恒基伟业从每台商务通中抽出10块钱。

当然，陶然承认，自己当时也不够坚决。陶然说，谁也不怪，要怪就怪自己见识不够，比没有看见商机更可惜的是，看见了商机却没有抓住。尤其可惜的是，能够抓住商机却没有下决心抓住。陶然在数个领域开拓进取，并一路高歌，但是，他却错过了在商旅这个行业深度开掘的机会。现在想想，确实有些遗憾。

经营权之争

关于商务通卡的争论，只是当时于陶然和张征宇之间的数个争论之一。

因为有很多这样的争论，加之时间的推移，张征宇想介入陶然负责的领域的想法越来越坚决，想介入的范围也越来越大。

所以，两个人之间的冲突不断升级。

尽管如此，从1998年底到2000年中，在这一年半的时间里，商务通业务仍然突飞猛进，恒基伟业也有多个新项目齐头并进。说起来，连陶然都觉得奇怪，他和张征宇之间哪来那么多时间用来争论呢？

因为那些新项目，原本应该是用至少两到三年的时间才能做完的，结果，都集中在了一年半的时间内冒了出来。在那一年半的时间里，商务通着实精彩纷呈。当然，除了各种市场上的高歌猛进，除了创新迭出，陶然记忆最深刻的就是和张征宇之间的分歧与争执。

商务通成功之前的平静应该是张征宇内敛的结果。按照两个人最初的约定，公司的经营和管理由陶然做主，按照陶然的风格来。张征宇只管财务、研发和生产。从1998年中恒基伟业开始筹建到1999年三季度之前，张征宇也确实信守诺言。大家相安无事。恒基伟业也一路迅猛前行。

到了1999年第四季度，商务通红遍大江南北，恒基伟业日进斗金，公司处在要规划2000年乃至更长时期的发展规划之际。公司的下一步，到底向哪个方向扩展？这个问题尤为重要。

因此，张征宇开始逐渐参与进来。陶然和张征宇的分歧开始越来越大。从1999年末起，两个人在董事会上的分歧开始日渐频繁，后来，发展到有一次两个人在电话里吵。陶然当时也是脾气火爆，气得摔掉了张征宇的电话。

除了战略方向上的分歧，在经营管理层面，陶然和张征宇的冲突也越来越多。管理上争论的关键，是公司到底该按照董事会、股东会规则来管，还是大股东说了算。

陶然认为，当然应该董事会管战略、管目标，总裁管公司、管执行。陶然认同董事会和股东会的权力和作用，但是更加强调，总裁作为公司经营和管理的一把手，在董事会和股东会管理的事儿之外，应该听大多数人的意见，和少数人商量，一个人说了算。

如果股东会按照占股份三分之二的比例决策的原则，张征宇是大股东，远远超过三分之二，相当于他可以一个人说了算。虽然陶然觉得这样不够理想，但是，规则就是规则。而董事会，必须按照以人数三分之二的比例，采用少数服从多数的原则运行，经营层则应该是总裁一人做决策。

恒基伟业的情况却很特殊：常务副总裁代行总裁职责。因为最初陶然同意加盟时说得很清楚：自己虽然是常务副总裁，但除了财务、研发和生产，都归他管。否则陶然是不会来的。现在，陶然愿意退一步，愿意将经营层的重大事项都由董事会决策，也就是说，七个人少数服从多数。

这已经是陶然能够做的最大让步了。陶然一向认为，公司不能靠投票表决来经营，而必须有一个领军人物来决策。张征宇同意公司应该由领军人物来做决策。不过，在他的心目中，这个领军人物应该是他自己。而不是陶然。这就与当初张征宇邀请陶然加盟时的约定冲突了。

陶然很早的时候，就无法接受四达集团的管理方式，也高度不认同四达集团的战略能力。恒基伟业如果一开始就说好是张征宇来管理，陶然根本不会加盟。然而，现在的情况是，张征宇开始日益想走到前台。这就势必面临以下问题：恒基伟业的运行机制到底是什么？经营层的事情，到底听谁的？

争论到最后，在陶然办公室，张征宇亲口对陶然说："我想清楚了。如果由你来做决策，有50%的可能是对的，有50%的可能是错的；而由我自己做决策，同样50%的可能是对的，50%的可能是错的。既然恒基伟业我是大股东，那我还是想由我来决策。"这是在陶然和张征宇沟通的过程中原汁原味儿的对话。时至今日，陶然一个字儿都没忘。

既然如此，陶然决定面对现实。以他的性格，他绝对不会去为错误的人做的错误战略陪葬，更不可能浑浑噩噩地混日子，以求得大家表面上的一团和气。这样的对话一出现，陶然离开他一手打造的商务通奇迹就几乎成为了定局。剩下的，就是什么时候离开。

大股东说了算

其实，作为理科生的张征宇搞错了一个概念。从理论上来讲，决策对或错的概率确实是五十对五十，但那是在自然科学领域。在社会科学领域，不同的人做同样的事儿，决策对错的概率绝不可能是五十对五十。

对于胜任的人来讲，他对的概率可能是80%，错的概率可能只有20%；而对于不胜任的人来讲，则会相反。随着时间的推移，张征宇介入的越来越多，并且越来越强势。

随后发生的一件事情，更加证实了这种趋势。2000年上半年，张征宇看中了一个美国项目，创业者是几个在美国留学后留在美国的中国人。张征宇对科技领域非常着迷，被那几个所谓创业者忽悠得五迷三道。张征宇提出，恒基伟业要投资几百万美元。

陶然认为，那个公司的业务跟恒基伟业并无紧密关联，而且，当他见到那位领头的创业者后，陶然明显地感觉到，那个人是一个只能忽悠自己同胞的人。用东北话讲，是一个满嘴跑火车的大忽悠。所以，陶然坚决反对。最后，董事会投票的结果是五票反对，两票赞成。对这个公司投资的提案最终被否决了。张征宇很不高兴。他当即提出了一个匪夷所思的做法。

他说，那就召开股东大会，搞一次分红。然后，他作为大股东，拿自己的分红去投资那家公司。那个时候，张征宇的口头禅是"大股东"。大股东提议召开股东会当然要召开。大股东占比80%，股东会的决议条件是代表三分之二的股份通过，所以，股东会其实可以不必开，大股东说怎么办就怎么办。

最后，张征宇决定，公司分红两个亿。然后，他真就拿他的分红投资了那家公司。当然，最终投资又一次被陶然言中，以失败告终。但是，这件事的后果，远远不止分了一次红，投了一个失败的项目这么简单。恒基伟业由此开了一个非常不好的先例。这件事，把恒基伟业到底是按照现代企业制度来运营，还是说是张征宇的私人公司这个问题进一步推到了七个人面前，让大家必须开始正面面对。

当然，大家心里都知道，当这个问题的答案出来的时候，也是大家要重新做出选择的时候。同时，也是重新决定恒基伟业未来的时候。明白的人都知道，是七个人的黄金组合成就了恒基伟业的商务通奇迹。所以，如果大家各自分开，回到四达集团的老路上去，恒基伟业既不可能恒基，更不可能继续伟业。

但张征宇不这么认为。也只有他不这么认为。张征宇认为商务通的成功核心主要在于他自己，因为是他确定了产品——对于一个理科男来讲，很容易将一件事的成功归功于产品本身的能量。从此观点出发，张征宇当然会认为，陶然其人，或者说，即便还有别人，随便谁不做了，他都可以轻易找到别的人替代。

权力就是责任

在张征宇拿分红绕过董事会去投资美国公司之前，其实他和陶然矛盾激化的过程还有一个转折点。这个转折点发生在2000年初的董事会上。

董事会召开之前，李明打电话给陶然，征求董事会议题。当时，陶然正在开车，李明告知了陶然几个已经确定的议题后，突然问陶然，同不同意增加一个议题，就是讨论一下总裁人选问题。当时，正是陶然和张征宇之间分歧和争论越来越多的阶段。陶然认为没什么是不可以讨论的。讨论了不管董事会做出什么决议，大家按照决议执行就是了。没想到的是，这个议题，成了矛盾公开化的转折点。陶然至今也没搞明白，到底是李明自己提的这个议题，还是其他人提出的，或者说，是张征宇当时对陶然的一种试探。

不过，在陶然看来，自己做事坦坦荡荡，一切都是从如何把公司办好的角度思考和行动的，自己问心无愧。确实，陶然从骨子里面确实是一个对权力不在意的人，他之前想要公司经营权力的目的，是因为他不认为别人能够经营好公司，也是为了更多地承担责任。因为陶然对于权力的理解从来都是责任。

陶然曾明确表示，四达广告也好，拉卡拉也好，任何一个自己管理的公司，如果有别的人可以管理得更好，他会第一时间高高兴兴地让贤。我相信，陶然是真心实意这样希望的，也是一直在这样做的。这符合他多年来的品格呈现。因为对于陶然而言，把事情办成，把公司经营好，才是第一位的。他做事的目的，绝不是以程序正确为自己免责为标准，他创业的目的，绝不是找一个可以给自己冠以董事长头衔的地方。

这一次，恒基伟业董事会讨论总裁人选的议题，不管是谁提出的（总之不是陶然提出的），犯了张征宇的大忌。时隔多年，当年的董事会上有没有讨论这个议题，陶然已经记不清楚了。他记得，开董事会那天，他没有像其他几个人一样提前住到郊区酒店，而是一大早从家里自己开车赶过去，所以，才会一边开车一边接李明的电话。当时，北京刚刚下过大雪，路上很滑，陶然开车又比较快，结果车辆侧滑，撞在了路边的小树上，把右前轮的悬挂还给撞断了。陶然匆忙换车。等他赶到董事会会场时，发现气氛很凝重。可能是因为这个议题的缘故，张征宇非常不高兴，也非常警觉。只有陶然仍然抱着"心底无私天地宽"的念头，觉得这一切都没有什么。

在董事会上讨论总裁人选的议题根本就不是陶然提出来的，是李明打电话问陶然同意不同意讨论这个议题，陶然说没有什么是不可以讨论的而已。但由此竟引来了张征宇的不满和防范之心，这是陶然万万没有想到的。理论上，即便陶然提出这个议题，也无可厚非，大家讨论就是了。不管得出什么结论，大家按照结论去执行就好了。

但是，当时的张征宇，处在自己情绪的一种既微妙又无法言说的处境当中，因此，这个议题成了他和陶然矛盾公开化的爆发点。这之后，大家的心中开始有了隔阂。

后来，又出现了关于代理商进货奖励事件。2000年初，陶然带孩子去美国看病。当时，商务通的出货速度有所减缓，张征宇很着急，赵明明提出要搞一个进货奖励政策，用以激励代理商进货，只要进货量达到多少就按照每台多少钱给予奖励。宋建元认为不妥。于是，他们就给在美国的陶然打电话，陶然一听，坚决反对。陶然从美国给张征宇打电话，告诉他这个政策千万不能实施。这种政策是饮鸩止渴，不仅没有意义，代理商反而会为了拿到奖励提前进货。但是代理商只是把未来6个月的货一次性进了而已，未来6个月不会再进货，总量并没有变，而奖励却是公司实打实从利润中拿出来支付出去的。宋建元作为分管财务的副总裁，当然看得清楚是怎么回事。但是，依照他的性格，他是不会站出来得罪人的。

对事不对人，不管是否得罪人，都敢站出来表明态度的，只有陶然。所以宋建元才会给远在美国的陶然打电话求援。可惜，这一次陶然也没能阻止住张征宇。张征宇没有听取陶然的建议，而是批准了进货奖励计划，陶然气得差点儿又摔了张征宇的电话。

现在想来，如果陶然人在国内，也许会阻止这个情况的发生。还是那句话，可惜，历史不能假设。代理商拿走了几千万的进货奖励。之后的几个

月，基本上没有一台订单。而且，这次进货奖励让恒基伟业在代理商面前的
"总部"形象、"总部"权威大大受损，并开了一个很坏的先例，尤其是在"强
势""霸道"的陶然离开恒基伟业的经营层之后，很多事儿慢慢变得需要和
代理商商量，甚至有时候还得求着代理商。双方关系强弱易地而处，也标志
着之前一系列成功营销策略的终结。不过，即便主客易位，那都再与陶然无
关了。

因为，陶然真的要离开了。

第二十八章

心底无私天地宽

> 我们在进行决策的时候，经常要做出一些选择，实际上，所有选择都是在权衡一件事，就是风险和收益。天底下没有只有收益没有风险的事，所有的事情都是我们在权衡风险和收益之间的比例关系。
>
> ——孙陶然《创业的四大不死法则》

在恒基伟业的七个联合创始人中，张征宇是绝对的大股东。李明原来是张征宇的办公室主任，赵明明获得了恒基伟业北京和上海两个分公司，范坤芳本来就是带着自己山东和广东两个省的地盘加盟的，冯庆宇掌管恒基伟业的进口业务，宋建元掌管着财务大权。

只有孙陶然，不仅仅是一个人加入，他还把自己四达广告系的资源无偿贡献出来为恒基伟业服务。甚至一度为了寻求更高水平的广告服务，他还把恒基伟业的广告代理权，从初期为恒基伟业立下汗马功劳的蔚蓝轨迹拿回来，通过招标比稿交给了4A广告公司。只为了把恒基伟业的品牌做得更有影响力。

未完成的"成人礼"

到2000年上半年，陶然和张征宇，还有其他几个创始人和张征宇，都产生了分歧。这些分歧越来越多，彼此之间的矛盾也越来越明显。陶然和张征宇的另一个重大分歧是关于公司的融资和上市。

陶然在《创业36条军规》中有一条军规就是，上市是企业的成人礼。企业到了成人阶段一定要去上市。在同龄人中，陶然是较早认识到上市重要性的企业家。早在1997年，陶然就建议张征宇让四达集团上市。这期间，陶然还亲自带了个小组做研究。当然，最后大家发现，四达集团根本不具备上市条件。

恒基伟业成功之后，陶然同样高度重视上市工作，他将自己的同学钱实穆和田文凯引入公司，筹备恒基伟业的上市事宜。上市的第一步，就是要引入投资者，把公司改造得符合现代企业制度，并确立上市目标。

投资者中最积极的是徐新。也就是后来成功投资了京东的徐新。她亲自上门找张征宇和陶然谈话，准备投资3000万美元。陶然力主接受这笔投资。按照陶然的理念，接受一笔投资，除了在资金上增强公司的实力，还会促使公司按照现代企业治理制度来完善公司的董事会、股东会，并且会让公司树立上市的中长期目标。这对公司的发展至关重要，和公司缺钱不缺钱没有必然关系。

对于融资和上市，张征宇不是很积极。不过双方在当时依然达成了投资条款。只是在最后一刻，张征宇放弃了。不久以后，恒基伟业又与另外一家基金达成了3000万美元的投资协议。对方已经过了投决会，只要张征宇在文件上签字，文件传真过去，投资协议就正式生效，资金会马上打到公司账上。

但是，对方在传真机边等了一下午，也没有等到张征宇的签字。最后，张征宇告诉陶然，他决定放弃这笔投资。他的理由是，经过他仔细测算发现，如果接受这轮融资，未来公司上市之后，他的股份将低于51%，而他认为，在上市之后他依然保持51%以上的绝对控股是第一要务。

陶然劝张征宇，上市有种种好处。而且，上市公司的大股东根本不需要

51%这么高的比例，30%就足够控制公司了。甚至很多国际上的大公司，例如松下、惠普等，创始人在公司持股比例更是低至只有百分之几。但是显然，上市不是张征宇的第一诉求。张征宇要的是对公司的绝对控制权。

恒基伟业终于和融资以及上市擦肩而过。

融资和上市的机会，绝对是过了这个村儿没有这个店儿的事情。企业好的时候投资人纷至沓来，企业一旦进入盘整或下滑通道，你追着投资人也不会有人再投你了。资本市场是残酷无情，并且讲究机会主义的。

很多关注过商务通的人都曾经设想过，当年的商务通被众多投资人追逐的时候，如果接受了投资，企业实力增强自不必说，投资人也会倒逼公司设立上市进度表，按照上市公司的治理结构完善股东会、董事会和经营层。果真如此的话，陶然和张征宇之间的矛盾，也许在资本方的参与下，可以得到很好的解决。

如果真的如此，恒基伟业的命运应该会完全不同。对资本认知的分歧，加上两次融资失败，陶然等人的心彻底凉了。

恒基伟业陷入经营困境之后，张征宇倒是开了窍。他把大量的时间花在融资、借壳上市等资本运作上，但为时已晚。资本运作必须以实体经济为基础，在公司业绩不好、产品前景不好的情况下，进行资本运作无异于缘木求鱼。

最终，所有的分歧与争论，在深圳召开的一次董事会上见了分晓。

去职恒基伟业

那一次，各种争论议题让大家争论到很晚很晚。然后，陶然把问题挑明了。陶然一直就是一个有话当面说的人，既不喜欢磨磨唧唧（陶然的原话），更不屑于拐弯抹角。陶然说，咱们就别绕圈子了，所有问题的核心其实就是一个，与股份比例无关。从事业角度讲，恒基伟业到底是咱们七个人的事业还是张总您一个人的公司？

陶然又说，我不在意股份的多少。原本，我就是以报恩和帮助您、帮助四达集团的角度进来的。我在意的是在经营层面和董事会层面的游戏规则。如果说是七个人的公司，就应该按照现代企业制度来治理。如果是您一个人的公司，当然是您想怎么玩儿就怎么玩儿。

我本人很明确，如果是您一个人的公司，第一，我没有兴趣打工；第二，您也不缺我一个打工仔；第三，我根本不看好在您管理下的公司未来，我会离开。话已至此，张征宇便必须给大家一个说法了。所有人都已退无可退。

张征宇首先承认，陶然说得对，核心就是这个问题。他说，他要好好想一想，再告诉大家答案。本来以为是峰回路转的一场反思，结果第二天，开会伊始，张征宇就说，他想清楚了，他非常明确地认为，恒基伟业应当是他自己的公司。

这句话说出来的时候，恒基伟业的未来就已经注定了。陶然当即说，既然是您一个人的公司，那么我选择退出经营层。说这句话的时候，陶然哽咽了。

其后不久，在广州召开的一次媒体见面会上，陶然宣布了自己辞去恒基伟业董事及常务副总裁职务的决定。这引起了媒体一阵骚动。

当时，媒体对此进行了广泛报道。

对于陶然的辞职，张征宇做了最大程度的挽留。他说，陶然你可以休息、放假，甚至不来公司都可以，但别宣布辞职。过一段时间，如果你想通了，可以再回来。但是，陶然已经下定决心要宣布这个决定。

在陶然看来，原来的方向盘是在自己手里，全国的媒体和代理商都知道，是陶然在掌控着恒基伟业的方向盘。现在，张征宇把方向盘拿走了，其很多做法又是陶然不赞成和不认同的，那他得让所有的人知道，未来的恒基伟业是张征宇的所为，而不是他孙陶然做的。

陶然预计，张征宇一旦接手，恒基伟业必然开始走下坡路。因为四达集团50多家公司过去十多年的发展史早已证明了这一点。陶然不愿意让别人把这个注定要到来的失败算在自己头上。既然方向盘已经不在自己手里了，未来的一切当与自己再无关联。所以，他必须宣布辞职，他要让大家知道，未

来的恒基伟业是好是坏都不是孙陶然所为了。

当然，多年以后，再回想起这件事，陶然也有一些遗憾。

陶然认为，自己当年如果不是那么年轻气盛，若不公开宣布辞职，而是给自己放一个半年甚至更长的长假，也许最后的结果就跟黎万强在小米一样，在一段时间的长假之后又重新回归。也许这是张征宇当年最期望的一种结果吧？

年轻气盛的陶然没有选择这种做法。否则，也就不是孙陶然了。

在陶然看来，四达集团经营了十几年，成立了那么多公司，做成什么样大家彼此心里都很清楚，而恒基伟业之所以有今天，根本就是没有按照四达集团的管理办法管理的结果，是七个人黄金组合的产物，甚至是在陶然主持之下确立的那些与四达集团截然不同的公司文化、制度流程的结果。如果张征宇不承认这一点，还非要自己掌控，那失败就是必然的。

那么陶然又有什么必要在这里浪费自己的生命呢？

从1998年8月陶然同意加入，到2000年5月陶然宣布辞去董事和经营层全部职务，陶然执掌恒基伟业的时间只有短短两年。但他带领当时的恒基伟业团队，创造了一个被很多商学院列入经典案例的商务通神话，一个之后十几年的时间里都流传在江湖上的传奇。

陶然离开了。

下坡路

在这之后，商务通的七个联合创始人，有四个人在2000年5月陶然宣布辞去董事和常务副总裁职务后的一年内，也相继离开了恒基伟业。

宋建元在2001年初不幸因车祸去世。

负责研发及进出口的冯庆宇辞职，移民去了美国硅谷，近些年又重新回到中国创业。

范坤芳辞职回到了自己的平治东方公司继续经营。

赵明明是最后辞职离开的，他继续经营了一段已经属于他的恒基伟业北京和上海分公司，继续做了一段时间的商务通代理之后，收山退休了，后来移民去了欧洲。

陶然则在休息了几年之后，开创了拉卡拉。

留下的只有张征宇和李明。

最后，恒基伟业在商场上重新成了一家名不见经传的公司。具体业务很少再被人提及。2000年，恒基伟业的利润下滑到2.5亿。2001年，下滑到5000万。2002年之后，进入了长期亏损阶段。在2008年左右，恒基伟业曾经又焕发过一次新的生机。不过，在现在看来，那也只是回光返照而已。当时，恒基伟业通过和橡果国际合作销售商务通保密手机再次获得了较大的销售额，还一度又变得非常火爆。

看到这样的情况，陶然去找了一次张征宇。陶然说，一个品牌跌落之后能够再次兴起，非常不容易，也是难得的大运，希望张征宇能够好好总结当年商务通的经验和教训，把握住这一次复兴的机会，不要重蹈覆辙。

陶然还认真地给出了一些具体的建议。最后这些建议完全没有被听取。很快，商务通手机带来的瞬间辉煌一闪即逝。恒基伟业又重新销声匿迹。

七人之中，一直走在时代前端，一直屡屡成功的仍然是陶然。但是陶然仍然不无遗憾。如果以攀登珠峰做类比，当年的商务通在七人黄金组合之下，已经到达了7000米的攀登前进营地，甚至更高。他们处于向顶峰攀登的最有利位置，并具备一切资源和条件。如果有机会让陶然在此基础上率队冲顶，恐怕成功率是90%以上，远远高于陶然"有60%的成功把握就该拼"的机会理论。

但是，陶然当时却不得不离开。而他后来的经历，便相当于在几年以后又重组了一支登山队，再次从珠峰脚下开始攀登。

登山时，最难、花时间最长的两段，便是第一段和最后的登顶。离开恒基伟业，让陶然不得不重新率队从第一段做起，虽然最后也成功了，但却浪费了六七年的时间，才重新达到当年商务通的高度。

第三发展阶段

2018年8月1日，陶然在自己的个人公众号上发表了一篇文章，专门谈企业的发展阶段。他指出，企业只有解决当前发展阶段的主要矛盾才能向前发展。文中写道：

> 和人的成长一样，企业发展是分阶段的，每个阶段都有其主要矛盾，解决了主要矛盾才能向前走。
>
> 人有少年时期、青年时期、中年时期、老年时期。不管什么人，到了年龄就会进入下一个阶段。但是企业不一样，企业如果没有解决当前

发展阶段的问题，不管是八年、十年，要么死掉，要么依然是属于该发展阶段的企业。只有解决了当前阶段的主要矛盾，企业才能进入下一个发展阶段。

企业分为四个发展阶段——初创期、成长期、发展期、成熟期。

企业成立之后，就进入了第一发展阶段，这个发展阶段的主要矛盾是找方向，即做出一个有人愿意花钱买的产品，并且找到一种能把它源源不断卖出去的方法。解决了这个问题，企业就可以突破第一发展阶段，走向第二发展阶段。

很多企业，明明还没有做出产品，却不重视做产品也不集中资源做产品，反而投入很多精力去考虑该怎样推市场，怎么做产业布局，这是非常错误的。

企业的第二个发展阶段是成长期，主要矛盾是营销。

在这个阶段，就是看企业能不能用三年时间把第一个发展阶段打磨出来的产品，卖成市场份额第一第二的爆款。这是一个巨大的挑战，如果解决了营销这个矛盾，企业就会成为单品销量冠军，达到年利润过亿的规模。一个只会做产品的公司，要在全国建起销售网络，不论是代理商网络，还是建起全国的分公司网络，必须开始投放大量的市场费用，要买到足够的流量，并把流量转化成收入和利润，这其中每一步都是巨大的挑战，都需要相应的班子、战略和队伍才能实现。

在Excel表上计算出来的销售额和利润，跟真正把收入收到账上，中间隔着不止一个太平洋的距离。很多企业死在这里，所谓的"C轮死"就是死在这个发展阶段，产品做出来了，钱融到了，想把产品变成收入和利润时，头脑一发热，从80人一下就扩充到了800人，然后便管理失控、系统崩塌了……

这种例子比比皆是。

企业的第三发展阶段是发展期，主要矛盾是多元化。

产品已经成为单品冠军了，那怎么样才能把公司的盈利以每年增长30%的速度持续下去呢？只有开辟第二战场、第三战场。

如果运气好，用三年的时间度过了这个阶段，企业就会变成拥有两三条产品线的综合性产业集团，达到5亿以上的利润规模。

人都是串联动物，做完一件事儿再做另外一件事儿大家都会，同时干两三件不同的事儿，这是一个巨大的挑战。有没有多元化的产品只是多元化的一个门槛，进了这门槛，考量的重点就是企业的管理能力和经营能力了。

企业的第四发展阶段是成熟期，主要矛盾是生态化。

发展期结束，企业成为多元化集团，再向前发展，就必须解决生态化问题，打造一个生态链。

联想系、阿里系、腾讯系，都是处于企业的这个发展阶段。一方面，如果不进入生态化阶段，你的综合性企业集团很容易被人家颠覆；另一方面，这么大的体量要继续获得30%的持续成长，一定要进入生态化这个阶段，沿着产业链的上下游、左右游进行投资、布局、整合，获取协同利润和生态链利润。

企业发展就是这样，处于哪个发展阶段，就要集中力量解决那个发展阶段的主要矛盾。跨越式的发展是不可能的，想走捷径的结果是欲速则不达，还得回过头去补课。

一个"老大"，能不能清楚认识到企业所处的发展阶段，并且遏制住自己跨越式发展的冲动，是能否让企业尽快突破本发展阶段的关键。而企业能不能迅速突破本发展阶段，是企业能否可持续成长的基础之一。

根据陶然的这个理论回望，商务通就是死在了企业发展的第三阶段。
按照陶然的伟大企业至少需要十年的理论，即便把张征宇组织产品研发的孕育期都算上，恒基伟业从企业发展的第一阶段走到第三阶段，也只用了三年时间，比一般规律整整短了三年。

遗憾的是，随着陶然的离开，恒基伟业止步于第三发展阶段，也死于第三发展阶段。

2000年5月，恒基伟业在广州发布新产品，在主持完发布会的当场，陶然宣布了自己将要离职的消息。陶然现在觉得，这个行为确实有点意气用事了。

这之后，一直到2003年，算是陶然休养生息的一段时光了。那时中国大地上"非典"肆虐。这段时间，除了不断应邀帮助别人指导创业和解决问题外，有许多企业力邀陶然加盟。因此，陶然当时的未来，面临着多种选择。

一是陶然作为创始股东之一的蓝色光标，几个联合创始人都希望陶然担任董事长，带领大家重拾传播集团的帝国梦。陶然则认为，赵文权已经干得非常之好。另外，喜欢挑战的陶然认为，广告公关领域自己已经体验过了，他希望尝试更新的挑战。还有一些之前细说蓝色光标时提过的原因叠加在一起，最后陶然没有选择蓝色光标。

二是一家巨型家电集团。孙陶然为此还去企业所在地考察了一趟，考察时，为了表示诚意，对方董事长将当地领导都请出来了，但孙陶然最后还是婉言谢绝了。

三是在乔健的牵线搭桥下，陶然与杨元庆也认真探讨过加盟联想集团的问题，但是陶然也没有选择此路。

四是自己做。

2005年1月，陶然正式创办拉卡拉。一个属于孙陶然的新的创业时代，即将又一次到来。

第二十九章

大鹏一日同风起

创业的本质就是"做出有人愿意买的产品"并且"找到方法把产品源源不断卖出去","利润""收入"和"黏性用户规模"是衡量公司好坏的三把硬尺子，这三把尺子是递进关系，符合第一把尺子的企业一定是有价值的，不符合第一把尺子的再看第二把第三把是否符合。三把尺子之下都不过关，基本上可以认定没有价值。

——孙陶然《衡量公司好坏的三把尺子》

陶然正式离开恒基伟业的经营层之后，之所以休养生息了很久，主要原因在于陶然自己并没有立刻想做事。那个时候，陶然已经实现了财务自由。

说到财务自由，从陶然创业开始，四达广告为陶然挣到了第一个100万，恒基伟业为陶然挣到了第一个1000万，后来蓝色光标又为陶然挣到了第一个1亿。拉卡拉又为陶然挣到了第一个10亿。在陶然的连续创业生涯中，大体是这个脉络。

当然，商务通带给陶然的不仅仅是财富，它还让陶然名满天下，并被人奉为营销大师（虽然陶然认为营销只是术，自己真正的本事不在营销，自己是一个企业经营管理方面的专家）。那几年，陶然经常受邀去给人做各种营销指导。

说回金钱，虽然恒基伟业没有兑现陶然作为常务副总裁的大部分薪酬，也没有支付任何费用就把陶然在恒基伟业的股份转来转去直到最后转没了，但仅仅是恒基伟业的分红，以及1999年兑现的部分薪酬，陶然就已经实现了财务自由。

说点关于恒基伟业拖欠陶然薪酬的题外话。对于拖欠本身，以及陶然辞职之后的股份价值，张征宇始终是认账的，并且几次表示自己现在没有钱，恒基伟业也很困难，以后有钱了一定会兑现。直到现在还是这样说。

投资新公司

离开恒基伟业常务副总裁位置的那段时间，陶然过得悠哉游哉，又恰巧碰上"非典"，整个生活节奏也一下子慢下来了。那段时间，陶然天天和钱实穆、张羽、高晓松等一帮朋友在一起打高尔夫、锄大地、斗地主。

陶然说，某种程度上，那是一段神仙般的日子。那是陶然给自己的人生放的一次长假。在陶然眼里，人生总是很神奇，很多事情真的是天意。

就在2000年到2003年那段时间，他周边的朋友好像都很闲，大家每天都在一块儿厮守。非典期间，很多人选择离开北京城，整个城市变得空空荡荡。陶然他们的高尔夫球会也开始封闭，只对会员开放。

陶然和一些小伙伴每天白天在高尔夫球场打球，晚上就在陶然家打牌。

那段时间，陶然迷上了高尔夫，每天都要打，打遍北京各个球场。泰格·伍兹第一次到深圳访问，以及后来到日本打比赛时，陶然和小伙伴们甚至打着"飞的"去追星，只为一睹其风采。而且，他还要去泰格·伍兹去过的球场打球。

从1991年毕业到2000年离开恒基伟业经营层，陶然满负荷地工作了将近十年的时间。虽然陶然一贯会分配精力和时间，但毕竟身处且深处创业状态，精神上的紧张和压力从来不可避免。

不过，朋友们并没有忘记陶然。经常有朋友劝陶然再做点事儿，毕竟那个时候的陶然也只有三十四岁。还有朋友这样跟陶然讲："有的人死了，可是他还活着；有的人活着，可是他已经死了。"然后，说后者指的就是你孙陶然。

话有深浅，其意相类。大家无非都希望陶然能够重出江湖。那段时间，陶然也不是什么事儿都没有做。在他辞去恒基伟业的职务之后，很多在恒基伟业体系内被认为是陶然系的人，在公司的日子都越来越难过。于是有一天，肖朝君找到陶然，说兄弟们不看好张征宇领导下的恒基伟业，想自己做一家公司，希望能由陶然带头。陶然因为自己当时的心态是休养生息，所以并没有同意由自己领头去做。但是他同意给大家投资。

投资之前，陶然提出的唯一要求，就是坚决不能做掌上电脑，也不能做PDA。他认为那种离开原来的体系，再去做和原有体系竞争的产品，用现在的话讲，是非常Low的一件事，不仅没有任何意思，更触及了自己的道德底线。

陶然说，世界广大得很，如果想做产品，完全没必要挤到原来东家的赛道上去挖原东家的墙角。能够设定这样的底线并非易事。因为一个人虽然离开之前的领域，他所有的擅长和专业其实都还在原来的领域当中。而这个底线意味着，你如果选择放弃从前，就必须真的重新开始。

一切都需要重新开始。当然，我以为，这也是陶然的自信和强大所在。

肖朝君说没有问题，他们当时看好的是学生使用的电子词典。他们认为，当时市场上的电子词典在设计上有重大技术问题，就是所有的发音都是机器合成的，都不准确。这样的产品让学生用起来，不啻为误人子弟。他们提出应该做真人发声的电子词典。

陶然同意了。

在陶然的支持下，他们组建了乾坤时尚电子产品有限公司，陶然投了45%，肖朝君投了20%，钱实穆也投了一些，核心骨干们也投了一些。陶然成了公司的大股东。不过，自始至终，陶然都没有参与公司的经营，只是挂了一个董事长的名头，肖朝君找来了一个总经理全权操作。

就这样，一些在恒基伟业待得不如意或者认为恒基伟业离开了陶然就没有前途的人纷纷加入。渠道里一些持同样看法的代理商们也开始纷纷寻求和乾坤合作。

应该讲，当时公司产品的方向选择是对的，也是刚需。

就在陶然于全世界游山玩水之际，公司起步了。

不过就在这时，突然市场上横空出世了一个新产品——好记星。

好记星的创始人叫杜国楹。这款产品一推出就在《北京晚报》《京华时报》等报纸上以整版的篇幅投放广告，势头十分凶猛。同时，好记星的广告采取了搭车清华大学品牌、集中渲染效果等方式，简单粗暴直接有效，销售势头瞬间飙升。

乾坤发音王，一开始还进行了一些抵抗，但是因为陶然给大家定的底线是不可以忽悠，不可以造假，不可以虚假宣传，所以在好记星凌厉凶猛的攻势之下，乾坤发音王在市场上的形势越来越被动。

出师不利

说起杜国楹，他和陶然之间还有一段很神奇的渊源。杜国楹很早之前就和陶然相识。并且，相识的过程非常传奇。1999年底的一天，陶然办公室桌上的座机响了。陶然接起来，一个陌生的男人在电话里问："请问您是孙总吗？"

陶然很奇怪，因为他跟总机讲过，不允许把不认识的人的电话转到他的座机上，而要转到秘书处。但是不知道为何，这个电话却如此神通广大。

当然，陶然讲，如果杜国楹连这一点本事都没有，那他也就不是杜国楹了。

杜国楹当时开门见山："我叫杜国楹，我在天津。背背佳和英姿带是我策划的。我对您做的商务通非常景仰。我明天要来北京，能否有这个荣幸上门切磋一下武功？"这种说法让陶然一听如故。陶然是一个骨子里带点江湖气的人，对于这种主动上门要求切磋武功的高手当然不会拒绝。

于是，陶然答应了。

第二天中午，两个人如期见面，在恒基伟业楼下的四季海风饭馆，陶然请杜国楹吃饭。

当时，商务通采取的营销方法属于市场拉力派，这是陶然的叫法。市场推广在本质上分两种方法：一种是推力市场，一种是拉力市场。推力市场靠强大的渠道力在售点进行推销，拉力市场通过强大的广告投放把消费者吸引过来。

商务通走的路子是拉力市场的路子，只要广告投入产出算得过账就加大投入。例如，如果投100块钱广告能够挣100块钱以上，就接着投第二个、第三个100块。当然，随着广告投放量的加大，广告回报率会逐渐提升，到达顶点后会是一个拐点，那个时候就是广告应该收缩的时候。而就广告投放的媒体而言，有的产品适合电视长广告，有的产品适合报纸广告，但是无疑都要大篇幅海量投放。电视广告可以用五分钟十分钟的时段反复投放，报纸广告则可以用整版的广告强制阅读。

广告的套路，无外乎是四段论。第一段，提出问题。例如，你还在使用翻得破烂不堪的电话号码本吗？孩子英语不好怎么办？第二段，指出后果，阐述这些问题不解决最终将会怎样。第三段，给出解决方案，就是本产品。第四段，告诉你使用本产品之后的效果，并承诺疗效、无效退款之类。商务通，以及商务通之前的哈慈五行针，以及杜国楹做的背背佳等都是同样的路数。所以，杜国楹认为，陶然跟自己属于一个流派，这才有了找上门来切磋武功一说。

当然，当时的另外一个背景则是，杜国楹想从天津迁居到北京，也想结识一下当时在北京最火的商务通和他的操盘者。两个人从中午开始边吃边聊，一直聊到晚饭开始，又继续边吃边喝边聊，最后谈到晚上八九点钟才结束。

这就是陶然和杜国楹的第一次见面，两个人也由此成为朋友。

没想到，2001年，两人再次相遇。陶然的部下进入电子词典市场时，迎面碰上的竟然是由杜国楹策划的好记星。在陶然眼中，杜国楹是一个和美国的乔布斯、中国的雷军一样狂热的产品信徒。后来的 E 人 E 本以及 8848 手机、小罐茶等产品都是杜国楹的策划。

到 2004 年上半年，在好记星学生词典的步步紧逼下，陶然的合伙人肖朝君等操持的乾坤发音王一直处于挣扎求存的状态，公司的初始投资也离消磨殆尽不远了。因此，肖朝君又去找陶然，希望陶然出山拯救公司。

在乾坤时尚公司的发展史上，陶然行使过两次否决权，一次是乾坤时尚成立初期，当时肖朝君召集了全国很多代理商到北京开会，提出了一个所有代理商入股，组建一个强大的联盟型公司快速切入市场的计划。陶然参加了那个会议，但是在会议的最后，陶然叫停了这个计划。

陶然当时有两个考虑，一个是那时公司的方向他还不清楚。陶然从来都不会在方向都没有的情况下铺起一个巨大的摊子。陶然认为，那如同带着大部队在山里兜圈子找路一样愚蠢。另一个考虑，则是他看到代理商中很多人都是恒基伟业的代理商，一旦组建出这个公司，必然会走向和恒基伟业冲突的局面，所以他必须叫停这个计划，而只同意员工参股。

即便已经和恒基伟业彻底分离，陶然仍然不愿意自己和自己的团队成为和恒基伟业正面对抗的对手。陶然自己投资的 45% 则是他心中大股东的理想比例。

当然，后来肖朝君找陶然出山拯救公司时，公司的原始投入已经赔得七七八八了，很多骨干员工很心疼投入的钱，陶然二话不说，按照原价加利息出资购买了愿意出手的人的股份。

这也是后来拉卡拉第一次融资前陶然的股权很高的原因。

为别人的钱负责

在《创业 36 条军规》中，陶然告诫大家，创业初期最好不要让员工也不要让亲朋好友投资。因为那个时候公司生死未卜，赔自己的钱是自己的事儿，赔投资人的钱也可以接受，因为毕竟投资人是靠专业投资来获利的，既然投资就有赚有赔。但是，赔员工和亲朋好友这些非专业投资人的钱，心理压力非常大。所以创业初期，最好不要让员工和亲朋好友投资，如果想跟大家分享收益，革命胜利前夜再做出安排就足够了。

第二次行使否决权是陶然准备接管乾坤时尚的当口。在陶然犹豫是否接受肖朝君的请求出山接掌乾坤时尚时，他正好带着夫人和孩子在香港旅游。钱实穆作为乾坤时尚的股东之一，为了促使陶然出山，让朋友介绍了一家著名的香港风险投资基金跟陶然见面，名义上是为陶然以后出山找投资做些准备。

陶然一贯大大咧咧，更何况长期处于休假状态，也没有决定是否出山，再加之是在旅游期间，他连正装都没有穿，穿着大裤衩和拖鞋就去了那家基金。巧的是，那家基金公司是在冷气十足，用现在的话讲十分高大上的李嘉诚的长江中心办公。因为朋友的介绍以及陶然的名气，接待陶然的是对方的最高负责人。

陶然就这样以一种非正式的方式谈了自己的想法，聊了半小时就离开了。在陶然看来，这件事就是为了给朋友的牵线搭桥一个交代，他压根没认为这件事能成。

不过，回来后，还是为了对朋友有交代，他安排了后续的对接流程，让乾坤时尚财务部的负责人对接。没想到，一个多月后，对方竟然寄来了一个厚厚的信封，里面是全套的投资文件。他们已经过会了，愿意投资1000万港币。在当时，1000万港币是很大的一笔钱。而陶然没想到对方会投资，所以当对方真的决定投资时，陶然反倒含糊了。

去跟对方谈投资，陶然并没有抱着一定要谈成的念头，他认为在那种情况下，只是见个面而已。所以，在谈到公司未来时，陶然描绘了一个很好的前景。没想到，这个投资真的走到了要签约的阶段。虽然陶然描绘的前景并没有作为条款写在投资协议里，但是毕竟那些话是他自己说的，而且说给了对方最高负责人。陶然并不确定，自己描绘的那个前景是否可以实现甚至超预期。

于是，他开始到乾坤公司花更多的时间了解产品。一研究，他发现真人发音词典有两个问题：一个是市场偏小，只是一个学生英语学习的辅助产品；另一个是好记星当时在市场上已经占据了明显优势。虽说这个市场上的传统领先公司是文曲星，但杜国楹的好记星已经像当年的商务通在PDA市场上一样，形成了强大的品牌力量，如欲与其正面竞争，很难取胜。

陶然是一个企业战略大师。他坚信《孙子兵法》的精髓是胜而战之而非战而胜之。也就是说，只有在有把握取胜时才能投入战斗。进入一个没有机会获胜的战场是愚蠢的，也是没有意义的。一个合格的企业家，应该选择自己能打赢的战场进行战斗。

因此，陶然的直觉让他迅速做出了三个判断：

第一，自己必须重新出山，执掌乾坤。他不能见死不救，也不能让自己曾经参与的公司有失败的纪录。陶然一直引以为自豪的是，所有自己主导或者联合参与的事情，都没有失败纪录（当然，到今天也还没有），并且都做到了细分领域数一数二的成就。既然乾坤时尚是自己做董事长并且占大股的公司，他自然不会允许失败的发生。所以，他要重新出山。

当然，经过三年的闲散生活，陶然承认，自己的手也痒痒了。还有一件陶然看来非常奇怪的事情，那就是，前两年每天跟他玩在一块儿的小伙伴们，这时候纷纷有了自己的新事业，大家纷纷开始忙碌起来。陶然就是真想每天继续玩下去，也没有人陪他了。其实这并不奇怪。还是那句话，物以类聚，人以群分。陶然既然是一个闲不住的人，其他人一定也一样。

第二，放弃电子词典行业。他认为，这个行业太小，并且市场上有强大到很难战胜的对手。那么，就不要把时间浪费在这个方向上。维持没有意义，必须改弦更张。

第三，要引入投资。陶然已经清晰地意识到，必须借助资本的力量来发展。

后来，在《创业36条军规》中，他明确提出了一条军规，就是创业者要善于利用风险投资来发展。在当时，他已经意识到，不引入风险投资的创业相当于输在了起跑线上，相当于自己选择了用小米加步枪和别人的飞机大炮进行竞争和抗衡。那将是非常不明智的。

想清楚了这三点，他当即做出了一个决定，婉言谢绝香港基金的投资。因为他发现，公司下一步要做的事情和当时他跟对方在香港描述时所讲的肯定不一样。对方非常吃惊和意外。在他们的投资史上，还从来没有遇到过他们已经决定投资但是创业者不要了的情况。

在了解了具体细节后，对方告诉陶然，他们知道也理解陶然要改弦更张的决定，但是他们依然愿意投资。也请陶然不要太在意他曾经"吹过的那些牛"。令人意外的是，陶然认为自己还没有完全准备好。最后，还是婉言谢绝了。

但是，事情到这里还没有结束。香港那边收到了陶然拒绝的信息之后，又回复说：你转型，我们支持转型！我们还是决定继续给你投！然后，又一次峰回路转。陶然再一次拒绝。

陶然这一次的态度非常明确，表达也非常清晰：你越是信任我，我越要为你的钱负责！

陶然最难能可贵的，不是他创立的方法、开创的先河或建立的体系，而是他的做人。商道，最终还是要归结在人的身上。

陶然的分享型人格、阳光型人格，让他在处处为他人着想时，给自己和合作伙伴带来了彼此利益的最大化。而陶然的成功，则是这个世界还给陶然最好的回报了。

第三十章

一叶扁舟轻帆卷

所谓伟大的企业，我的定义是：行业数一数二、可持续成长以及受人尊重。要做到这几点，最核心的是拥有用户并服务好用户，给他们以"感动人心，价格厚道"的产品和服务。

——孙陶然《拉卡拉是谁，拉卡拉为什么而奋斗》

既已决定接手乾坤时尚公司，陶然便开始动手了。陶然要做的第一件事，就是收缩电子词典的战线，准备将之迅速结束，同时寻找公司的新方向。

后来，很多人问陶然，当初为什么要在乾坤时尚的基础上继续做而不选择重新建立一个新公司。因为大家都能看得出，拯救乾坤就意味着要带着乾坤时尚的一摊子事儿。而去结束一摊子事儿，比新创一摊子要难多了，也意味着一大笔投入。

陶然自己明白，开张容易关张难。一开张，柴米油盐酱醋茶开门七件事儿都得投入，陶然自己用卖车打比方。一辆新车，一旦上了牌，即便马上出售，也得打九折甚至八折。公司一开张，各项投入和日常开销就在那里，即便马上关张，善后也是一大笔钱。而且，像乾坤这样做产品的公司，已经销售到市场上的几十万台产品都得售后，还有发到渠道里的货以及库存。善后将是一笔巨大的成本。

在乾坤时尚的基础上做，即便融到资，资金中的一大部分也要用于老业务的收尾。即便如此，陶然也没有选择重打锣鼓另开张。

陶然说，那不是他的风格。不过，我却明白，一方面是他不想任何自己深度参与的事情有失败的纪录；另外一方面，他认为自己必须给公司所有的投资人，所有的员工，以及全国代理商有所交代。所以，这是没得选的选择。也是不用选的选择。

这是陶然的性格，人品和行事风范的选择。

当然，陶然不是一个死心眼儿的人，他最推崇聪明工作，盯着目标然后找到最简单最巧妙的方法来达成目标。

此次，他选择的是找人接手乾坤时尚的产品。陶然找到了杜国楹。他告诉杜国楹，在电子词典的市场上，他认为以后是好记星的天下，其他产品再竞争已经意义不大，但是乾坤时尚在真人发音方面确有独到之处。

他请对方帮一个忙。他现在要重新出山，但不想做电子词典。他希望杜国楹能把乾坤发音王接过去。价钱好说，主要是要把库存接过去，把渠道接过去，以及把已售出产品的售后接过去。

杜国楹同意了。

于是，陶然按照人跟事走的原则，把做电子词典的这一拨队伍，连同所有库存以及所有产品一起转给了杜国楹。自己带着剩下的十几个人，开始寻找自己想做的方向。这些人，就是后来拉卡拉的第一批员工。而拉卡拉，就是在乾坤时尚的原址上迈出了自己的第一步。当然，完成这一切的时候已经是2005年的1月了。而且，婉谢了香港投资后，陶然还是为公司找到了新的风险投资。这一次，投资人是联想投资。

引入联想投资

陶然引入联想投资的过程。也是一个传奇。

在决定重新出山之际，陶然的老朋友乔健约陶然吃饭聊天。在这之前，两个人已经好久没见了。当年和陶然一起策划联想电脑第十万台下线活动的乔健，现在已经是联想集团人力资源工作的全球负责人。

聊天时，乔健听说陶然准备重新出山创业，就说："要创业，你应该找联想投资。"

当时，联想控股把联想集团和神州数码分拆后，创立了一个风险投资基金，就叫联想投资（即现在的君联资本，目前中国最好的风险投资之一）。这个基金由联想三少帅之一的朱立南执掌。当时，也是刚起步不久。

陶然说自己不认识朱立南。如果1991年陶然去了深圳联想，便将可能成为朱立南的部下，但是，毕竟当时他没有去。而在那之后多年，陶然与柳传志、杨元庆、郭为都有交集和交往，唯独与朱立南从未谋面。乔健当即拿起电话打给朱立南，说商务通的孙陶然准备重新出山创业，现在将他介绍给你。

很快，陶然和朱立南见面了。两个人一见如故，聊起了诸多渊源，相谈甚欢。然而在项目提交表决时，不出意外地没有被通过。

当时的联想投资，采用的是项目打分制度，任何一个项目都是所有的合伙人一起打分，总分超过23分通过，否则予以否决。陶然的项目当时还是一个电子词典项目，未来据说要做新的事儿，但是是什么事儿现在都还不知道，被否决也是正常的。

虽然只有一面之缘，但是朱立南非常看好陶然，他想促成联想对陶然的投资。朱立南为此采取了两个非常具有领导艺术的做法，这使得陶然至今都非常感谢朱立南的安排以及对自己的信任。

从那之后，陶然和朱立南既是好朋友，也是好的上下级和好的合作伙伴。陶然从来没让朱立南看走眼过，也从没让朱立南失望过。

朱立南的做法，第一个是请柳传志柳总出马。朱立南给陶然打电话，很客气地问："陶然，你介不介意去拜访一下柳总？"

陶然当然求之不得。虽然在1991年，陶然就有机会进入联想总裁室做秘书，但最后并没去成。虽然在1995年，陶然做《北京青年报·电脑时代》时就曾采访过柳总，还写成了一篇文章放在了《与老板对话》栏目当中，但毕竟与柳总深入接触的机会并不多。

现在，又有机会去见柳总，不管是不是谈投资，陶然都再愿意不过了。

更何况，陶然凭借自己一贯的直觉，感觉这应该是自己的项目过会出现了问题，朱立南是为了帮他才安排的这次拜访。

朱立南做的第二件事就是打电话给雷军，向他了解陶然的情况。我们之前介绍过，雷军与陶然很早之前就相识，雷军对陶然自然是赞誉有加。朱立南马上问道，如果联想投资陶然，雷军你愿不愿意跟投？

当时，雷军刚刚把卓越卖掉，雷军和求伯君、张旋龙一起拿出了300万美元，由雷军负责做投资。后来，雷军用这笔钱投了拉卡拉、UCWEB、凡客、YY等17个项目。陶然的拉卡拉正是其中的第一个。

雷军表示，当然愿意。

如此，朱立南为自己的投资拉来了一个背书。

朋友雷军

陶然与雷军相识于1995年陶然做《电脑时代》时。2018年7月，小米在香港上市之前，雷军写了一篇《小米为什么而奋斗》，邀请陶然也写一篇《拉卡拉为什么而奋斗》，陶然回应了一篇，其中谈到了他和雷军的交往：

> 我和雷军兄相识非常之早，早到了23年前我们还都是青春热血之时。记得我们第一次相识是在一个研讨会上，当时我和《北京青年报》合作创办了一份电脑周刊，这是中国大众媒体第一份电脑周刊，也是当年影响力最大的电脑媒体。因为微软软件在中国的霸权问题，我们邀请当年各大国产软件公司的总经理以及一些专家学者组织了一次研讨会。

时间久远，那次研讨会的内容已经记忆模糊了，但是，雷军发言时思维之缜密、逻辑之严谨、看问题之深刻以及对问题解决之道的独特思考，尤其是谈到中国软件行业的生存环境和未来时，雷军兄非常动情，给我留下了深刻印象。后来大家都走了，我俩还在那个并不宽敞的会议室里聊了很久。

我和雷军兄性格迥异，他对吃喝玩乐毫无兴趣，一直是6×12小时甚至7×12小时地工作，而我声称要把生命的六分之一交给户外；他不苟言笑，而我喜欢嘻嘻哈哈；雷军兄为数不多喜欢的运动是滑雪和骑自行车，又完美地与我喜欢的很多运动错过，所以我们两个并不是经常混在一起的朋友。

但雷军之于我，绝对是我认真的朋友、可信赖的兄长以及坚实的事业伙伴。

雷军兄有过一个标签——中关村劳模，是说他工作极其投入，这一点，我想全世界可能都少有人能及。我们两个曾经讨论过天上会不会掉馅饼，我的观点是不管会不会掉馅饼都与我无关，我只把我能做的都做了，尽人事听天命；雷军兄的观点也是不管天上会不会掉馅饼，如果我们不天天早起、辛勤努力，天上万一掉馅饼也不会掉我们头上。

很多我们两个共同的朋友跟我说过，如果我能有雷军一半的勤奋，我今天都会比现在更好，我承认我做不到，这也是我们敬佩雷军兄的地方，比你聪明、比你帅还比你勤奋！

雷军兄还是一个非常善于学习的人，这一点我们两个很像，我喜欢凡事"三条总结"，雷军兄对于涉及的任何问题总是要琢磨透总结出一二三来，对于未知世界有一种如饥似渴的求知欲。更为难得的是，雷军兄对自己的思考所得总是愿意无私地与别人分享，我清楚地记得他拿着那个从不离身的笔记本，和我讨论"零售店面产品陈列的三个原则""产品包装设计的四大理念"，我们也切磋过商务通的营销是怎么做的，金山词霸的红色风暴是怎么做的，以及企业品牌应该如何推广，企业领导人的形象应该如何定位，等等，我第一次出去给拉卡拉融资前，雷军兄还专门抽时间给我讲基金的运作原理、估值的依据，等等，都让我受益匪浅。

当然，我和雷军兄还有更大的渊源，他是拉卡拉的天使投资人，是我历史上的第一批投资人之一（另一个是当时一起投资进来的联想投资，即今天的君联资本），拉卡拉是雷军卖了卓越网后开始做投资投的17家企业中的第一家。

我一直认为雷军兄是中国最出色的投资人，没有之一，不论是他专心做投资的那两年还是后来小米生态的投资，让一大批特色鲜明、名声赫赫的公司和创始人与雷军的名字联系在一起。每年雷军兄的生日或者是重要时刻，这些桀骜不驯的人都会汇聚在雷军兄的身边，或把酒言欢或指点江山，其乐融融。

江湖上一直传说有雷系，其实更准确地说应该是雷军投资了一批优秀的人，他们是一群志同道合的兄弟，他们各自做着有意义、有价值的事，他们有一个共同的厚道可信赖的兄长——雷军。创办小米之后，有一次聚会，雷军兄递给我们每个人一份文件，那是他签署的赠送小米股份的文件，说给兄弟们分享一下小米的创业，让大家非常感动。

这就是雷军，更像一个带头大哥，自己走在前面作为大家的榜样，还时时不忘关照后面的兄弟。

我还清楚地记得雷军兄创办小米的一些画面，那段时间，他的双肩背包里装满了各式各样的手机，一有机会就和人讨论哪里好用、哪里不好用；米聊刚出来时，也是见面第一时间就给你装上，让你使用并提意见。后来他和刘芹聊起，当年两个人打电话谈做手机的想法，电话一打就是几个小时，各自打光两块电池……雷军兄身上那种对于自己投入的事业的激情，真的是惊天地泣鬼神。

我曾经写过一篇文章，认为衡量企业好坏的硬尺子分别是利润、收入和用户规模，的确如此，但中国并不缺一家能够挣钱的企业，中国缺的是有情怀的企业，缺的是所做的事情对社会有正向进步价值的企业。

企业的情怀就是企业创始人的情怀，我深深感受到雷军兄浓浓的情怀，过去几年，虽然历经风雨，但雷军兄带着小米一直坚持走正道，在潮水落去之后，终显英雄本色。所以我相信，上市之后的小米必将再插上一双强健的翅膀，小米必将飞得更高！而更加强大的小米作为一家有情怀的企业必将带给中国更大的价值，中国的制造业将因小米的存在而被推动着上一个大台阶，所以我说小米发展好了是中国之幸。

不要纠结手机是不是高端制造，当全中国都造不出圆珠笔芯上的钢珠时，钢珠制造就是高端制造；当全世界都开着德国车时，德国汽车就是高端制造；当数亿人使用着小米手机时，小米就是高端制造。

不要吐槽小米仅仅是家硬件公司，当然不是，移动终端设备天然的属性决定了其连接起来的是所有的用户以及用户的实时在线，这一点的价值就是平台级的价值。雷军兄志存高远，从小米一开始就着眼于经营米粉而不是经营手机，并且小米几年前就开始布局小米生态。小米当然是一家平台公司，在这个平台上生活着数亿的用户，这个平台为他们提供着方方面面的产品和服务。

创办拉卡拉

从雷军说回朱立南。

三少帅中，朱立南承接柳传志衣钵，确实是实至名归。从这件事上就能直接体现朱立南的领导艺术。基金的规则是必须投票表决项目（当然，联想投资这种投票表决机制也使他们错过了一些好项目，但是投资本来就是遗憾的艺术，没有哪只基金敢说自己没有错失过好项目），要扳回一个被投决会否定的项目当然需要策略，朱立南的策略就是请柳总行使自己的投票权（柳总一般不参与投票，只有在需要的时候才参与），以及拉雷军共同投资做加分项。

很快，在朱立南安排下，陶然去拜访了柳总。这差不多是陶然自《北京青年报·电脑时代》周刊之后，第一次和柳总正式为了一件事而见面。此时的陶然已经不是那个坐在柳总对面采访他的《北京青年报·电脑时代》的首席编辑人，而是一名已经带队创造过家喻户晓的商务通奇迹的创业者了。陶然和柳总彼此简单回顾了历史，陶然讲了他和联想的渊源，之后又介绍了公司的情况和自己准备重新出山寻找方向的想法。柳总当即表示，投资就是投人，我们相信陶然，我投陶然的信任票。

陶然一直非常感谢柳总和朱立南的这份信任。当然，从文化上，陶然也一直自认为是联想文化的追随者以及柳总的追随者。陶然自一开始接触联想就非常认同联想的文化，早在1991年，他刚刚主持四达集团公关部工作时，就找当时分配到联想的楼同学复印过一套联想管理大纲来学习。楼同学是政治学系的，1991年，陶然大学毕业时，正是和楼同学一起被联想的总裁室录用为秘书的。当然，陶然没有去成。而楼同学则一直在联想工作。那份联想管理大纲，陶然读了很多遍，用各种颜色的笔圈圈点点，那是陶然学习企业管理的最初实战教材。

陶然从照猫画虎开始，在自己管理的四达集团公关部以及后来的四达广告艺术公司、恒基伟业等公司建立了规章制度和流程，不是照搬其中的具体做法，而是体会其中的逻辑和思路。

在那次与柳总的会面上，陶然把自己珍藏了十余年的已经陈旧的标满了各种圈圈点点的联想集团管理大纲赠送给了柳总，并告知柳总，自己是柳总和联想文化的学生。柳总非常意外，也很高兴。毕竟，这是彼此理念上的认同。

陶然在拉卡拉提出的五行文化，有非常多联想文化的影子。其中，核心价值观里的求实、进取本身就直接取自联想文化。经营方法论即是柳总提出

"入模子"培训班与柳总合影

的管理三要素：建班子、定战略、带队伍。管理方法论中的管事四步法，也是把联想的复盘直接界定为四步中的一步。

陶然经常讲，拉卡拉是联想文化的继承者，至少是最坚定的信徒和最深入的践行者。那次见面之后，柳总为陶然的项目投了赞成票。联想投资和雷军迅速完成了对乾坤时尚公司的投资。当然，朱立南也要求，陶然自己也要做些投入。

最终的方案是：联想投资100万美元。雷军投资50万美元。陶然自己投资50万美元。一共200万美元。占公司40%股权。2005年1月，陶然把乾坤时尚正式改名为拉卡拉。带着新融到的200万美元，拉卡拉由此出发了。至于拉卡拉为什么会进入金融领域，我们将在后面详细讲解。

不过，实际上用于拉卡拉的起步资金只有100万美元，因为将老业务出手给杜国楹，陶然根本没有收钱。不仅如此，为了善后，过去几个月时间以及后续的善后阶段，陶然总计还花掉了100万美元之多。

关于拉卡拉这个名字，也有一段有趣的往事。说起来，拉卡拉这个名字还是王志东取的。2004年年底，孙陶然、朱立南还有房建国（原《金融时报》电脑版主编，时任中国银联市场部副总经理，陶然的老朋友）、王志东等人一块吃饭。吃饭期间，大家聊起了陶然重新出山执掌乾坤时尚要做金融服务的事情。

曾经创办了新浪、后来又离开的王志东当时正在推广一个叫lavalava的即时聊天软件，他和孙陶然开玩笑地说：“乾坤时尚的名字太平淡了，既然做支付，上海人管刷卡叫拉卡，你们不如叫lakalaka好了，和我们正好是一对儿。”

陶然当时正在为产品的名字发愁。我们都已知道，陶然是名字信奉者，他认为，成功的产品首先名字要成功。在他看来不存在有一款名字不好却成功了的产品。

陶然觉得，lakalaka这个名字不错，轻松活泼，而且全世界的发音大抵都一致，但是四个字节太长了，陶然说就叫lakala怎么样？在座的人都觉得好。陶然当即决定，新产品，新公司就叫lakala，即“拉卡啦”。

这就是拉卡拉最初的名字。后来，在2008年，陶然的大学同学陈伟跟陶然说，“拉卡啦”没有“拉卡拉”好，后者更简洁更大方。从善如流的陶然又将“拉卡啦”变成“拉卡拉”。

然后，一直沿用至今。

关于名字这件事，关联着的还有域名注册的故事。

陶然他们注册域名的过程也非常有意思。起初，他们发现lakala.com已经被一个美国人注册了，于是陶然便派公司的员工以个人名义和对方协商，最终，只花了1500美元就买回了该域名。这也才有了现在拉卡拉的域名。

一切终于收拾停当。乾坤时尚有了新名字、新面貌、新产品、新目标。陶然的拉卡拉时代已然正式启航。

第三十一章

沾衣欲湿杏花雨

在企业经营计划中，推演非常重要。在拉卡拉，我们提出"推演五步法"，画蓝图、横分解、纵分步、配资源、里程碑。沙盘上推演不出来的胜利实战中一定打不出来，EXCEL表上计算不出来的利润经营中不可能挣得到手。

——孙陶然《沙盘上推演不出的胜利，实战中也不可能打出来》

创办拉卡拉，与以往几次创业均不相同。

这一次，陶然初始的目的，就是要打造一家他心目中伟大的公司。此前，陶然的几次创业，都存在这样或那样的先天不足，让他无法实现这一愿望。

四达广告系由于陶然离开去创办恒基伟业，没能继续完成陶然打造综合性企业营销服务集团的计划。

蓝色光标，陶然只是联合创始人，虽然也发挥着核心作用，但是自己并未亲自经营，无法完全按照自己的想法塑造公司。

恒基伟业，确实已经达到了一定的高度和规模。但终因陶然只是小股东，无法按照自己的想法设计和掌控一切。

按照陶然的性格，要做，就一定要做到最好。既然今生选择了做企业家，就一定要做出一家伟大的公司并且形成自己的经营管理理念。

那么，什么样的公司可以算作伟大的公司呢？

三条标准和五种形态

陶然给出了三条标准：

一是必须做到行业内数一数二。

二是要可持续增长，每一年都要比前一年增长20%以上。

三是要受人尊重，受自己员工尊重，受同行尊重，受社会尊重。

用陶然一直心心念念的那句话就是：要走正道，要靠走正道获得成功。现实中确有一些知名企业，尽管名利双收，却因为不走正道，不被人尊重。陶然是一个道德底线超高的人，很多企业为了赚钱可能会踩界，或者走灰色路线，再或者钻法律的空子。这些事情，陶然则根本不会为之，更不屑为之。在他看来，做企业和做人是一样的。

参照上面这三条标准，陶然开启了拉卡拉的创业之路。三条标准从不同层面赋予了拉卡拉发展壮大的潜能，更是给了这家新企业以高格局、高标准和高目标的发展方向。

除了给出伟大公司的三条标准，陶然还曾经历数过他心目中企业的五种形态。

陶然之前做过的四达广告，包括蔚蓝轨迹和蓝色光标，是乙方类公司。

恒基伟业是做硬件产品的，是甲方类公司。

《北京青年报·电脑时代》以及《生活速递》，是媒体类公司。

以上是陶然脑中的三类公司形态，此外，第四种是服务类的公司，例如后来的拉卡拉。

第五种形态是投资基金，例如后来陶然发起的拉卡拉产业基金——考拉基金。

这五种公司形态，是陶然自己的划分，他的人生小目标是：如果有机会，要把这五种类型的公司都做一遍。

六个创始人

陶然给拉卡拉定位的方向是金融服务，自任董事长兼总裁，雷军、朱立南为其董事，阵容豪华。

在设计公司方向时，陶然和雷军曾经做了一次深入探讨。两个人一致认为，金融服务在未来会有非常大的市场。因为中国加入世贸协定时承诺，从2006年开始，金融要开放。在那个年代，中国的金融服务还是非常落后的，提供金融服务的只有国有四大行及几家股份制银行，而股份制银行又刚刚兴起不久，实力也很弱。

尤其是针对个人的金融服务，其服务手段、服务种类甚至服务场所覆盖都非常有限。那个时候最典型的场景是这样的：老百姓交水电煤气各种杂费，或者办理银行卡业务，都需要去银行。银行永远是从早到晚排长队，永远都是人头攒动、熙熙攘攘。很多时候，还没有开门营业，银行门口就已经开始排队拿号。现在的人很难想象，如今只在医院和车站才能看到的排队场景，当年也是银行的一道常见风景。

2005年，三大门户网站已经完成上市。互联网开始日渐兴起。

中国的互联网企业基本上都是靠给电信做SP（Service Provider，服务提供商），围着三大运营商来提供内容、接入等方面的服务起家的。陶然和雷军判断，当金融逐步开放市场之后，未来依托银行为个人提供金融服务将会是一个巨大的市场。他们都非常看好这个市场。

就在陶然跃跃欲试，想要进军金融领域的时候，有一个人出现了。这个人就是陶然的老朋友房建国。陶然和房建国相识于1995年。那时，陶然正在运营《北京青年报·电脑时代》，而房建国是《金融时报》IT版的主编。金融行业是当时所有IT厂商的大客户，所以《金融时报》的IT版是所有IT品牌高度重视的媒体。

陶然做《北京青年报·电脑时代》时，因为要编辑内容，必须去采访厂家、出席厂商的新闻发布会。那个时候，陶然他们因为不能用北京青年报记者的身份，只能打一个擦边球，自称为《北京青年报·电脑时代》编辑人。加之当时在各个行业内占据主流地位的仍然是专业媒体，而《北京青年报·电脑时代》又是一个大众媒体。边缘媒体加上边缘身份，初涉IT媒体圈的陶然有些尴尬，刚刚参加新闻发布会等厂商活动时，难免遭遇媒体圈的忽视和冷遇。

主流媒体圈第一个对陶然伸出手报以笑容的是房建国。这场景非常像当年陶然考入东北师大附中之后，班里第一个向他伸出手报以微笑的丛林涛。这种场景，总是会让陶然终生都留下一份温暖的感受。于是，房建国给陶然留下了非常好的印象，房建国文笔很好，人又颇有江湖气，交友十分广阔。两个人就此开始了长达二十余年的友谊。

后来，房建国说，从他的角度来说，之所以对陶然另眼相看，是他很早就发现了陶然身上出众的才华和领导气质，他认为陶然将来必将做出更大的成就。于是，能有机会跟陶然合作，便也成了房建国的一个愿望。2002年，中国银联正式成立。这之后不久，受银联总裁万建华之邀，房建国从《金融时报》辞职加盟银联。

当时，中国能刷卡的地方还只局限于高级饭店、高级宾馆等非常少的一部分场所。不用说中小城市，就连北上广这样的大城市，刷卡消费的理念都还没有被普及开来。而银联的使命，就是在全国建立良好的银行卡受理环境，让银行卡随处可以使用。

当时，银联旗下有一家公司叫卡友。他们敏锐地发现了市场上有一个产品，具备POS机的全部功能，但是成本却比市场上所用的POS机便宜得多，只要五六百块钱一部。

当时的POS机售价是3000多元。这个高价格也是阻碍POS机普及的最大原因。当时的物价标准，可以用大家关注最多的房地产举例。当时，北京四环内的一套商品房每平方米也就2500元左右。

开发生产廉价POS机的公司叫鹏讯，公司的创始人是熊文森和徐氢。徐氢因为2006年鹏讯被拉卡拉收购而加入拉卡拉，并成了拉卡拉的联合创始人之一。拉卡拉的联合创始人并不是指公司创立之初就加入的核心成员，而是指在拉卡拉成长为综合性互联网金融集团之前（即2015年之前），在公司发展过程中独当一面并发挥了重大作用的人，他们经陶然的确认，被陶然"封"为联合创始人。

拉卡拉的联合创始人为：戴启军、徐氢、邓保军、周钢、陈灏（后来离开拉卡拉自己创业，并被拉卡拉投资）。

所以，拉卡拉的联合创始人，加上孙陶然，一共六人。

金融服务业遍地商机

卡友发现了鹏讯的创新，并认为这是一个很好的方向。硬件价格大幅度降低的商业价值将是巨大的。但是，银联当时不让这类产品进入收单市场，不允许作为POS机使用，将之定义为公共缴费终端，只能用于公共事业缴费。卡友一边跟鹏讯合作，一边自己也开发类似产品。卡友的思路是把刷卡机和电话做到一起，希望能够进入家庭。

刷卡电话开发出来后，应该怎样推广？大家都是一头雾水。参与这件事的房建国自然而然地想起了自己的老朋友——那个创造了商务通奇迹的孙陶然。当时，陶然赋闲在家，并没有重出江湖的打算。于是，房建国专门跑到北京，找到了陶然。房建国向跟陶然描述了金融行业的美好前景，向他介绍这是多么好玩多么大的一个市场，并建议陶然抓紧进入，跟卡友合作。陶然当时未置可否。房建国邀请陶然到上海，给卡友的老总们讲讲如何做刷卡电话的推广。陶然同意了。

在上海，陶然见到了当时卡友的总裁梁建。被问及对刷卡电话的看法，陶然认为，理论上方向有两个，一个是进入家庭，一个是进入办公室。但是房建国并不死心，三天两头给陶然打电话。房建国说："刷卡电话前景广大，你光给建议当顾问远远不够，卡友公司没有做C端市场的基因，他们自己肯定做不起来，你必须亲自出马，否则这个市场机会一旦失去就太可惜了。"刷卡电话，瞄准的是当时两个应用，一个是水电煤气缴费，另一个是电子商务的支付，方案是线上购物线下刷卡支付。

在这里，必须要给大家普及一下电子商务的历史了。

在2005年的时候，淘宝网、当当网等一系列电商网站已经兴起。但是，所有的电商面临的一个巨大难题是支付。电子商务网站创立之初，有三大瓶颈：信息流、物流、资金流。信息流，很快就被解决了，在网上展示信息天然地方便快捷。物流，虽然缓慢，而且很多地方还覆盖不到，不管怎么说，覆盖全国的物流体系勉强也算是建立了。只有资金流，还没有解决，这极大地阻碍了电子商务的发展。如果解决不了支付问题，电子商务便成了一句空话。为了解决支付问题，大家可谓八仙过海，各显神通。

当时主流的解决方式是网银，但这就像是最初电脑的拨号上网一样，不仅操作极其复杂，且支付成功率低。邮局汇款，银行转账，都需要用户跑到邮局或者银行网点排队办理，因为太折腾，很多用户因此就放弃了网上购物。

淘宝为此推出了支付宝。支付宝固然是为了信用担保而生，但在当时，更多还是为了解决网上支付而生。支付宝当时的想法是，用户开设一个支付宝账户，在网上直接完成支付。

但问题是，怎么样才能把钱存进支付宝呢？支付宝相当于解决了电子支付的最后一公里问题，但是并没有解决前面的999公里。

整体来看，这是一个伪命题。如果你的支付宝账户里有钱，你就可以很方便地在网上购买东西。但是，你的支付宝里没有钱。怎样才能把钱放到支付宝账户呢？还是要跑到邮局或者银行网点办理，说来说去，又回到了原点。

后来，支付宝又想了一个办法，他们推出了支付宝卡通，让用户把自己的银行卡跟支付宝进行绑定。这有些用，但还是没有解决根本问题，原因在于，用户的银行卡是不同银行的，支付宝不可能和所有的银行开通支付宝卡通的合作，而用户，如果不愿意将工资卡和支付宝绑定，依然存在绑定的卡里面没有定期流入的钱的问题，而那个年代的中国，各个银行之间的转账都是一个需要到网点排队的难题。

房建国所在的银联市场部当时就在着力解决这些问题。他们设想了很多方式。其中一种方式就是用电子账单的方式，即网上购物时生成一个电子账单，然后在线下的刷卡终端上刷卡支付，当今的日本仍在使用这种方式。推广这种模式需要三个前提：一个是要开发一个电子账单的汇集、分发和支付的平台，二是要签约大量的电子商务网站，三是线下要有足够多的终端数量让用户在身边百步之内就能够找到终端。然而，这一切都不是卡友或者银联所擅长的。因此，房建国才一再邀请陶然出山做这事。

以上，也是陶然和雷军探讨进军金融服务业的大背景。

切入口

看到很多电信SP成功经验的雷军也相信，随着中国金融服务市场的开放，金融SP必将大行其道。在他们看来，那时候中国的银行动作太慢，无法跟上电子商务以及互联网时代对金融服务的需求。

那个年代银行的个人金融服务，除了存款、贷款和汇款业务之外，仅有的一点业务就是代收代缴水电煤气等费。至于信贷，除了房贷和车贷几乎没有别的产品，信用卡在当时更是没有普及。

房建国极力撺掇陶然加入这个产业。陶然动心了。他决定和卡友（背后是银联）合作，把刷卡电话和电子账单支付平台作为拉卡拉进入金融服务市场的切入点。

陶然有一个很好的习惯，就是凡事都先做顶层设计。他主张，领军人物必须先建立行业认知再制定战略。陶然认为行业认知包括三个方面：产业链全景图、游戏规则、主要参与者。把这三个方面研究清楚才能找出胜负手，找出胜负手是什么，才能想办法去做到胜负手。

胜负手是游戏术语，是那个决定你胜负的关键点，可能大多数人不明白。我们就举个直白的例子吧，就好像打麻将，首先搞清楚玩的是四川麻将、北京麻将还是东北麻将，这就是产业链全景图；再搞清楚有多少种和法，每种和牌的番数，这就是游戏规则是什么；再搞清楚每个玩家的特点是什么，才能确定自己要采取什么风格的打法机会最大；最后就是搞清楚什么是听牌，这是打麻将的胜负手，听牌了就有机会和牌获胜。

陶然对金融服务业做了一次深度调研和深入思考，迅速地总结了金融服务行业的四个特点，事后证明，这四大特点全部一语中的。而当时陶然几乎是在一瞬间就想清楚了。他依据的仍是朴素的逻辑和常识。

这个结论是：

一，金融服务行业遍地是黄金，任何一个细分服务都可能赚到非常丰厚的利润。

二，切入很难。这是一个高门槛行业，并不像商务通一样做出产品就可以往前走。金融的任何一个服务都会牵扯到所有的银行或银联，对方不同意你就没法做。也就是说，想要进入这个领域，你永远不可能自己完全掌控。

三，规模才能盈利。每一笔服务的收益都很少，但服务业的好处就是重复性消费，这个月的活跃用户下个月还是用户，而且还会带来其他用户。裂变速度非常快。

四、赢家通吃。一旦切入成功，某个服务种类拥有了海量用户，就可以把其他服务推广给已有用户，最终为用户提供所有的服务。

　　而金融服务行业的胜负手是用户，掌握了用户才是胜负的关键，输赢的分界点。

　　以上这四个行业认知，是2006年陶然做B轮融资时商业计划书上的原文，是陶然亲自写商业计划书时几乎一瞬之间的直觉。

　　在今天看来，这些认知依然非常深刻和正确。尤其是对于胜负手的理解，直接导致拉卡拉一直致力于获得自己的用户，为此付出了多少代价都在所不惜，可以说，这是拉卡拉后来能够成功的核心。

　　正是对于这个胜负手的认知，导致拉卡拉一直追求做C（终端用户）的生意，这个在多年以后被所有互联网企业认知的原则，陶然当年完全是凭借朴素的逻辑推理以及常识做出的判断。

　　这始终是陶然的可贵之处。他相信，万物同理，输赢同源，社会科学最高深的原理和自然科学最高层的原理是一致的。虽然隔行如隔山，但隔行不隔理。

　　凭着这样的行业认知，陶然为拉卡拉选择了金融服务业的方向，并且找到了这个方向上在当时最适合拉卡拉的切入点，由此一直向着掌握胜负手的方向前进。陶然一直坚持不长本事的钱不赚。他要做的是，让每一步都成为下一级台阶的一个铺垫，在拉卡拉，这个台阶就是掌握用户和数据。

　　从一开始，拥有自己的用户和数据，拥有自己的品牌，就一直是拉卡拉关注的头等目标。为此，他们付出了巨大代价，放弃了很多短期赚快钱的机会。但这也奠定了后来拉卡拉成功的基础。可以说，拉卡拉做成今天的样子，并非误打误撞，而完全是瞄着打的结果。这也正是陶然一直想要达到的效果。

　　当年的支付分为两个流派，一个是线上派，一个线下派。支付宝是坚定的线上派以及账户派。陶然也同意线上支付更有前景。但是，支付宝有淘宝作为依托，这是别人无法企及的优势，如果做线上账户，不能掌握淘宝付款，电子商务的半壁江山便与你无关，就算你与支付宝用一样的方式去做，你也几乎没有获胜的可能。

当然，后来的微信支付是一个例外，因为它依托的是社交软件积累的大量用户，所面对的是已经相当开放和成熟的市场环境。换言之，微信支付的切入口与淘宝完全不同。这是后话。

陶然绝对不会进入一个没有获胜机会的战场。之前在做恒基伟业时，陶然的理念便是取胜的关键是胜而战之，而不是战而胜之。是有获胜的把握再投入战斗，而不是先投入战斗，然后再去寻找胜利的方法。因此，他放弃了走线上支付的路线。

房建国提出的刷卡电话以及电子账单概念恰恰与陶然一拍即合。陶然认为，在线上购物，在线下刷卡支付，既避开了支付宝的核心战场，同时线下又是陶然团队的长项。商务通当年就是以强大的线下渠道著称，陶然的部下对于线下发展渠道和做地面推广驾轻就熟。从水电煤气缴费入手，又可以避开与支付宝电子商务支付的正面对抗。

这些，都全然符合陶然的理念。于是，跟银联合作，帮卡友做电子账单支付平台，成了拉卡拉进入支付市场的必然路径。

第三十二章

檐前水到乘槎便

发现用户的一个需求，做出一种产品或服务满足这个需求，这是创新；针对一个已经解决了的需求，找到一种效率更高或者成本更低或者效果更好的方法重新解决这个需求，这也是创新；找到一种新的广告方法，新的销售方法，甚至公司治理结构的改良，等等，都是创新。

——孙陶然《创新是最好的创业武器》

2005年，拉卡拉与卡友、银联共同签订了战略合作协议。自此，陶然也正式重新进入工作状态。拉卡拉要做的第一件事，就是开发一个电子账单聚合分发及支付平台（EBPP）。这在中国还是一个全新事物。同年，EBPP平台上线。它签约的第一家商户是当当网。李国庆是陶然的老朋友。拉卡拉从为当当网做支付服务开始正式起步。起步之后，陶然很快发现，金融行业从来都不是独立存在的。用陶然的话讲，金融行业是一个典型的各尽所能、按劳分配的行业。

"721" 政策

在银行卡产业链里，账户、转接、收单，甚至是商户拓展、渠道拓展都被细分成为产业链的一个个环节。商户支付的刷卡手续费也在这些环节之间按比例分配。你做了产业链的哪个环节，就享有哪个环节的利益。当然，分配比例是否合理，需要再议。

事实上，中国银行卡收单手续费的分配比例极其不合理，分配基础是所谓的"721"，即发卡方占70%、收单方占20%、银联占10%。后来，更发展为固定发卡方及银联的手续费作为收单方的成本、收单方在此基础上加价作为刷卡手续费，再进行市场自由竞争的模式。如此不合理的规则，是后来乃至今天收单行业各种问题的根源所在。

当年，制定如此政策的大背景是银行卡非常少，为了鼓励各个银行发卡，在收单收益上，向发卡方深度倾斜。而当时的收单基本上也是由银行来做，发卡和收单只是内部部门间的不同工作。所以，左口袋和右口袋怎么分对于银行来讲，其实是一件无所谓的事情。

后来，金融形势发生了巨变，银行系统的生存环境也发生了巨变。但是，这个规则却始终没有更改。除了银联的10%，发卡方和收单方之间七比二也好，五比五也罢，银行其实并不真的在意。当时的原则由来是，既然要鼓励发卡，那就定个七比二吧。这就意味着，如果发卡和收单不是同一家银行的话，七比二的比例便显得非常不合理。对银行卡收单而言，大量的工作由收单方来承担，比如发展商户、培训商户以及结算等。尤其是结算，一旦出现差错，收单方赔偿的是百分之百，而收单方分到的手续费只有千分之一左右。

后来，国家发改委又主持给改成了采取了固定发卡行和转接方收益，收单方收益市场化竞争的模式。这个模式某种程度上，比"721"政策更坏。

因为银行也在做收单，甚至像美团这样的电子商务公司也在做收单，大家很容易把收单手续费中收单方的手续费牺牲掉，直接以底价签约。甚至某些电子商务公司，会把整个支付手续费都牺牲掉，造成收单行业的生存环境日益恶劣，年度做到两万亿以上收单规模的企业才能勉强盈利。

不得不说，这是一种悲哀。

错误的开始

陶然带领拉卡拉进入金融服务行业之初就制定了一个战略。首先从支付切入，在获得了规模用户和数据以及品牌之后，再赢家通吃。在支付里边，首先从线下公共事业缴费入手，通过在全国便利店布设拉卡拉自助缴费终端，提供水电煤气缴费以及网上购物线下支付的模式切入。

不过，起步伊始，陶然就发现，自己掉进了一个坑里。还是一个大坑。当时拉卡拉与卡友的战略合作协议约定，卡友负责运营支付系统，拉卡拉负责开发和运营电子账单系统并开发商户。同时，招商银行负责在办公室投放刷卡电话建设支付网络。

这是一个三方合作。三者缺一不可。结果，招商银行出钱购买了10万台刷卡电话，但并没有力量把刷卡电话布放到合适的办公室。刷卡电话进入家庭，更是一个难度极高的命题。在当时，几乎没有任何实现的可能。于是，陶然只得出手组建队伍，帮助招商银行向办公室布放刷卡电话。一开始，拉卡拉的进展还很顺利。很快，近万台刷卡电话布放到了京沪广深各个单位的办公室之中，整体交易量开始慢慢增长。但就在这个时候，新的意外发生了。

卡友开始联络其他银行复制与招商银行的合作模式，希望多卖终端加快支付渠道建设速度。可产生的后果却适得其反。其他银行大多数对刷卡电话不感兴趣，即使感兴趣，也是说得多做得少，根本不愿意出资购买刷卡电话以及组织力量向办公室布放。而招商银行基本上也不再投入了。

一时间，这个项目从形势一片大好，一夜之间竟然变成了前途未卜。拉卡拉签署了越来越多的电子商务网站，但是整个支付方式突然变成了无米之炊，无源之水。没有线下的刷卡终端，线上购物线下刷卡支付就是一个概念、一个虚词而已。

在这样的情况下，大多数人可能会选择放弃。但是，陶然没有。

陶然的思维方式，既然选择了做，就不会再讨论这个事情能不能做，而是这个事情怎样才能做成。招商银行不再拓展支付网络了，我们就自己建设线下支付网络——这是陶然当时的第一反应。

迄今为止，陶然的数次重大选择几乎都是"被动选择"的，要么是别人"程门立雪"要么是他被"黄袍加身"。

比如，他加入四达集团公关部，便是刘文献"生拉硬拽"的结果。

和《南方日报》合作，是勘良"你不合作我们就不做了"的结果。

操盘商务通，是张征宇"连哄带骗"的结果。

投资乾坤时尚，是肖朝君"处心积虑"的结果。

创办拉卡拉，是房建国"软磨硬泡"的结果。

因为价值取向非常多元化，所以他永远有着很多选择，所以他的终极选择往往是顺势而为，或者是在别人的反复促进之下的结果。但陶然一旦决定参与，他就会毫不犹豫地接过指挥棒。在这之后，不管情况如何，他都会把事情做到最好，甚至做到促进者做梦都不曾企及的高度。

另外，陶然从来不是一个怨天尤人的人。一旦他选择了，即便后来发现选择错了或者有问题，他也会自行承担后果，并且尽自己所能将损失减少到最少。甚至还会将不好的后果也当成一次难得的人生体验。就像当年赵文权拉他做直销一样，最终他只把那次经历当作上了很好的一课。

面对问题，陶然总会在现实的基础上找出脱困的办法。往往绝大多数情况下，他都有能力让坏事变成好事，把一个不完美的开始甚至错误的开始变成一个完美的结局。

拉卡拉就是如此。

陶然从帮忙给卡友公司讲营销课进入，以承担整个链条中的电子账单平台环节开始，到带着拉卡拉亲自下场建设受理网络，乃至最后形成了拉卡拉帝国。整个过程，既有别人"程门立雪"的成分，又包含一些他被"黄袍加身"的影子。但最终，成了自残局入手，最终完美赢棋的典范。

与卡友和招行的合作，让陶然意识到，必须建立属于拉卡拉自己的网络系统。这个时候，陈灏已经被陶然拉进了拉卡拉。陈灏之前是卡友公司的副总裁。当年房建国在陶然办公室里给他演示刷卡电话的时候，在后台配合的就是陈灏。陶然同意跟卡友合作，卡友派到北京的谈判代表也是陈灏。后来，陈灏离开卡友创业，陶然说服陈灏，不要做一个小公司的小老板了，还是来拉卡拉一起干吧。就这样，陈灏在2006年正式加入拉卡拉，后来成为由陶然认可的拉卡拉六位联合创始人之一。

当然，陈灏自己的创业之心一直不死。后来，他还是在2013年底选择离开了拉卡拉，自己创办了喔噻科技。而这次创业，拉卡拉还成了其投资人。这是题外话。

左膀右臂

在这里，索性将拉卡拉的其他几位联合创始人一并加以描述，他们是戴启军、徐氢、邓保军和周钢。

戴启军是陶然的大学同班同学，当年的九兄弟之一。1999年，他从哈尔滨辞职来到北京投奔陶然，之后加入了恒基伟业，并担任品牌推广部的总经理。"呼机手机商务通，一个都不能少"这句广告词，便出自戴启军的创意。陶然离开恒基伟业后，戴启军也离开了恒基伟业，自己创办了一家公关公司。

2004年底，陶然决定重新出山，戴启军得知消息后，第一时间找到陶然要求加入，并且想一起投资。陶然说，自己要从乾坤时尚的基础上开始干，负担很重，前景根本看不清楚。戴启军说，没问题，前景一定极其光明。

陶然一直很奇怪，戴启军似乎从来都是对陶然的信心非常强。而这，对于戴启军来说，却是顺理成章、理所当然的认定。陶然对戴启军说，如果要买股份，原来乾坤时尚的二股东好像想卖。你自己选择。

戴启军于是找到二股东肖朝君，自己掏了170万现金，买下了肖朝君手里的全部股权。

当时，陶然还曾经劝说肖朝君别都卖掉，留下一点儿。但是肖朝君似乎对乾坤时尚的未来很不看好，他觉得能卖出去就很不错了，于是未听劝阻。

戴启军就这样成了拉卡拉除陶然之外最大的个人股东。当然，这个机会是戴启军自己争取来的。

对于陶然而言，戴启军一直都是他创办拉卡拉路上亲密的搭档。拉卡拉发展史上，很多地方都留下了戴启军的痕迹。

从带队到上海打样便利店模式，到接棒陈灏把收单业务带上前三名，再到力主挖舒世忠加盟，并将支付集团的总裁让给舒世忠……戴启军均功不可没。时至今日，戴启军仍在主持拉卡拉的创新业务，力图为拉卡拉孵化下一个开疆拓土的武器。

陶然"认定"的另一个联合创始人是徐氢。徐氢早年在招商银行体系工作，后与熊文森一起创办了鹏讯公司。陶然与熊文森的相识是在2001年。在离开恒基伟业后，陶然赋闲时由于好奇参加了一个惠普商学院的培训。在那个培训中，他认识了熊文森。2007年，熊文森找到陶然，说鹏讯创办之后一直处于虽然赚钱但是看不到远大前景的状态。他自己当时又有很多事情要做，希望把鹏讯公司卖给拉卡拉。陶然考察了一下，觉得徐氢等几个人不错，便说收购可以，但是拉卡拉当时也没有钱，可以以换股的形式收购。熊文森表示同意。就这样，徐氢带着鹏讯公司加入了拉卡拉。当时，双方甚至根本没有对赌和服务期的概念，陶然想的是收编人才，徐氢和王荣国、周凯等人则认为自己加入的是一个事业平台。

实际上，陶然后来承认，自己还是低估了鹏讯的价值。他看到的只是徐氢等人的价值。但是，其实鹏讯当时的平台技术以及终端都处于业内领先地位，只不过因为陶然是一个文科生不是技术专家，徐氢又是一个很谦虚的人，当陶然问及鹏讯的技术和产品如何时，徐氢说"还可以"。

陶然就将这句"还可以"理解为不行，至少是一般。于是，陶然就没有再去关注鹏讯的技术价值。后来陶然要求开发拉卡拉的916系统，整个过程一直磕磕绊绊，到最后上线时，徐氢要求在他掌管的长江以南10个省（拉卡拉当时把全国分成三个大区，戴启军、陈灏和徐氢各自掌管一个大区）不上线916系统，而是使用鹏讯系统。因为他对916系统不放心。

陶然这时才猛然醒悟是他自己"买椟还珠"了。他以为鹏讯的"核心交易系统"只是嫁妆，但那其实是含金量十足的"宝贝"。因为这件事，后来陶然提出要求，告诫下属，既不可以有九说十，也不能有十说九。因为两者都会导致我们自己误判自己。

当然，不管怎么说，拉卡拉收购鹏讯都是一笔非常划算的买卖。首先是价格不贵，而且是通过换股的方式进行收购。其次，抛开被忽略的鹏讯系统不说，鹏讯的支付终端成了拉卡拉的自有产品。因为有了自己的终端，拉卡拉在招标终端时，其他厂商从来不敢胡乱抬价。最重要的是，陶然还由此收获了几员大将。为首的徐氢更是拉卡拉最重要的联合创始人之一。

自此之后，徐氢一直和戴启军齐头并进。现在，徐氢是拉卡拉金融（陶然称之为拉卡拉红二方面军）的董事长。

邓保军，毕业于清华大学的技术专家，大学毕业后曾在日本工作过一段时间，后来又参与了海南银联商务的创办，2005年陶然和卡友谈判合作时是卡友的另外一位谈判代表。陶然还清晰地记得自己一边在怒江天险的盘山道上开车，一边在断断续续的信号中和邓保军谈判合作模式的情景。拉卡拉创办之初，邓保军也充当了技术顾问的角色，同时邓保军和善的性格也是陶然和部下们的一个很好的缓冲，在艰难时刻还亲自上手，后来因为要照顾在海南的家人才淡出。

但到了2012年，拉卡拉的交易量暴增后技术研发和系统运行遇到了极大的挑战，把徐氢和戴启军搞得焦头烂额，两个人商量后认为必须让邓保军全职进入公司，于是找陶然出面邀请邓保军，邓保军二话没说，也没谈任何条件，很快赶到上海接任拉卡拉CTO。

另一位陶然认可的联合创始人是CFO周钢，周钢是1978年生人，原来在普华永道工作，2009年被当时拉卡拉的CFO招进公司时刚刚三十岁出头，但很快崭露头角，属于陶然欣赏的那种有CEO思维的CFO。2012年按捺不住自己创业的冲动离开过一年多。周钢在拉卡拉成长很快，2015年陶然那次两个月融资14.5亿人民币的传奇就是陶然带着周钢完成的，期间，陶然累计一个月的时间都是在欧洲"游山玩水"，所有的谈判和处理都是周钢在操持。

基本上，2009年之前，陶然想要的，能为拉卡拉开疆拓土的领军人物都已经到了陶然麾下。这再一次应验了陶然的那句话，上天很仁慈，会把你需要的人在你需要之前都送到你身边。

陶然有一个理念。他认为，一个企业可持续成长并始终充满活力的本质在于，内部有一方可以不断涌出为企业开疆拓土式英雄的土壤。例如腾讯可以出张小龙。

拉卡拉就是自身拥有可以英雄辈出的土壤，这才是陶然一直最引以为自豪的。

在拉卡拉十多年的发展史上，拉卡拉内部涌现出了三次由英雄开疆拓土的故事。三次故事里的英雄人物分别是戴启军、陈灏加戴启军、徐氢加王国强。而他们的贡献在于，分别为拉卡拉打下了信用卡还款、收单以及金融科技三个领域。

陶然多次说过，如果今天的拉卡拉还在做便民缴费和信用卡还款，那这个公司早就不存在了。正因为那只是拉卡拉的起点，他们才活到现在并发展壮大到现在。

对于企业而言，任何产品都是阶段性的，他们只是一个阶段内让企业生存和发展的工具。企业必须吃着碗里的，看着锅里的，瞄着地里的，既重视当前的产品，又不要沉迷于当前的产品，与时俱进才能长命百岁。

陶然认为，最好的商业模式是眼前做的产品是下一步发展的一个台阶，而不是未来和现在毫无关联。为此，陶然在做信用卡还款服务时，就要求必须让用户每一笔还款都填写手机号，以便累计用户和数据。同时，他还要求，必须让拉卡拉品牌在每个网点显像化。这些，都是他在为未来拉卡拉的发展打基础。

一旦有了这些基础，当企业在未来出现开疆拓土式的英雄时，便可以在此前基础上，百尺竿头更进一步，而不是平地起高楼，难度会降低很多。成功也将来得更为迅速。

第三十三章

一蓑烟雨任平生

资本既不是魔鬼也不是天使，不要对资本带上感情色彩，他们和你一样是一个公司，一个靠投资你这样的创业者再退出来挣钱的公司而已。对创业者而言，可以通过融资，让那些拥有闲置资金的人参与到"创业红利"中来，共担风险共享收益，这是一个双赢的商业模式。

——孙陶然《资本只是你的一夜情》

决定拉卡拉独立自主建设线下受理网络之后，陶然召集小伙伴们经过讨论，决定放弃招行当时情有独钟的写字楼办公室。他们选择了进入便利店。

大家认为，办公室太封闭，而且一个办公室，最多也不过四五十人。要推广自助终端支付，就一定要把终端放到大家随处可见、触手可及的地方。最好的地方，毫无疑问是便利店。

尤其是上海。

拉卡拉便利支付点

早在九十年代初期，上海的便利店建设和发展便被列为政府的实事工程。便利店遍布街头，醒目异常，大多便利店都是24小时营业，有人值守。

因此，拉卡拉将自己的下一步目标定位为：把自助终端放到每一个便利店，做到有便利店就有拉卡拉。而且，还要在进门最醒目处的墙上安装一个支架背板，将自助终端安装在支架上，在背板上醒目地标明"拉卡拉便利支付点"。背板上还要张贴业务广告。

当然，这些海报的位置很快就被更换成更加高大上的、如分众传媒所用的液晶显示屏。如此，拉卡拉借鸡生蛋，把随处可见的便利店变成了随处可见的拉卡拉便利支付点。同时，也变成了随处可见的简易银行营业厅。其后几年的时间里，陶然拒绝了所有其他商业计划。他指挥拉卡拉，只专注在这一件事情上。

专注，在创业的每一个阶段，都是一个关键词。

当公司的发展还处于初级阶段的时候，专注在一件事情上，将之彻底做透，值得每一个创业者警醒并借鉴。最终，在全国近300个城市超过10万家便利店里，安装了拉卡拉自助支付终端。日交易笔数高峰时超过200万笔。这也就意味着，最高峰时，各银行最高45%、最低20%的信用卡用户通过拉卡拉渠道还款。

目标有了，打法有了，按照陶然创立的拉卡拉五行文化中的管事四步法，剩下的就该"亲手打样"了，即找城市做试点，测试规划是否可行，并且找到让规划可行的操作方法。打样的城市，陶然首先选择了上海。上海便利店最多。当然，为了保险起见，他们也选择了在北京同时打样。北京所代表的，是缺乏连锁便利店，只能签约各个单体店的城市。这是中国城市中便利店的两种类型。

戴启军带着两员干将刘碧林和王程宇亲自杀奔上海。刘碧林是现拉卡拉支付集团用户经营负责人。王程宇则是现拉卡拉支付集团江苏分公司总经理，同时管辖山东、安徽等省。北京由陶然亲自指挥，从恒基伟业加入过来的一位徐姓负责人（后来很快就离职了）具体负责。

2007年6月底，好德和快客这两家上海最大最新潮的连锁便利店先后与拉卡拉签约。戴启军开始派人安装支架和拉卡拉自助终端。

支架的概念是戴启军提出的，陶然非常支持。安装支架固然让每个网点增加近两百块钱的成本，但是这个投入却可以让拉卡拉的概念在用户面前发生本质性的变化。一台孤零零放在柜台上的刷卡机不会引起用户注意，除了刷卡之外也毫无意义。但挂在每个便利店入口的墙上、显得如此醒目的拉卡拉，则是一种不容忽视的存在。甚至，是一种生活方式。

在上海，戴启军迅速完成了近2000个便利店的终端和支架安装。而在北京，也安装了超过1000个店，尽管只有一半是连锁便利店，其他都是单体店，但是，一个能覆盖北京和上海两地主要社区的拉卡拉便民服务点网络已初具规模。

拉卡拉，正如一个蹒跚学步的孩子，开始一步一步，向着前方迈进了。不过，陶然知道，这只是一个正确的方向，却不是一个可以让拉卡拉走向成功的正确方位。陶然曾专门写文章阐述：让我们成功的是方位而不是方向。如果只是方向对了，但找不到那个精准的让我们成功的方位，还是不可能成功。

就像我们要去香山，只是往北京城的西北方向走是不可能到达香山的。你必须知道香山位于东经多少度北纬多少度，才能到达。

创业也是一样。只是抓住需求的方向，做出一个似是而非满足需求的产品是不可能成功的。必须抓住用户的刚需，并且让产品完美地解决刚需。这不是一蹴而就的瞬间行为，而是一个需要不断调整，不断改进的过程。

拉卡拉选择在便利店安装自助终端于线下提供服务，这个方向是对的。但是水电煤气缴费不是那个可以爆发的方位，因为水电煤气缴费太低频，缴费的大多数人又都是老人，虽然银行排队效率很低，让人很不耐烦，但对于老人们来讲，他们是可以忍受甚至有些享受的。

在便利店的拉卡拉自助终端上自己操作，对他们而言属于新生事物，很多老人不愿学习。他们第一是失去了学习的能力，第二是对学习新事物有一种天然的畏难情绪。这是人性。正是人性，才会成为产品发展的阻滞。所以，最初的一段时间，尽管陶然和团队足够努力，足够投入，但交易量的增长却一直很缓慢。再加之，水电煤气缴费本身的手续费很低，想靠此获得规模化的收入是根本不可能的。

因此，便民缴费只是方向。而让拉卡拉第一次成功的那个方位，则是信用卡还款。而且，是以平安银行为代表的大力发放信用卡的股份制银行的信用卡还款。

向银行收费

2007年开始，招商银行一卡通和信用卡的成功，让股份制银行终于明白了自己未来通向成功的路径：在传统的对公领域和国有大行竞争，固然能够生存，但他们的前途绝对在对私业务。各个股份银行以招行为标杆，开始大力发放信用卡，大力改善和创新信用卡的服务。例如，平安银行推出信用卡10块钱看电影的活动，广发银行推出每周的广发日活动等。这些都立刻使得股份制银行信用卡对中国人的吸引力比四大行信用卡高出了一大截。大量年轻人开始办理股份制银行的信用卡。但股份制银行却面临一个巨大的问题：网点少。当时的信用卡还款，主要就是靠银行网点。

那时候，很多行之间的跨行转账是不通的，网上银行也还没有普及，更没有各式各样的可以满足分分钟钱款转账的线上支付平台。不解决每个月消费者如何给信用卡还款的问题，消费者就不会办你的信用卡。没有网点的股份制银行，就像没有利爪的饿狼，在信用卡市场上很难有立足之地。

2008年，平安银行的目标是：依靠平安保险几十万业务员的力量，用一年时间在上海发放100万张信用卡。他们确实做到了。但是，令人尴尬的是，平安银行当时在全上海只有两个营业网点。要这100万人每个月都到这两个网点去还款，想象一下那个场景，是绝对不可能的。所以，股份制银行联合起来，组成了一个"十行联盟"，把大家的网点拿出来共用。但是，"弱弱联手"并没有让大家变得更强，因为每家股份制银行的网点都很少，十家加起来也仍然寥寥无几。

很多人可能说，为什么不多建几个网点呢？在当时（现在依然如此），银行网点的扩充不是有钱就能办到的，更不是想扩充就可以扩充。每一个网点的新设都需要银监部门的批准。这是一套繁杂的流程，有着极其严格的审批标准。

2007年，那是一个根本还没有网上还款方式、ATM机上跨行还款在很多行（尤其是大行和小行之间）也走不通的年代。

最早是深圳银联开发了一种交易（MCC代码9498），可以在刷卡电话等新型自助终端上实现刷卡跨行信用卡还款，即可以刷任何银行的借记卡（储蓄卡），把钱还到另一个银行的信用卡上。

深圳银联创新了这个业务之后，陶然他们还没有意识到其重大价值，是时任银联助理总裁兼市场部总经理的舒世忠促成了拉卡拉与平安银行的合作。这才让拉卡拉意识到，他们找到了自己的第一个业务爆发点。当时，招商银行信用卡中心的副总经理梁瑶兰去了平安银行信用卡中心担任总经理。她当时的目标是要在2008年一年当中在上海发放100万张信用卡。但是，梁瑶兰明白，不解决还款问题，这个任务根本不可能完成。

梁瑶兰找到了老朋友舒世忠，舒世忠于是介绍梁瑶兰去找孙陶然。舒世忠既知道深圳银联做了跨行还信用卡的业务创新，更知道拉卡拉已经在上海的2000多家便利店布放了自助终端。当然当时那些自助终端还只是用于水电煤气缴费。但如果开通还信用卡业务，那就意味着平安银行一夜之间将在上海多出了2000多个还款网点，而且每一个网点都在社区周边。了解到这一情况之后，梁瑶兰大喜过望，赶紧找到陶然。双方一拍即合，决定马上开始合作。他们跟深圳银联联络。其结果，则是亦喜亦忧。喜的是，让业务上线非常容易。忧的是，怎么收费，怎么分账，根本无章可循。

向用户收费是银行不愿意的，而且按照水电煤气每笔只收区区两三毛钱的标准，显然又满足不了陶然的胃口。陶然提出，每一笔信用卡还款，无论金额大小，拉卡拉要净收到一块钱。这笔钱谁付无所谓，用户付也行，银行付也行。如果银行不想让用户付，那就由银行来付。这个想法在当时确实极为大胆，很多人都认为不可能实现的。因为在那个年代，银行愿意跟民企合作，相当于已经给了民企天大的面子。多数时候，民企为了合作还得采取"忍气吞声""赔本赚吆喝"的方式。还想按笔向银行收钱？怎么可能！

但陶然坚持这样做。

陶然一贯认为，有价值的服务是有成本的，这个成本必须有人来支付。服务的提供者不应该，也没有能力做"雷锋"去提供免费服务。做一笔赔一笔的生意怎么能持久？而那种羊毛出在狗身上猪来买单的事，他认为可以存在，但只存在于极少数商业模式上，对于绝大多数正常企业的正常经营来讲，必须老老实实从主营业务上取得收入和利润。

向银行收费这件事，甚至陶然自己身边的小伙伴们都很怀疑这一点。平安银行虽然对于还款网点的需求很迫切，但是也很犹豫付费。虽然每笔只是区区一块钱，但在未来，这可能是一个每月都要支付的天文数字。

陶然仍然坚持，必须收费。没想到，第一个同意付这一块钱并与拉卡拉签约的是深圳发展银行。深圳发展银行很快签署了第一份协议。榜样的力量永远是无穷的。

既然深圳发展银行已经签约，陶然就告诉所有人，从这一刻开始，不要再讨论银行能不能签的问题了。去琢磨你分工联络的银行什么时候签约的问题吧。

随后，平安银行、广发银行、包头银行、中信银行、光大银行等银行纷纷与拉卡拉签约。向银行按笔收费的商业模式就此确立。某种程度上，陶然又在金融领域开辟了一个新的时代。

不管怎么说，拉卡拉开创的在便利店布放自助终端提供服务的模式成功了！在便利店刷卡还信用卡的模式，在中国信用卡发展史上应该被重重地写下一笔。可以说那个年代如果没有遍布全国的数以十万计的拉卡拉自助终端，各股份制银行信用卡还款的难题将难以解决。解决不了还信用卡的问题，股份制银行的信用卡就发不出去，至少不可能那么顺畅。中国的信用卡发卡数量和覆盖面势必会大打折扣。可以说，股份制银行信用卡后续的发展和规模化，陶然和拉卡拉是有显著贡献的。

当然，这也引起了一些银行的不满。

赢家通吃

对于拉卡拉打造的遍布全国各大城市便利店的自助终端网络，他们一开始并不在意。但是，到了2012年，股份制银行信用卡的势头已经猛烈到让人不能视而不见的地步。这时候，他们才开始一边改善自己的信用卡品质，一边想利用自己的天然优势，断掉小银行的还款通道。

几家大行组建了一个"大行圈"，作为对股份制银行"十行联盟"的回应。大行之间跨行还信用卡互联互通，但是不开放给其他银行。那个时代的中国，消费是联网通用的，国家金卡工程的结果是只要有中国银联标识的POS机，任何银行的卡都可以刷。但是，ATM上的转账并不联网通用，而是各个银行可以选择是否加入联网通用，各银行选择的结果是大行之间可以互转，大行和股份制银行乃至各种小行之间是不能互转的。这就是当时的现实状况。

后来，大行逐渐发现，掐掉股份制银行的信用还款途径，最好的办法其实就是掐掉拉卡拉。因为当时广发、深发、平安等银行每个月近40%的还款，招行每个月20%以上的还款，都是在拉卡拉的自助终端上完成的。因此，掐掉拉卡拉，就等于掐掉了股份制银行信用卡还款的半壁江山。

一方面是某些大行不满，一方面是小银行的热烈拥戴。陶然说，那时候，他有时候真的感觉自己有点像堂·吉诃德。

当时股份制银行爱戴拉卡拉到什么程度呢？有几个例子可见一斑。

2008年，平安银行刚开始和拉卡拉合作时，在内部开展了一个"领养宝宝"活动，要求平安银行上海的员工每个人认领一个安装有拉卡拉的便利店，利用下班和周末时间去便利店跟店员搞客情，给店员做培训，帮助信用卡用户使用拉卡拉。

招商银行为了培养大家用拉卡拉终端还信用卡的习惯，推出每用拉卡拉还一次信用卡就送一瓶可乐的活动。各股份制银行的信用卡发卡人员随身带着拉卡拉网点名单，告诉每个办信用卡的人，你家附近的拉卡拉在哪儿，你办公室附近的拉卡拉在哪儿，引导用户到拉卡拉便民支付网点还信用卡。

拉卡拉自己根本不需要宣传，各个合作的银行主动在帮助它做最大力度的推广。很快，拉卡拉人气爆棚，仅仅用了半年时间，便成了京沪地区家喻户晓的品牌，拉卡拉渠道的信用卡还款交易量迅速提升。拉卡拉的收入也逐月高速增长，经过三年的积累，拉卡拉终于找到了那个让它可以第一次成功的方位，并开始迅速发展起来。2007年7月，陶然完成了拉卡拉的第二轮融资。600万加220万，一共820万美元。融资之后，陶然决定从北京和上海走向全国。

当时的投资人希望他的步伐不要太快，最好是集中力量做好北京和上海。雷军也建议说，能不能够选择更小的一个区域，例如北京市的海淀区甚至中关村西区，把模式做透。而陶然虽然是一个亲手打样的坚定派，但是他认为，拉卡拉模式的核心不是进一步小区域深入打样的问题，拉卡拉能否成功在于能否打造一种支付方式，甚至一种生活方式。

如果形成全国的网络，就会成为一种支付方式，就会促进更多业务的叠加，就会有更高的交易量。反之，在一个很小的区域内投放再多的终端，也不是一种现象，不是一种支付方式。所以，陶然认为，继续小区域打样没有意义。他说，我们已经看得很清楚了，终端上的业务有人使用，使用的时候可以收到费用，这便是模式。剩下的问题就是接下来往平台上放什么样的业务，以及怎么样让更多人使用的问题。这个问题的前提，就是终端网点的扩展。陶然知道，必须迅速占领全国市场，不能成为像分众传媒和聚众传媒那样划江而治、最后又不得不并购的模式。

实际上，那个时候已经有人开始模仿拉卡拉做同样的事情了。还采用了更好的终端。当然，后来模仿拉卡拉的企业都死掉了。因为他们的一台终端，造价要2万到3万元，支付行业微薄的手续费收入是没有办法挣回这样昂贵的终端成本的，他们无一例外地走向了销售广告或者电子商务的路子。拉卡拉模式的成功就在于把钱花在了对的地方而非终端上，他们使用了便宜的终端，但花钱把它放到了对的地方上。拉卡拉把手续费的相当一部分分给便利店，甚至对于标志性的连锁便利店例如7-11，拉卡拉不惜给便利店每月的分成收入保底。

当时的董事会为了控制陶然盲目扩张，要求陶然承诺，除北京和上海之外，2008年进入的城市不能超过2个。这个要求，最终在陶然讨价还价后，变成了"2加6"。即北京和上海之外，最多还可以再进入6个城市。董事会应允了。但"6"其实只是掩护，他们没想到，陶然这一次是铁了心要阳奉阴违了。

在陶然的暗示和纵容下，戴启军派出了精干的小分队，迅速签下了全国25个城市所有的连锁便利店，由此形成了对连锁便利店市场的占领。

总结起来，这又体现了陶然身上与别人不同的一点：他从不唯上、从不媚上。

陶然说，他自己从来都不是一个听将令者，即便在有上级，有董事会和股东会的情况下，即便在他只是常务副总裁，上面有总裁的情况下，他也不会只是简单地按照上级的指令而工作。他永远盯着终极目标思考，选择做对的事，一定要把事情做到他心目中的最高水准，把目标设成最大化，并为此负责。

既然拉卡拉的模式已经很清楚了，他当然不会听从投资人派来的董事的建议。其实我们可以设想，如果真的按照董事会的建议，在2008年只做不超过4个城市，那么今天的拉卡拉将会怎样？

结果不言而喻。事实情况是，到2009年，拉卡拉已经在全国30多个主要城市的所有便利店都安装了拉卡拉自助支付终端，形成了一个全国性的支付网络。这也是所有的股份制银行都将拉卡拉当回事儿，愿意全力跟拉卡拉合作的核心原因。而拉卡拉的那些模仿者，最多的也只是盘踞在一两个城市，都没有形成气候。

第三十四章

入塞犹须阅月行

> 融资时最大的目标应该是融到钱，以及尽早融资成功。前一两轮的估值真的不重要，尤其是第一轮融资，只要估值不是太离谱，没有苛刻条件，有人愿意投资赶紧签约。要知道，被第三方投资的企业与没有被投资之间是有本质差别的。
>
> ——孙陶然《融资时要敢于吃亏》

陶然不囿于仅限4个城市的董事会规定，其根本原因在于他对金融服务市场特质的精准把握。在这个遍地黄金但找切入点很难的市场里，要想挣大钱，必须在找到切入点之后迅速铺开，获得市场占有率，占领制高点，未来赢家通吃。稍一迟疑，就将错失良机。

任何事情要想真正做好，都需要大量的实践和思考，而能做好的永远是少数人。典型的如同围棋和德州扑克这两种公认难度极高的游戏，都是5分钟就可以学会，但是大部分人穷其一生都不可能精通。

对于企业经营和管理的认知，以及对于行业的认知，对陶然来讲都不是问题。相信对于很多高手来说，也不是问题。但是，要想真正理解透彻，并将运用之妙存乎一心，却不是每个人都能做到的。

银行让步

但是，就在陶然与股份制银行的合作风生水起，拉卡拉一路高歌猛进的当口，大银行也开始反应过来：再不积极行动起来，他们将彻底失去未来的中国信用卡市场。于是，大银行开始不断到银联投诉，要求银联关掉拉卡拉9498业务。

银联当然不会关。一方面，关掉这个业务就意味着股份制银行20%到45%的信用卡每月无法还款了，这势必引起社会的轩然大波，也损害银行卡持卡人权益。另一方面，银联一直在致力于推动中国银行卡的普及和互联互通，这是中国银联建立的使命和初心。所以，银联的态度是应该进行整改而不是简单的关闭，大家应该坐下来共同针对9498业务商量出一个大家都接受的收费标准和分配办法。施压不成，2012年5月的某一天，某银行突然单方面关闭了拉卡拉9498业务的扣款通道，所有使用该银行借记卡向其他银行的信用卡将还款业务全部无法成功了。一时间，拉卡拉的客服电话顿时被打爆了，银联的客服电话也被打爆了，该银行的客服电话同样也被打爆了，消费者不明白为什么从自己的工资卡中向自己的信用卡中刷卡还信用卡就不可以了呢……这是当年金融领域轰动一时的事件。各大媒体进行了广泛报道。

自然，陶然马上联络各种人物各种力量进行斡旋。这其中的种种艰辛，种种手段，此时还不足为外人道。其结果是，五天以后，银行恢复了拉卡拉的通道。当然，拉卡拉也发表了声明，宣称由于拉卡拉系统升级，导致业务中断了几天，现在已经修复。大家可以继续放心使用。对此，给广大持卡人造成的不便深表歉意云云。

当然这件事也促成了银联业管委（银联牵头的一个各大银行对银行卡业务进行管理的委员会）协商形成了9498交易的业务规则。9498交易这个拉卡拉和银联的创新业务，历经各种风雨，终于获得了各方的认可，拿到了自己的身份证明。

从此，在银联的MCC代码之中，多了一项交易——9498跨行信用卡还款业务，每笔业务收费3元，所有银行开通该业务的交易通道，只是有的银行替用户支付该手续费，有的银行替用户支付部分手续费，有的银行让用户自行负担该手续费。

于是，在遍布全国的拉卡拉便利支付网点还信用卡，产生了如下情况：还某些银行的信用卡，用户每笔需要支付2块钱手续费，某些银行不需要支付手续费。但后台拉卡拉每笔收到的手续费都是3块钱，该手续费在拉卡拉、银联和借记卡转出行之间进行分配。

"600+220" 融资

2002年，随着金卡工程的实施和中国银联的建立，中国开始逐步实现POS机的联网通用，这使得所有银行的卡片在消费时站到了一个起跑线，极大地提高了资源利用效率也促进了银行卡的普及，这是一个划时代的进步。

到2007年，拉卡拉便民支付网点的出现以及9498交易的出现，让所有银行的信用卡还款站到了同一个起跑线上。大家竞争的不再是还款的便利性（实际上也提高了所有银行信用卡还款的便利性），而是信用卡的服务品质。这无疑是所有信用卡用户的福音，也极大地促进了中国信用卡产业的发展。而拉卡拉凭借信用卡还款这一项服务，发展成为在全国300多个城市拥有超过10万个自助终端，每天交易量超过200万笔的第三方支付公司。

2011年，人民银行开始发放第三方支付牌照的时候，拉卡拉成为第一批获得牌照的27家公司之一，从此踏入了金融服务领域发展的快车道。陶然曾说，直到2013年拉卡拉开始进入收单市场之后，他才最终确立了拉卡拉要成为综合性互联网金融科技集团的目标，进一步明确了先从便民支付入手进入第三方支付的第一阵营，然后寻机拓展信贷、理财领域，并借助资本和品牌力量寻求全牌照的战略。

以陶然的性格和视野，以他看待企业发展的角度和立场，拉卡拉的每一步当然是瞄着打的后果。只是他总是会与时俱进地优化自己的目标和打法罢了，陶然最欣赏的战略是流水一样的战略，目标明确而坚定，实现目标的路径则因势利导，不断修正，顺势而为，不断汇聚所有能够汇聚的溪流泉水，不断壮大自己的力量，最终实现既定的流入大海的目标。拉卡拉在发展中渐渐明确了先从便民支付入手做成第一，然后顺势进入收单市场，在收单侧做到数一数二，进而瞄着账户侧和转接侧的机会，最终要渗透到全牌照的金融科技领域的战略。

拉卡拉历史上最艰难的一次融资是2007年完成的第二轮，当时，陶然的心气儿很高。董事会开会，朱立南和雷军提出了一个融资方案，将拉卡拉估值定在2500万美元，融500万美元。陶然认为，这是严重低估了拉卡拉和自己的价值。他提出了比这高一倍的估值目标。朱立南和雷军都认为陶然过于乐观了。但毕竟，陶然是拉卡拉的领军人物，出于对陶然的尊重，也不愿意打击陶然的信心，他们同意了陶然的计划。对于这种自己给自己加码的创始人，投资人当然也高兴。

陶然开始出门融资，最早见的几个投资人都非常感兴趣，不过他们都表示估值偏高，询问可不可以讨论以及调整。陶然的回答是，估值不容讨论。在陶然看来，估值意味着对自己的一种认可。你都不认可我的价值，我为什么让你投资？这次融资，事实上，相当于陶然第一次真正意义上的融资。上一轮的融资是和朱立南一拍即合的结果，并没有太过讨论，更没有刻意寻找投资人。

后来陶然总结说，中国的投融资尤其是一个买涨不买跌的市场，大多数投资人都是"跟风"型的，是"跟风避险投资"，越是疯抢的项目大家越是疯抢，越是没有人敢投资的项目越是所有人都不敢投，而且不管什么投资都要求公司承诺"回购"，创始人承诺"保底收益"，一句话，既要风险投资的高收益，又要没有风险，完全不是"风险"投资。

虽然开始谈融资很顺利，但是由于陶然拒绝讨论降低估值，所以资本方最初的兴奋点过去之后，随着时间的推移，越是没有找到投资人，其他的投资人越是不敢投的情形便在拉卡拉身上发生了。因此，这轮陶然主动的第一次融资，是陶然历史上做得最艰难的一次。前前后后，总共花了7个月的时间才得以完成。

最后，还是朱立南出面，介绍了一个他熟识的台湾基金，加上陶然自己谈的另一家台湾基金，大家合在一起，完成了600万美元的投资额度。这两家基金都不是一线基金，但是都看好陶然，也看好公司的状态。

最后，投资的估值，也与朱立南和雷军最初的判断差不多。虽然经历了一些磨难，但是融资总算完成了。签约之后，陶然就出去旅行了。他参加了由原央视主持人曲向东组织发起的蒙古国和俄罗斯贝加尔湖探险之旅。同行的还有房地产大咖冯仑等一众喜欢户外的朋友。15天的探险之旅玩得非常尽兴，回到北京不久，同行的红太阳投资董事长冯玉良就跟陶然说，他要投资拉卡拉。陶然很吃惊，因为一路上大家都是闲谈，冯玉良确实问过陶然拉卡拉的一些情况，但是从来没有涉及过任何投资问题。

实际上，冯玉良是个很有观察力的人。他一见面就注意到了陶然的与众不同，一路上便有意识地与陶然交流和沟通，事实上是对陶然的一种变相考察。最后，他提出了投资意向。陶然说，自己刚刚结束一轮融资，暂时不需要钱。冯玉良说，你是做大事的人，钱多一点没有坏处。

陶然认同这种理念，于是又和朱立南、雷军商量。

大家最终同意，按照上一轮的价格加10%的利息，再收冯玉良220万美元。这就是拉卡拉B轮融资"600+220"的来历。如此，总共是820万美元。那时候，美元对人民币的汇率还是1:8.2，这820万美元，相当于6500万人民币。

投融资是一笔交易

再说一点题外话。我曾经跟陶然数次探讨过关于风险投资的话题。我感觉到，陶然对所谓的风险投资，内心深处是有些许的不以为然的。也难怪，中国所谓的风险投资，很多时候都是跟风避险投资，所谓的成功，有很大的偶然性。如果把所有最牛的基金列在左边，把所有最牛的创业项目列在右边，在B轮之前，两者之间的重合度其实很低。很多著名的基金都说自己投了多少著名的项目，其实都是在被投企业C轮D轮甚至是Pre-IPO时投进去的。

他们的操盘手，都不是慧眼的伯乐，大多数只能被看作摘桃子的人。不过，这就是中国资本的现状。

陶然一直觉得，自己在融资上不是一个特别幸运的人。看着那些很扯的商业模式有很高的估值，被很多投资人趋之若鹜，陶然承认，自己不大理解，也没有遇到过。

在《创业36条军规》中陶然真诚地告诫创业者，不要梦想自己是那个在电梯里与VC聊了几分钟就可以拿到很多钱的创业者。更不要梦想自己是那种可以先烧钱完全不管商业模式的创业者。那些故事，即便存在，也只是极少数幸运儿的故事。与绝大多数普通人无关。

对于普通创业者而言，每一笔融资都是很艰难的。都需要你去见很多的投资人，一遍遍讲解你的商业模式。最后，在投资人的各种前提条件、各种压榨甚至有点儿"百般凌辱"下达成协议。

周鸿祎也讲过类似的看法，他建议创业者要把投资人当成磨刀石，把每一次见投资人，都当作打磨自己商业模式的机会。

两人言下之意是一致的：融资的过程是一个向女神求婚的过程。可能要经历100次的失败，第101次也不见得能够成功。成功者是极少数。

陶然的可贵之处在于，他非常理性。他既承认偶然性的存在，又绝不寄希望于偶然性，而是专注于去做必然性。这是所有成功者的共性。因为你在专注于必然性时，往往偶然性就来了。就像陶然和雷军讨论的"掉馅饼"理论一样，成功者们都认为，成功固然有运气成分，但如果想靠运气成功，结果必然将以失败告终。只有在不依赖运气的基础上不断努力，所谓运气才能眷顾到你。

最后改变陶然对融资看法的，是雷军和陶然的一次谈话。

雷军告诉陶然，不要把基金压价和是否认可自己的价值联系起来，基金就是一个靠低买高卖赚钱的公司。陶然是一个学习能力非常强的人，他所经历的每一件事情都会进入他的认知，成为他的财富。雷军一句话就点醒了陶然，陶然明白了，投融资不是创业者和投资人的恋爱，而是一笔交易。既然是生意，当然一定要让投资人占到便宜，他们才会选择投资。

陶然在商场上从来都不会让合作伙伴失望，总是让合作伙伴超预期。对他来说，如果投融资也是一笔生意，那给出低于实际价值的估值，让投资者超预期就是了。这也成了陶然以后融资的风格。他会低于实际价值来融资。甚至后来，陶然还反过来劝雷军，小米最后一轮融资不要估值到450亿美元。如果估值300亿美元，上市时能做到1000亿美元，大家皆大欢喜。而估值450亿美元，其实是自己在提高自己的及格线，自己把自己放在火上烤，即便上市时做到1000亿美元，投资人也还会觉得意犹未尽。

陶然从来都是认为，事情的成与败才是最大的差别。一旦真的成功了，估值高低导致的利益的分配差别只是10%到20%而已。这些，都是陶然在拉卡拉的B轮融资中学到的。

的确如此，估值高低听着差别很大，但是具体到创业者个人的股份上，最终差别的绝对值也就只有百分之一二而已，估值高了最后你的股份是25%，前几轮估值低了，最后你的股份是22%，差别不会太大，但是公司成败，对于创业者的差别是天上和地下。

每一步前行，好坏与否，对错与否，成败与否，陶然都觉得，自己最丰厚的收获，是能学到新东西。作为一个成功的企业家，陶然最大的成功，也是从来不会停止自己的成长。而且，陶然会迅速将自己的所学学以致用。

到了2008年进行C轮融资的时候，陶然开出了很厚道的价格。从6月底开始融资到8月7日奥运会开幕前一天，陶然和投资方签署融资了2500万美元的协议，只花了不到40天的时间。

时隔数年后的2015年，陶然再次决定，给已经回归内资的拉卡拉融资。这一次，从清明节后上班开始准备商业计划书，到2015年6月20日14.5亿人民币融资到账，一共用了70天时间，需要提醒各位读者的是这几天中国正好发生了千股跌停、前所未有的股灾。

如果到那个时候拉卡拉的那一轮融资资金还没有到位，融资很可能就流产了。陶然当然不是先知先觉，他不可能知道股灾会到来，他的幸运完全是源于他已经掌握了投融资的精髓以及他的厚道，即把投融资当生意做，给出厚道的估值让投资人超预期，在超募的情况下恪守厚道恪守信用不涨价所致。关于2015年那次神奇融资的细节，我们在后面的章节中会详细涉及。

人们都说，陶然和拉卡拉实在是太幸运了。然而，之前我们多次讲到，人的幸运从来不是偶然的。

说回2006年拉卡拉B轮融资时的情形。此前，拉卡拉实际上已经处于现金流断裂的状态。为了支持公司的发展，陶然把自己的房子做了抵押贷款，将贷到的500万借给公司。

但这还是不够。陶然又向联想控股借款。柳总和朱立南亲自批准了借款，虽然这完全不合风险投资的规矩。但是柳总和朱立南一致认为，陶然是那种哭着喊着要进步的人，既然把自己家的房子都抵押了借钱给公司，我们也要伸出手支持陶然。

陶然在《创业36条军规》中写道，自己不使出全力，别人不会伸出援手。创业者在寻求融资以及寻求别人的帮助之前，自己必须先把全力使出来。即是因此有感而发。

加上这一次的借款，陶然的拉卡拉在联想控股的历史上，曾创造过好几个先例。这个借款算是一次。另一次是将拉卡拉这个当时亏损并且尚不知何时能够盈利的企业列为联想控股中期战略的一部分。还有一次，是联想控股在对拉卡拉持股降到30%时，依然让拉卡拉继续使用联想控股成员企业的身份。

如此等等，不一而足。

在陶然的内心深处，他一直非常感谢柳总，感谢朱立南。也包括后来联想控股分管他们的执委李蓬。在陶然看来，这些人一直都是自己创业路上的强大后盾。当然，陶然和拉卡拉也从来没有辜负他们的信任。

　　因为陶然交出的始终是一个远超大家预期的拉卡拉。它既不是一个做信用卡还款的公司，也不是一个第三方支付公司，而是一个综合性互联网金融科技集团。

　　而且，或许未来，还不止于此。

第三十五章

风力掀天浪打头

2008年，陶然突破董事会限制抢占全国市场的当口，拉卡拉拓展市场的流程变得十分流畅。找便利店签约完毕就装机器，立即跟银行开展合作推广。如此简便有效的模式屡试不爽，拉卡拉自助终端迅速抢占各大连锁便利店和超市。

拉卡拉线下便民网点

到2009年底，拉卡拉已经在全国300多个城市完成布局。搭起这么庞大的终端网络后，就连陶然当初非要启用的机器支架都火了。刚开始，陶然给终端设立支架只是为了醒目，同时放置海报、宣传自己的产品，支架上有大大的"拉卡拉"三个字。后来，银联为了宣传，便补贴给拉卡拉，让他们同时贴上"银联便民支付点"的字样。"银联"与"拉卡拉"并列，这两个品牌绑定在一起，共同提升在用户心目的地位。

品牌和用户最重要

品牌和用户，是拉卡拉一直以来最为看重的东西。还记得陶然提出的，用户使用拉卡拉设备时必须输入手机号码的要求吧？当时，很多人都不明白，为什么一定要输入手机号码，也不明白，为什么陶然会特地提出这个要求。因为不输入手机号，用户一样可以完成信用卡还款。

陶然一定要让用户在还款的同时输入手机号码，相当于不知不觉之中让用户注册了，手机号就是用户在拉卡拉的ID，陶然要求所有与用户有关的数据，例如银行卡、时间、金额、刷卡网点的位置等都要记录在用户的ID下。此外陶然还要求给每一笔交易发一条交易短信。

在当时的拉卡拉内部，陶然的这两个要求曾经引起过巨大争议。主要原因在于，那时终端和后台是靠电话线路拨号连接。输入手机号码不仅会增加用户使用拉卡拉还款时的操作复杂性，还会因为掉线、输入错误等诸多原因，降低交易成功率，同时，会让交易时间变长导致增加每笔交易的通信成本。尽管每一笔交易的通信费用增加的不多，但是每天数百万笔交易积累起来，就是一笔巨大的费用。加上陶然要求每一笔交易要给用户发送一条交易成功短信，又增加了一大笔费用，但是陶然认为这是让用户知道他是在使用拉卡拉服务的必要。

陶然最终选择强势拍板，要求用户在使用拉卡拉设备还款时，不仅必须输入手机号码，还要求拉卡拉给每一位还款成功的用户发一条确认短信。

陶然执意要求这样做。因为，他要将每一个使用拉卡拉设备的人，都变成自己的用户。尽管那时候，他还不知道未来拉卡拉除了缴费和还款之外，还会开展什么业务。事实证明，陶然又一次做出了正确的抉择。后来的许多第三方支付公司，发展得都没有拉卡拉迅速和壮大，其中很重要的原因，是他们提供服务时没有留下自己的用户，没有凸显自己的品牌。

如此坚持再坚持，坚定再坚定，陶然最终站在了行业最前沿。而很多拉卡拉曾经的同行，即便曾辉煌一时成功一时，但都因种种原因，成了某个时代的印记或别的时代的回忆。

背靠联想

2010年6月，中国人民银行发布《非金融机构支付服务管理办法》。这意味着，以后要发牌照了。这让陶然和他的拉卡拉再次面临考验。因为能不能第一批拿到牌照，对拉卡拉来讲，不啻为生死存亡的问题。

事实上，第三方支付公司是2000年之后陆续出现的。2003年6月，支付宝成立。2005年1月，拉卡拉成立。

在那几年，快钱、易宝、汇付天下等支付公司如雨后春笋一般涌现。此番发放牌照，有人说相当于生孩子的时候没人说需要出生证明，但是孩子10岁了，却说需要有出生证明，而且要追溯父母的生育资格。没办法，这样的社会现象，这一次，让陶然和拉卡拉赶上了。

管理办法对于第三方支付的股东做了严格规定。一时间，绝大多数支付公司的股东都变得不合格了。

之前一直传说要发支付牌照，陶然虽然有所关注，但并没有特别在意。在他看来，这些事情，显然在前面领跑的支付宝和财付通会更关心。拉卡拉只要专心做好自己的业务便是。到时候，如果别人能够符合牌照条件的话，自己自然也就能够符合。

这就是陶然的风格，高度务实。就像陶然在回答员工关于公司战略的提问时，他告诉员工，那和你没关系，战略不是你这个级别的人要考虑的事儿，你的使命就是做好你的本职工作，公司的战略自有董事长和总裁操心。

陶然是一个有分寸感的人。他知道，当时的拉卡拉还太小。虽然自己志存高远，但当时拉卡拉的体量还不够。这就意味着，行业内如果有什么风吹草动的话，受影响最大的绝不是拉卡拉。所以，与其去操心行业规则而自己又无能为力，还不如埋头把自己的业务做强做大。等到自己真正强大到成为行业数一数二的时候，再去操心行业规则问题也不迟。

这也是一个企业家必须具备的素质，明白什么是当下最重要的，以及对自己和行业永远有清醒的认知和预见。

在人民银行颁布的《非金融机构支付服务管理办法》中，最重要的一条就是：股东结构当中不允许有外资存在。当时著名的支付宝事件，就是在这个背景下发生的，马云先行把支付宝从阿里巴巴里面剥离，变成内资公司，然后再与孙正义谈判交易价格和条件。

当时的拉卡拉也是VIE结构，也就是说，也有外资。按要求肯定拿不到支付牌照。解决这个问题有两种做法。一种是构造一个符合要求的内资结构去拿牌照，本质上还是外资，某些同行就是这样做的。还有一种，就是真正地做成内资结构。但是，这要费些工夫。陶然认为，拉卡拉未来一定会上市，即便不上市，他也不会弄虚作假。所以，他选择了做成真正的内资。这便需要有人出资把外资股份买回来。而留给陶然的时间只有6个月。

陶然需要在6个月的时间里，找到接手外资投资的投资人，并完成公司变成纯内资的手续，而且要建立起和人民银行的沟通渠道，以便拿到第一批牌照。而当时，人民银行的人，陶然一个都不认识。

找到联想控股接盘所有外资投资人的股份之后，把公司变成纯内资结构，陶然遇到的第一个严峻考验，是当时占公司10%股份的股东阿里巴巴给出的。这个考验差一点让陶然错失了第一批获得牌照的机会。

回想当初，阿里巴巴能成为拉卡拉的股东，也是一次偶然。

2008年6月底，陶然开始为拉卡拉进行第三轮融资。当时，与拉卡拉已经合作的支付宝的业务人员向他们的投资部负责人推荐了拉卡拉。

陶然和对方见了面，对方得知陶然刚刚启动第三轮融资，表示阿里巴巴希望投资，而且希望不低于10%，并且要占有董事席位，说阿里巴巴投资后会有很多战略协同，拉卡拉和支付宝一个线下一个线上，简直是绝配。

起初，陶然并不想要阿里的钱。他认为要阿里的钱有好有坏，好是可以有一个结盟，坏是江湖上传言阿里在投资后一贯以风格凶悍著称。因此，陶然将了对方一军。

陶然说，如果柳总要求我接受你们的投资，我就同意。结果对方二话不说，直接搬动马云给柳传志打了电话。柳总于是让朱立南前来说服陶然。

陶然是一个说话算话的人，于是同意了阿里巴巴的投资。2008年8月7日，陶然完成了拉卡拉的第三轮融资，尚高资本、晨兴资本（就是投资小米赚了866倍的刘芹）、阿里巴巴等投资人总计给拉卡拉投资2500万美元。阿里巴巴成为占拉卡拉10%股份的股东，并且向董事会派出了一位董事，即当时任支付宝总裁的郭靖（此为花名，本名为邵晓峰），也是后来阿里集团的秘书长。

此刻，要回归内资，需要找到人按照年化回报购买回外资投资人的股份，陶然首先想到了自己的一个朋友。那个朋友一直声称非常认同陶然，并不断表示希望有机会投资，陶然于是找到了这位朋友，并跟他提出，出资两个亿把外资股份买下来，然后成为仅次于联想控股的股东，并且承诺，价格一定公道。

陶然知道，两个亿，这位朋友是拿得出来的。

但这位朋友最终却无声无息了。陶然并没有抱怨，也没有再说什么。这次沟通，只是又一次印证了他对人性的洞察和体验罢了。

请这位朋友购买外资股份是陶然的A计划。陶然的B计划则是请联想控股接下所有外资股份。虽然这样，联想控股就会成为拉卡拉控股股东。但是陶然认可这个结果。一方面，是他对联想有信任，也有信心，对柳传志和朱立南有认同。另一方面，陶然认为未来拉卡拉会成为一个金融巨头，如果没有靠谱的大股东，久而久之，在监管部门那里也会是一个问题。

事实又一次证明了陶然决策的正确性。不仅如此，这次决策堪称拉卡拉发展史上陶然几大英明决策之首。联想控股在拉卡拉未来的发展过程中将起到巨大作用，拉卡拉也将成为联想控股"制造卓越企业"使命的成功案例之一。而且，联想控股和陶然之间，柳传志、朱立南以及孙陶然之间的互信与配合堪称经典。

当时，联想控股已经发布了中期发展战略，希望通过三级火箭，把联想控股打造成一个不仅仅只有联想集团的多产业、制造卓越企业的控股集团，并确定了几个产业方向。其中，包括现代服务业。

但当时金融服务还没有被联想列为现代服务业的重点。尤其是拉卡拉当时的经营还处于亏损状态，而联想控股为了实现2016年的上市目标，重点是要利润，他们的关注点在盈利并且最好是有巨大盈利的公司上。

尽管如此，陶然还是积极努力去争取，去找柳传志和朱立南沟通。出于对陶然的信心和认可，柳传志和朱立南表示，愿意把拉卡拉纳入旗下。最终，联想不仅同意出资收购所有外资股份，并且答应再投资5亿、借款5亿，一共10亿，用以支持拉卡拉的发展。

同时，他们同意保持拉卡拉公司的独立经营。购买外资股份的资金问题解决了，陶然于是开始跟所有外资股东谈判退出问题。外资股东们都很开明，也都通情达理。按照20%的IRR（内部收益率），大家同意退出。

这时候，阿里巴巴说自己可以是内资，愿意一起留下来。

阿里的考验

联想和阿里作为留下的一方，在陶然的主持下，和退出的一方达成了一个退出协议。但是，在准备签约的最后时刻，意外发生了。阿里突然给了陶然一张清单，提出了公司经营中的13个问题，并且说这13个问题他们要求有一票否决权。

这个时候，支付宝的总裁已经不再是郭靖，拉卡拉和支付宝在业务上的合作也并没有达成投资之初的预想。

按照拉卡拉改内资的方案，在联想控股再次投资之后，阿里巴巴的股权将被稀释到7.5%。一个只持有7.5%股权，而且在公司存在一个50%以上股东的情况下，要求对经营中重大的13个事项拥有一票否决权，这当然是不可能的。但是，阿里巴巴就这么提出来了。当时，距离人民银行发牌照的日期已经越来越近了。

经过陶然一番斡旋，最后阿里巴巴说自己可以让步。不过这个所谓的让步只是象征性的，因为他们只去掉了一项，要求对剩下的12项仍然拥有一票否决权。

当时，陶然必须尽快完成内资公司的改造以提交牌照申请。陶然认为，如果不能第一批获得支付牌照，对拉卡拉将是毁灭性的灾难。一方面，牌照发放之后，没有牌照的公司业务拓展将大大受到影响。另一方面，中国的事情是第一批发完之后，第二批还不知道猴年马月呢，所以必须赶第一批。第三则是当时拉卡拉的跨行还款信用卡业务正被某些银行虎视眈眈地想掐死，一旦其他企业和平台都有牌照而拉卡拉没有牌照，几乎可以想象，一夜之间，拉卡拉就会被消灭掉。

第一批拿到牌照，对拉卡拉来讲是必须完成的头等大事。内资公司的改造又是拿到牌照的前提。于是，陶然对阿里提出，如果这样，你们就退出吧。阿里巴巴给出的回复是，他们可以退出。但是退出的条件要重新谈。最终在陶然各种斡旋下，阿里退出了。

拉卡拉彻底变成了全内资的公司。联想成了公司的控股股东。经历种种磨难，拉卡拉终于可以全力以赴去争取第一批牌照了！那个时候，陶然和人民银行还无一点接触，而距离牌照发放只剩短短几个月时间了。一般人会认为，尽力而为吧，谋事在人，成事在天，谁也不能保证一定可以拿到牌照。但是，对陶然而言，不行！必须第一批拿到牌照！必须！他根本不考虑如果拿不到该如何安慰自己。因为，这生死攸关。

所幸，陶然最后做到了。

在第三方支付公司已经普遍经营了五六年的情况下，央行制定了从公司股东资质开始要求的牌照发放条件，一般人都会认为这是外因发生了不可抗力，如果申请不到牌照，也不是我的问题。

但陶然一秒钟都没有考虑这些问题。他的思维模式是：有外资不行，那我就把自己改成内资。不认识人，那我就想办法去认识。总之，需要做什么我就做什么。核心目的只有一个：拿下牌照，必须第一批拿下牌照。这就是陶然所说的，所有的成功都是不撞南墙不回头的结果，都是撞了南墙也不回头，是用头把南墙撞破杀出一条血路的狼性的结果。

陶然开始做各种各样的准备，他知道未来的不确定性太大太多，所以要求手下全力以赴往前赶时间。

2011年春节，拉卡拉的技术部门都在加班加点配合人民银行的银行卡检测中心尽快完成拉卡拉的IT系统检测。

陶然当时有一种预感，很可能春节后，第一批牌照就会发放。但是，毕竟要检测的公司太多，检测的工作量非常浩大。春节过后上班了，拉卡拉的系统检测报告依然没有拿到。而这时候传来消息，人民银行已经准备开始发放第一批牌照了。现在该怎么办？

又一次需要陶然创造奇迹的时刻来临了。

第三十六章

知汝远来应有意

人的成功都不是偶然的。成功的人有着与生俱来的强烈好奇心、好胜心和责任心，推动着他们不断去了解未知的世界，增加自己的人生经历，不断去创造自己的人生体验，丰富自己的人生感悟。

——孙陶然《读俞敏洪〈行走的人生〉，行走自己的人生》

竭尽自己的力量，竭尽自己的资源，竭尽全力去求援，必须在第一批拿到牌照。这是拉卡拉的发展史上少有的生死战。陶然从来都是一个有预见性的企业家。他始终强调，当老大要"向前看、向后看和有 B 计划"。要不断预见未来并未雨绸缪，要不断复盘总结经验教训，重要的是总结规律，提升自己的实力。更重要的是任何事情都要有 B 计划、C 计划作为备份，要永远把命运掌握在自己手里。

在陶然口中，很少会在描述自己创业史的时候用到生死攸关之类的字眼。以前，曾有很多记者让他举出自己在创业史上遇到过的重大危机，陶然只有一个回答：没有。

作为一个有预见力的企业领导者，陶然对公司的每一步都会做规划。所以，那些可能经历的所谓生死攸关，大多都在他预料之中。同时，以他的自信和他处理问题的能力，极少会让自己遇到过不去的坎。有些在别人看来危机重重的时刻，在他看来，不过是事情发展到一定阶段的必然产物，他会安之若素，专注在如何解决问题上，这时候他平时的"诗外的功夫"往往又会发生作用。

陶然的信条是，平时不烧香，到时没佛脚抱，平时多烧香，到时一定有佛脚抱。即使遇到了真正的危机，他也会冷静处理，想尽办法去应对。这次也是一样。如果你去问陶然身边的同事，他们也是同样的感觉。大家都觉得，拉卡拉的一切仿佛一直非常顺利。因为，有陶然在。"跟着陶然好像总是运气很好。"这是我亲耳听到的拉卡拉一位副总裁说的原话。

也是很多人的真实想法。

还有一天时间

陶然常说，有预见性，是因为他是"老司机"，更是因为他每时每刻都在提醒自己向前看，越是顺风顺水的时候，他越是反复提醒自己要小心，要防止犯错误。陶然说新司机开车总是急刹急停，因为新司机的目光只放在车前10米，永远是事到临头才发现并且做紧急处置，所以只能急刹急停，甚至追尾或者相撞。老司机则不同，他们的目光总是放在车辆前方150米处，并且余光会随时关注车辆的前后左右。如果前面有一个坑，提前150米就看到了，只要提前收油门，轻轻调整方向盘，根本不需要刹车也不需要狠打方向盘，就可以轻松避过前面的大坑。

要成为老司机，需要10000小时的驾驶经验积累，更需要有驾驶天赋。

企业的经营同理。如果领军人物是老司机，自然可以提早预见未来，该布局布局，该铺垫铺垫，该转向转向，根本不会给自己"生死悬于一线"的机会，不会到了危急关头才去处理和面对。

当然，对于发放牌照一事，陶然没有能预见全部。因为政府行为和政策性行为是陶然掌控不了的，只能顺势而为。虽然陶然此前就知道，牌照总有一天要发放，但他所能做的并不多。发放牌照的依据是什么？有什么要求？需要依照什么标准？这些，都必须等到相关的文件出台才能知晓。这之前，陶然什么都做不了。

因此，陶然一直把注意力更多地放到做强做大企业上面，以及争取联想控股成为大股东。当然，提高自己的见识以及自己的资源动员能力也是陶然从小就一直坚持在做的事情。而以上这些动作，从某种程度上讲，也都是在为将来拿牌照在做实力上的准备。

人民银行发支付牌照，既在陶然的预料之外，也在陶然的预料之中。这一次，沟通工作陶然亲自负责，但只安排了他的助理沈镇协助。其他所有人员，用陶然的话讲，该干吗干吗，把业务做好即可。沈镇是一个80后的小伙子，潮州人，很机灵。在接到陶然的指令后很勤快，开始经常往监管部门跑动。

这一次，陶然的好运气便来源于他布下的这颗奇兵沈镇。而沈镇的好运气，则源于他认识的一位朋友。

之前我们数次说过，世界上所有成功的事和成功的人，都是偶然加必然的结果。必然是基础，偶然是催化剂，就像烧水只有烧到100℃才可能烧开一样，99℃是必然，最后让水烧开的那1℃也许是偶然。

拉卡拉获得支付牌照是必然的结果。但是，第一批就获得牌照，必须承认，这其中有偶然的成分。

当时，沈镇交了一些朋友以便及时获得信息。任何时候，情报都是第一位的。事先知道情况、了解信息才可能做出反应。那天，虽然有点晚，但沈镇还是提前一天获得了一个消息：第二天上午，人民银行要召集二十多家支付公司开一个碰头会。陶然分析，很可能这二十多家就是第一批要发放牌照的公司。然而，拉卡拉没有收到通知。

将这个消息一分为二地看待的话，坏消息是只有一天的时间了，好消息是还有一天的时间。

紧急公关

陶然马上做了两件事。第一件事，他命令沈镇第二天一大早就去负责拉卡拉材料的那个人家里，将对方堵在家门口，请对方一定要邀请拉卡拉参加会议。陶然有些无奈地命令沈镇，一大早去堵家门口，如果不答应就不让出门，总之，不管用什么办法，必须做到。

这就是事情发展当中的必然性。因为沈镇此前工作做得比较踏实，既知道对方家住在哪里，也能够不折不扣地执行陶然的指令，所以他做到了。第二件事，第二天一大早，陶然自己直接来到人民银行，在楼下给一位有过一面之缘的领导打电话，说有事情想去汇报。领导说，今天很忙，过几天再说吧。

陶然告诉领导：我已经在你楼下了，我只需要二十分钟。领导说，那就上来吧。陶然来到了那位领导的办公室。此前他与这位领导只见过一面，时间还要追溯到四五年之前。当时，正赶上房建国来北京，陶然和房建国见面时，房建国还邀请了两个朋友，其中一个就是这位领导。

那个时候，陶然刚刚开始做拉卡拉，还没有任何牌照的说法，更没有什么人民银行管支付行业的说法。活动结束，大家只是礼节性地相互留了联系方式，陶然记得对方是在人民银行工作。灵光一闪这种事真的无从解释，只能说，是命运的安排。后来，陶然跟别人谈及这段往事的时候，有人说，一面之缘多不靠谱！为什么不找房建国牵个线呢？

陶然说，他当时确实没有想到，更何况，那会儿房建国还没有来拉卡拉，还在中国银联市场部任副总经理。

陶然当时的想法很简单，既然有一面之缘，有联系电话，那自己直接去沟通好了。当然，这也源于陶然心中的自信。连那些不认识的人，他都能沟通得非常好，更何况还有过一面之缘呢。进入领导办公室，陶然当即开门见山，说自己是为拉卡拉申请支付牌照的事情而来。

陶然讲，拉卡拉已经做到了相当大规模，而且做的是利国利民的便民缴费服务。因此，他希望拉卡拉能够，也必须能够第一批获得支付牌照。

这是陶然的一贯风格。他始终认为，谁都不比谁傻半小时——这句话我曾数次在自己的微博中引用——越是位高权重的人其实越聪明，与其绕圈子搞迂回战术，莫不如有话直说。这样的话，不仅节省彼此的时间，效果也往往比兜圈子要好。

说明真实来意后，陶然才开始跟领导套瓷。他跟这位领导讲起了与联想的渊源，因为这位领导曾经在联想工作过。陶然讲，联想的文化是说到做到，自己也向柳总立下了军令状，一定要第一批拿到牌照——实话实说，这句话倒是有点给自己找借口了，拉卡拉拿到支付牌照这件事，完全是陶然分内的事，陶然自己就是最高负责人。

这是陶然自己给自己立的军令状。没有想到，这个套瓷的效果并不好。原因是，这位领导并没有吃这一套。这可是陶然没有想到的。不过，话都说到这个程度了，陶然也只能硬着头皮继续。于是，陶然又晓之以理动之以情，摆出一副可怜兮兮的样子告诉领导，如果拉卡拉拿不到第一批牌照，对于拉卡拉来讲就是灭顶之灾（这还真的是最实的实话了），拉卡拉所做的事情对广大消费者有利，对整个中国银行卡产业也有促进作用。

陶然也知道，如果仅仅做便民缴费业务也许并不需要牌照，但陶然的雄心当然不是拉卡拉只做便民缴费服务，何况中国的事情往往是，既然发了牌照，不管这个牌照与你到底有多大关联，只要有一点点关联，你最好还是先申请下来。否则，一旦牌照发放之后，有一天哪个监管部门说你需要牌照的话，如果你还没有，那对你来说，灭顶之灾就真的会随时到来了。陶然没有隐瞒，将自己内心的真实想法全部告知了领导。

听了介绍，领导说你们做的确实是好事，他也早就听很多人说过拉卡拉，身边也见到人用过拉卡拉。他个人表示支持。陶然说，现在的问题是一会儿有一个碰头会，可能因为拉卡拉还没有从银行卡检测中心拿到自己的系统检测报告，所以没法参加（陶然没有说自己并没有被邀请），而拉卡拉提交检测已经超过3个月了，现场验收也早已全部完成，唯一的问题就是还没有拿到报告。

就像当年陶然告诉张征宇和恒基伟业几个联合创始人，争论的实质是公司到底是谁的一样，陶然喜欢第一时间直面问题的核心。这一次，他直接告诉领导，拉卡拉系统检测报告还没有拿到，一会儿要召开的碰头会里没有拉卡拉。而他的诉求是拉卡拉无论如何要参加这个碰头会。

这就是我之前多次提及的衡量式而不是判断式的思维方式：不是拉卡拉能不能参加，而是拉卡拉怎么才能参加。领导终于答应帮助协调。这一刻，陶然的韧劲儿上来了。他知道，没有时间了。成败就在此刻一举。

于是，陶然坐在领导对面，殷切地盯着领导，既不说话，也不离开。领导愣了一下，明白了陶然的意思。他笑了笑，拿起电话，打给相关人员：能不能先让拉卡拉参加碰头会？然后尽快把检测报告做出来……

这就是第一批支付牌照颁发了27家，而拉卡拉排名第27名的原因。

原本，也许只有26家。

用画面重新复盘陶然与领导沟通的这短短十几分钟的过程，你会发现陶然不仅使出了浑身解数，还采用了各种沟通方式。他既能高屋建瓴，也能放下身段，降低姿态描述自己的处境。这样一种在审时度势下的角色转换，大概也是一位企业领军人物所必备的能力。前提是，陶然始终是真诚的。

我们再次梳理拉卡拉获得第一批支付牌照的偶然性和必然性。

偶然性在于那天早晨，陶然找到并说服了那位领导，也在于沈镇提前一天得知了第二天碰头会的召开，为陶然和拉卡拉争取到了半天时间。倘若前一天没有得知碰头会的消息，或者当天一大早陶然没有找到那位领导，后果也许就截然不同了。

必然性则在于，陶然把拉卡拉做得很扎实，走正道、有口碑，且做成了信用卡还款领域数一数二的平台。同时，拉卡拉所做的业务确实对社会对行业都有相当的积极意义。因此，陶然在描述自己企业的时候，内心坦然，怀揣自信。而五年前那次偶然认识，又彼此留下了联系方式和彼此记住，则是陶然偶然邂逅当中的必然行事风格了。

这个世界就是这样，偶然与必然之间，你中有我，我中有你。我们无法去把握偶然，只能做好必然。这个必然就是先做好自己的为人，然后做好自己的事情，你的路就会越走越宽，偶然的机遇就会越来越多。

全牌照战略

拉卡拉如期拿到第一批支付牌照。陶然长长地舒了一口气。整个行业也由此进入了爆发状态，大家终于可以甩开膀子大干一场了。

站在一个大的战略高度审视这个过程，所有的惊心动魄其实都是表象。底下的波涛暗涌，才更能体现陶然作为一位战略大师的谋略。陶然当时制定的申请策略是先申请一张牌照。拿到后，第一时间迅速申请增项。这是一个十分高明的战略。人民银行当时把牌照分成几个种类，每个种类一张牌照。而那时的拉卡拉虽然已经是信用卡还款领域的龙头企业，但那毕竟不是电子支付的主战场。

拉卡拉在监管部门里一点根基都没有，支付宝等都申请了全牌照，陶然当然也想要全牌照，但是他清楚，申请全牌照成功的可能性对于拉卡拉来讲，难度很大。所以，陶然摆出了哀兵必胜的姿态，他认为，信用卡还款虽然是支付的边缘市场，但我做得这么大，却只申请一张牌照，你总不能不给我吧？因为当时的牌照并没有跟信用卡还款相对应的种类，于是，陶然选择了含金量最大的收单牌照申请。

事实也正如陶然所料。监管部门几乎没有任何异议，就给了拉卡拉一张全国性收单牌照。

2011年5月，第一批27张支付牌照发放了。拿到牌照的开始额手称庆，并且希望人民银行控制牌照发放以保护大家的利益；未拿到牌照的开始恍然大悟，并蜂拥而至前往申请。从那之后，人民银行陆续发放了272张各种牌照。大部分牌照是地方性单一业务牌照。从2015年至今，人民银行已经很长时间没有向新的机构或公司发放牌照了。

在别人或额手称庆或蜂拥而至时，陶然已然安排沈镇悄悄启动了牌照增项。很可能拉卡拉是第一家申请增项的支付公司，那时候，应该还没有人意识到牌照可以申请增项。于是似乎不经意间，拉卡拉获得了全牌照。如果非要归类的话，那么可以说，牌照事件是拉卡拉历史上遇到的最大的一次危机。虽然陶然自己说没遇到过什么危机，但是按常理来判断和评估的话，拉卡拉历史上，其实也还是有过几次危机的。例如，2006年陶然为了公司把自己的房子抵押贷款，并找联想借钱支撑到公司完成第二轮融资；例如2012年，某银行断掉拉卡拉信用卡还款通道等。

与危机的少相对应的，更多的是陶然的预见性和杀伐决断，很多潜在危机在冒出来之前，就已经被陶然的预见性和果断决策消灭在萌芽状态了。消灭危机化解危机，最重要的就是策略上的高明和预见性。预见性前面已经讲了不少，它考验的是领军人物的个人素质。而策略水平同样与个人素质相关。不过，和预见的能力相比，策略水平可能更容易提高一些。

陶然说，好的战略就像流水。所谓"兵无常势，水无常形"，长江黄河的目标是奔向大海，但是流向大海的路从来不是一条直线。要通向大海，往往需要循着地势、一路吸纳各种小溪大河，不断壮大自己的力量。遇到高山深壑，有可能冲开口子就劈山而过，不能冲开口子就绕山而行。

这其中，关键就是在每个重要的岔路口做出正确选择。选择对了，便可以奔流入海。选择错误，就会被困在前方的洼地形成湖泊，永远再无法达到奔流入海的终极目标。

陶然在自己20多年的创业史上，最幸运的一点，便是他在每一个重要的岔路口，都做出了正确选择。并且，很多时候，他的选择都是力排众议的结果。也就是说，在关键的节点上，他总是要与大多数人相背，这需要相当大的勇气和定力。其实我最佩服陶然的还不是这一点，而是他超强的自我校正能力。这种能力保证了他即使做出了错误的决策也只是暂时的，他很快就会自己发现并立即调整，让自己虽然走得曲折但一直保持在正确的航线上。

我曾经读过关于朱元璋建立大明王朝的过程，他打了无数次仗，每一场大仗之前的抉择，他都力排众议。而战事的发展，却又总是与他的判断相吻合。这是智慧，更是天赋。陶然说，领军人物最重要的使命就是做决策，特别是战略决策。很多领军人物不愿意做决策，甚至有意无意地拖延和逃避做决策。这是非常坏的一种结果。该决策时不决策，比做了不正确的决策，后果更加严重。而陶然，就是一个愿意决策和敢于决策的人。

第三十七章

指挥若定失萧曹

> 我们必须选择相信上级，因为上级站得更高。上级一定是从比你更高的全局高度考虑做出的决策，任何时候，全局都是最重要的，对于泰坦尼克号的船长来说，让船走在正确的航线上比让锅炉烧得更好些以及餐饮更可口些要重要百倍，虽然水手长一定会认为烧锅炉最重要，厨师长一定会认为按时开餐最重要。
>
> ——孙陶然《要相信上级》

2012年，陈灏提出，拉卡拉要进入收单市场。陶然赞同，执委会也一致表示同意。但是，收单系统如何搭建，大家有分歧。按照陶然当时给拉卡拉提出的共生系统"五个统一"，即用户统一、账户统一、支付统一、系统运行统一、品牌统一的原则，收单系统应该由总部研发中心统一研发，以确保技术架构和技术体系的统一。陈灏认为，根据以往经验，如果交给总部研发中心研发将是一个遥遥无期的事情。

陶然认同陈灏的观点。

在拉卡拉的创立和发展过程中，陶然最遗憾的，就是自己不是理科出身，不懂技术。因此，在拉卡拉的发展过程中，公司屡屡受制于技术研发环节。陶然曾给拉卡拉的技术部门提出过三个境界要求：第一个境界，也是最低境界，不拖业务的后腿；第二个境界，也是中等境界，技术研发要领先于业务；第三个境界，也是最高境界，技术研发要成为业务的驱动力。

时至今日，在陶然看来，拉卡拉的研发仍然只是处于第二个境界而已。陶然很多时候都恨不得自己是一个技术专家，如果是那样的话，他一定可以设计出更好的研发组织架构，找到更好的研发管理方法，让研发成为企业发展的发动机。

迅速研发，抢占市场

说回2012年，当拉卡拉准备研发收单系统时，拉卡拉的执委会曾经产生过激烈争论。陈灏提出，请陶然允许他的团队自行搭建收单系统。主持研发的执委坚决反对，认为如果这样就没有办法做到"五个统一"，未来的后遗症会很大。

陶然力排众议，拍板同意陈灏团队自行搭建收单系统，只是要求陈灏尽可能兼顾公司的"五个统一"。陈灏说只要给他200万，他就可以在两个月内上线第一版收单系统。陶批准了，说花再多些也可以。

事实上，陈灏当时有自己的如意算盘。他认为，以拉卡拉强大的品牌效应，市场一定会相信未来拉卡拉在收单市场上能做大做强，为了我手里的POS机订单，所有的POS机厂商都会争先恐后地给我提供收单系统。陶然非常认同陈灏这个想法，他觉得这个思路非常巧妙。这和当年陶然在恒基伟业通过掌控品牌和渠道来号令研发和制造有异曲同工之妙。

当然，陶然后来说，他的小九九是如果拉卡拉在收单市场上做不成，那系统是不是符合"五个统一"就无所谓了。如果能做成，以后有大把的时间可以慢慢去把系统改造成符合集团要求的，甚至，大不了再花一笔钱重做一套系统切换，都不是问题。启动一项新业务，最关键的是尽快把业务投放市场，测试业务是否可行。

两个月后，陈灏果然用不到200万的费用，上线了拉卡拉自己的收单系统，并且开始了收单的市场测试。有了牌照，又有了系统，收单市场上的拉卡拉时代就这样到来了。

事实证明了陈灏有非常强的"借鸡生蛋"、小步快跑的上线能力，也证明了陶然的决策之英明。

陶然有多么爱做决策？用四个字即可以说明：随时随地。意思就是，不论在哪里，不论做什么，不论和谁在一起，当大家茫然失措时，陶然都是那个会站出来拿主意的人。陶然曾跟我说，在日常生活中决策也无处不在。一次春游，甚至一次晚饭，可能都会面临很多选择。若几个人一起做一件事，刚开始的时候，基本上都是七嘴八舌。你会常常碰见有人说"随便""都行"。只有极少数有领袖素质的人最后会站出来，说就选A或者就选B，理由是"1，2，3"。

这就是领袖之所以为领袖的原因。也是领导之所以叫领导的原因。领导，首先是领，其次是导。指出方向是领，说服大家是导。

在陶然看来，给企业定战略，是企业最高负责人最重要的职责。执行企业战略时，领军人物应该根据市场变化以及自己企业的资源和实力的变化，随时随地进行微调，这是一个主动的改良过程。任何一个伟大事业的成功，都要经历很多重要的转折点，在转折点上做出正确的决策就可以向前发展，做出错误的决策则可能就此会陷入低谷。这个关口，就是最考校领导决策力的时候。当然陶然最推崇的是通过每一步的微调来保证行进在正确的方向和路线上，如此来避免重大转折。用随时随地因势利导的量变来避免有一天需要做出质变。

决定性决策

在拉卡拉的发展史上，也有过那么几次重大关口的抉择，都是靠着陶然的正确决策，公司才避免了危机。刚才讲到的支持陈灏自行研发收单系统，以期用最快的速度抢滩市场，就是一次质量极高的决策。在此之前，拉卡拉前进过程中的几个重要节点，也都是陶然作为决策者的胜利。例如把拉卡拉自助终端放在便利店里，以及采用低成本的终端，并且配备挂在墙上的支架。

以上数点正是拉卡拉最初做便民缴费业务能够成功的根本原因。这其中每一个选择，都是陶然起了决定性作用。一些拉卡拉的模仿者选用了更好、功能更强大但造价昂贵的终端，并选择放在写字楼的大堂。结果，因为人流量低、存在感差以及终端造价高昂，这些公司很快都从行业内消失了。

而拉卡拉进入便利店的决策，不仅让它长久地活了下来，更加强了拉卡拉的品牌形象和它在用户心目中的存在感。以致后来很多人心中有了这样一个习惯性思维，即有便利店的地方就有拉卡拉。

也正因如此，虽然拉卡拉的自助支付终端与同行的终端相比，稍显简陋——没有彩屏、运行速度也没有那么快，但是它背后的支架以及醒目的标识又扩大了它的品牌效应，让它得到了普及，并且它也很实用。所以，拉卡拉在便民支付的道路上一骑绝尘。

陶然说，成功与不成功，有时候就是"差之毫厘，谬以千里"。虽然同行和拉卡拉的方向一致，但就因为在出发的时候选择了不同的路径，所以导致了成功和失败两种截然不同的结局。这也是前面几次提到的"成功需要的是方位，而不是方向"的另一层内涵。

再例如，信用卡还款的时候要求输入手机号，这个决策同样来自陶然。这件事，在拉卡拉的历史上，同样具有重大意义。当时在陶然决定这样做的时候，大多数人都无法理解。但陶然非常坚持这一决策，甚至采取强制命令的手段执行这一决策。陶然认为必须这样做。因为只有这样才能获得用户，并且获得用户数据。所以，他非常坚持。

事实证明，这个决策使得拉卡拉在提供信用卡还款服务的近十年时间里，积攒了超过一亿用户，以及一亿用户十年中的信用卡和借记卡交易数据。这正是拉卡拉后来能够迅速进入金融市场，以及持续发展的根本所在。

在用户体验方面，陶然也有一套自己的标准和体系。他认为，世界上最愚蠢的事就是要求用户先注册再消费。任何一个百货商场，如果在门口摆上一个警戒线，要用户先坐下来，填上自己的全部信息再进商场购物，恐怕绝大多数用户都会拂袖而去。同理，网上消费也是如此。

当拉卡拉刚刚推出还信用卡服务时，电子商务网站就是那样一种用户体验，让用户一上来先做详细注册，然后再行购物的。陶然认为，这是毫无必要之举。用户只要购买物品，一定会填写送货地址，而彼时的填写，一定是顺理成章而且真实的，而在之前让用户花费时间和精力注册，实际上是在损害用户体验。

自此，陶然定下规矩，凡是拉卡拉的用户，其手机号就是用户的唯一ID。这一点，是同时代的腾讯QQ、阿里淘宝，以及很多其他软件都未曾强制要求的，这给他们后来业务拓展制造了很多不便。

陶然的决策来自他自己的先见之明，先见之明一方面源于他对行业的认知以及预见性，另一方面源于他多次提到的朴素的逻辑和常识。

坚持拉卡拉的品牌露出，同样是陶然起步初期就做出的决策。在布放第一台拉卡拉终端时，陶然就强调，必须把拉卡拉品牌打在上面，让大家都知道自己在使用拉卡拉的服务。这一点，很多同行最初都不是很重视，或者为了短期利益愿意放弃这个要求。也有很多同行，选择做别人的后台服务商，虽然自己的产品被很多人使用，却无人知道自己的品牌。

陶然不认可这样的选择。在陶然心中，品牌永远是第一位的。在布放自助终端时，陶然始终坚持品牌必须显著露出，坚持用大支架。在后来的发展过程中，中国银联看到拉卡拉做得风生水起，便想让所有拉卡拉的网点变成银联的网点，甚至每个网点按月给拉卡拉一笔补贴。当时的拉卡拉还处于亏损状态，这样的补贴无异于雪中送炭。然而陶然坚决拒绝了。

后来陶然唯一的让步，是银联在拉卡拉终端的大支架上也放置自己的宣传品，同时，网点更名为"银联拉卡拉便民支付点"。选择这样做，与其说是陶然的让步，其实更包含着陶然的小心机。银联在人们心中代表着官方，在中国的市场上，无论何时何地，官方的商誉都更高。陶然对此有深刻的认识。因此把拉卡拉和银联两个品牌放在一起，对于拉卡拉树立品牌其实是大有裨益的。凭借着陶然的这些正确决策，拉卡拉在发展过程中累积下了足够而良好的品牌资产。以致后来拉卡拉在进入收单市场时，他们的地面部队甚至有些惊喜，因为他们在扫街的过程中，每拜访10家小店，几乎有一半以上的店听说过拉卡拉。这使得拉卡拉的POS机进入收单市场变得异常顺利。而这同时也解释了为什么后来拉卡拉能够轻而易举地进入个人信贷市场——拉卡拉早已建立了品牌基础。

陶然很早就认识到，品牌就是投资。这个投资，就是今天投入品牌的一分钱，未来会带给你三分、十分，甚至更高的回报。

916系统

在拉卡拉的发展过程中，陶然还有一项决策上的坚持，那就是一定要拥有自己的用户，一定要使用自己的平台。在这之前，第三方公司与银联或者银行合作收单有两种模式：一种是终端入网，一种是平台入网。

终端入网就是你发展的每一个商户、每一台终端都直接接入到银联的平台上。平台入网则是将商户和终端接到自己的平台上，然后平台再接入银联。后者的好处是，商户是你的，数据也是你的，你随时可以增减各种服务；坏处是银联不大欢迎这种模式。

银联当然希望所有的合作伙伴都采取终端入网方式，甚至银联还利用自己的官方身份，一度强行规定，在某年某月某日之前，所有的收单服务要改为只能终端入网。陶然很坚持平台入网，他认为这是公司的根本利益，公司必须自己拥有商户，拥有平台。

拉卡拉早期投放的终端是接在卡友平台上，陶然一直认为终端应该接到自己的平台上再以平台方式接入卡友或者银联。但是，苦于早期的拉卡拉没有自己的平台，只能先每台终端接入卡友的平台。

早期拉卡拉没有自己的平台有两个原因，一是当时拉卡拉刚刚组建，技术实力比较薄弱，二是陶然认为与其先花两年时间闷头开发自己的平台，倒不如先进入市场攻城略地。如果有市场且占领了市场，再开发自己的平台并择机切换。这是典型的陶然式务实风格。

投放终端后不久，陶然就在拉卡拉立项了一个916项目，计划第二年的9月16号上线自己的平台，未来的终端都要切到自己的平台上。这个项目的代号，是陶然二女儿的生日。

后来，虽然延迟了，但平台终于开发好了，但如何把已经接到了卡友平台上的拉卡拉终端切到自己的平台上呢？卡友会不会认为此举是拉卡拉有"离心倾向"呢？

就在这个时候，发生了一件事情，改变了历史的走向。

陶然得到消息，卡友要被卖掉，据说，买家已经确定，正准备向卡友派出新的总裁。对卡友来说，这可能意味着新的发展，但对拉卡拉来说，则意味着拉卡拉和卡友之间的合作关系面临巨大的变数，一切变得不确定起来。陶然和小伙伴们几乎是一瞬间看到了平台切换的契机，在陶然授意下，陈灏在上海率先行动，启动了"长江七号"的计划。计划的内容，就是要在一夜之间把上海所有的拉卡拉终端从卡友平台上切换到拉卡拉自己的平台上。

陈灏做到了。

随即，戴启军、徐氢等又缜密部署，全国统一行动，几乎又是一夜之间将全国其他地方上万台拉卡拉终端全部从卡友平台切换到了拉卡拉平台。计划完成了，动乱中的卡友无人在意、关心此事。很多天以后，新来的总裁约陶然面谈。

见面过程中，对方并不是特别在意拉卡拉将终端切换到自己平台的举动，但要求拉卡拉给予补偿，说拉卡拉只要付给卡友一些补偿金，以后便可以采取平台对接的方式继续合作。他们没想到的是，这正是陶然想要的结果。

以区区几百万人民币的代价，使拉卡拉从一个本质上为别人搬砖、给别人打工的公司，变成了一个拥有自己终端、自己网点、自己平台的平台级公司，这在陶然看来，简直太划算了！

陶然掩饰住自己内心的喜悦，摆出了一副很心疼这笔钱的样子，与对方讨价还价了半天。最后，两方达成一致。陶然迅速签了补充协议。自此，拉卡拉顺理成章地变成了平台级运营商。

这件事，对于发展中的拉卡拉而言，有着决定意义。之所以能做到这一点，既取决于陶然的远见——他提前一年多就部署了916系统的开发，也取决于他的运气——卡友如果不是被卖掉，要实现这么大规模的终端切换，估计将是一件极其艰难的事情。

当然，即便没有这件事，以后的增量终端，陶然也已经准备接入自己的平台了，只是，要实现存量终端的切换，着实要大费一番周折了。陶然的运气就是这么好。所以说，在成功的路上，偶然性和必然性并存这点，绝非是无稽之谈。

第三十八章

爱君才器两俱全

要招聘最优秀的人才，优秀人才组成的团队不仅能做出令人满意的成绩，还能吸引优质人才的加入。要招聘那些有激情、以学习为生活方式的人，要宁可"漏聘"也不要"误聘"，宁缺毋滥，要给优秀人才超出常规的回报，尤其是不能让创意精英太过安逸，不要阻拦优秀人才辞职创业，可以通过投资等方式支持他们。

——孙陶然《〈重新定义公司〉读书笔记》

在拉卡拉的发展史上，每一个岔路口都能走对，其最大的必然性在于陶然把拉卡拉打造成了以自带发动机的利润中心为管理点的自驱动型组织，饱含滋生开疆拓土式英雄的土壤。陶然称之为"车队模式"而非"火车模式"。如此，公司发展的每一个重大路口，拉卡拉的领导层能够做出英明决策便成了一种必然。

陶然是一个骨子里反对中央指令式管理的人，他认为若一切行动依赖中央指令，在如此错综复杂的市场环境以及企业结构之中，中央不可能随时及时给出指令。如果有十节车厢，最坏的方式是组成一列火车，因为火车只有一个火车头有发动机，火车头偏了整列火车都会偏离方向，火车头瘫痪，整列火车都会瘫痪；最好的方式是做成十辆汽车，每一辆汽车自带发动机，这样既马力强大（十台发动机当然马力要远大于一台发动机），而且非常灵活，任何一辆车的偏差以及瘫痪都不会影响其他车辆的运行。这便是陶然所讲的基层自带发动机自驱动型的组织模式。

2018年7月，陶然受邀给联想君联研究院被投企业的几十位CEO上了一堂课。最初，研究院拟定的题目是"CEO的领导力"，陶然把题目改成了"老大的领导力"。在陶然看来，初创期的企业领导人必须是创始人、董事长和CEO三合一，他将之称为领军人物或者老大。

在课上，陶然全面地阐述了对企业文化以及企业经营管理的看法。陶然提出，企业的目标应该是成为一家伟大企业，伟大企业有三个标准：细分领域数一数二，可持续成长，以及受人尊重。其中，可持续成长是关键。

可持续成长的企业，必须解决三个问题。首先，要"车队模式"不要"火车模式"，让每个最小利润中心都自带发动机自驱动。其次，要有能滋生开疆拓土式英雄的土壤，倡导"军功文化"，体系之内要能够不断产生为体系打开一片新天地的英雄人物。第三，要能解决当前发展阶段的主要矛盾。陶然认为，企业发展的每个发展阶段都有主要矛盾，每个阶段的主要矛盾都不尽相同。只有解决了当前发展阶段的主要矛盾，才能进入到下一发展阶段。

具备可以滋生开疆拓土式英雄的土壤，在陶然看来至关重要。他认为，如果不具备这一点，再大的企业都会陷入吃老本的境地，再庞大，最后也会垮掉。而一旦具备这样的土壤，企业就会不断自我进化。张小龙的微信让腾讯拿到了移动互联网的门票，很多曾经非常辉煌的企业因为体系内滋生不了为企业开疆拓土的英雄人物，最终日薄西山、气息奄奄。

陶然打造的拉卡拉就是这样一个天生能滋生英雄的企业，陶然构造的是一个"共生系统"。共生系统有三个特点：

一、每个子系统独立发展。没有红花绿叶的角色设定，每个子系统都应该以独立长成参天大树为发展目标。

二、每个子系统不是一个人在战斗，母系统为大家提供适合生长的土壤和空气。在拉卡拉，陶然提出"用户统一、账户统一、支付统一、系统运行统一、品牌统一”五个统一就是让每个子系统都获得支持，拥有适合成长的土壤，更容易成长。

三、鼓励各子系统相互协同但不强迫。让每个子系统都到市场上去赛马，绝对不搞保护主义。

开疆拓土的英雄

过去十多年拉卡拉的发展史上，产生过三个开疆拓土式的英雄人物群体，为拉卡拉打开了三个业务天地，推动着拉卡拉从一家在便利店里提供便民金融服务的第三方支付公司，成长为一个位列第一阵营的综合性金融科技集团。

第一个，是戴启军带队开拓信用卡还款业务。前文已经详细描述过了。当拉卡拉确定了信用卡还款方向之后，戴启军带兵拿下了几乎全国所有的便利店。与此同时，也拿下了几乎全国所有银行信用卡中心的合作，完成了拉卡拉革命的第一阶段。

第二个，是陈灏和戴启军，陈灏跑第一棒，戴启军跑第二棒，后来还有舒世忠跑第三棒。

2012年中，陈灏建议进入收单市场，说这是一个更大的市场，也是主流市场。在这个市场上，银行和银联商务早已经吃了多年独食，拉卡拉现在拿下了全国性收单业务牌照，这意味着拉卡拉可以光明正大地进入这个市场了。

陶然的智慧在于，他第一时间批准了陈灏的请战，不仅批准了，还将进入收单市场定为公司的战略方向之一。更有洞见的是，陶然支持陈灏提出的组建线下支付事业部并允许他自建系统。这几个决策在拉卡拉的发展史上，具有决定性意义。

2012年底，拉卡拉正式进入收单市场。

按照陶然“数一数二”的要求，用一个三年做到细分领域的数一数二是卓越，两个三年是优秀，三个三年是合格。当时，拉卡拉确定的线下支付事业部的目标，就是用三年时间做到前三，然后再用三年做到数一数二。

也就是说，他们不仅做到了，速度也比陶然的预想要快。

能够达到这样的速度，实现超预期的结果，除了拉卡拉优质的品牌和以陶然为核心的拉卡拉领导层的正确决策，最大的原因是拉卡拉收单方面的领军人物陈灏主导的创新。

这就不得不暂时延展开去，说一说关于拉卡拉的创新话题了。

拉卡拉的发展历史，从另一个角度梳理的话，其实就是一部创新史。超级盾、Mini拉卡拉、手机刷卡器、MPOS、智能POS……在拉卡拉这台庞大的有机体上，每时每刻，每个角落都在创新。并且拉卡拉进入任何市场，做任何一件事都是从创新开始的。可以说，创新是拉卡拉的基因。

用便利店自助终端做水电煤气缴费和信用卡还款是创新，拉卡拉进入收单市场及金融市场，每一步也都是用创新打开市场空隙。进入收单市场，拉卡拉的切入点是针对工商个体户推出了收款宝POS机。在此之前，银行更关注把POS机投放在大中型商户中，没有怎么重视小商户。这就造成了大部分小商户都没有POS机，不能刷卡。而拉卡拉进入收单市场时，瞄准的正是小商户这块市场。

在这件事情上，仍然是陈灏的功劳，他带领拉卡拉的线下支付事业部，打造了第一代拉卡拉收单系统，又组织研发了拉卡拉收款宝POS，完美地跑完了这轮战斗的前50米。戴启军评价说，陈灏是短跑型选手，前50米无人能敌。接下陈灏那一棒进入收单市场开疆拓土的是戴启军，他带着队伍最终完成了用三年时间进入收单第一阵营的目标。第三棒，戴启军交给了舒世忠，就是当年那位银联的助理总裁兼市场部总经理。

舒世忠在离开银联后，先去了证通公司担任过常务副总裁。戴启军先是向陶然提议，后来又说服陶然出马去邀请舒世忠。而后，戴启军亲自"三顾茅庐"，邀请舒世忠加盟，并让出了自己的总裁职务。

这无疑是拉卡拉企业文化的伟大之处。一个人会去说服自己的上级给自己请一个上级，而自己甘心担任辅佐之责。这不是一般的人和一般的企业能做到的。戴启军请来了舒世忠，并且主动让出拉卡拉支付集团总裁的位置。舒世忠由此接过了第三棒。这之后，舒世忠带领队伍，从第一阵营进一步做到了坐二望一。

就在2018年9月本书即将成书之时，拉卡拉已经做到了收单市场交易笔数第一和交易额第二的位置。

拉卡拉历史上第三个开疆拓土的是一个组合，徐氢和王国强。王国强是原来广发银行个人金融部的总监，后来做过华润银行个人零售部总监。广发银行一直是个人金融业务做得最好的银行之一。通过一次偶然的机会，徐氢邀请到了王国强加盟。徐氢认为拉卡拉做好了收单之后，应该进军的下一个领域是信贷。

进入信贷便意味着向赢家通吃的方向扩大战果，而走赢家通吃路线是陶然最初的洞见。到了后来，大家其实都是这么做的。支付宝便是如此。在支付做起来后，它便迅速地向其他领域扩大战果。与拉卡拉不同的是，支付宝扩大战果的第一站是理财，推出了余额宝。而拉卡拉在收单做大之后，扩大战果的第一站是信贷，推出了信用卡替你还。

每一个选择，都是由自己的基因决定的。支付宝的基因是账户，所以从支付延展到理财理所当然。而拉卡拉的基因是信用卡还款和收单，所以从收单扩展到替你还信用卡和商户贷顺理成章。

2014年6月的一天，徐氢来北京找陶然，说要做互联网小额贷款。第一个产品叫替你还。他说，他已经带着七八个人把这个产品做出来了。假设有人在网上告诉你一个手机号和姓名，告诉你他还不上信用卡，要问你借钱，以后再还你，而且要你在一秒钟内做出决定，借或不借。这样的事即便在今天，应该也鲜有机构敢做，遑论个人了。

做这样的业务，需要莫大的勇气。对专业贷款的机构来说，更是需要相当高的技术能力。

即便时至今日，对于专业如银行的金融机构，也很少有这样的信用贷款品种，而上面的对话，发生在2014年6月。

陶然的睿智之处再一次彰显。他支持这样的创新。而且他敏锐地感知到，这是拉卡拉未来发展的一个战略级构思。陶然告诉徐氢，给你3000万，先按照你们的模型，闭着眼睛把1500万放出去。如果都没还回来，你来找我，我们复个盘，然后再闭着眼睛把剩下的1500万放出去。如果还是都没还回来，我们认了。说明我们不是做互联网小贷的这块料。

要知道，2014年，拉卡拉还没有整体盈利，陶然就敢拿出价值3000万的信任让徐氢去试。

就这样，徐氢、王国强带着七八个人，拿着陶然给予的3000万元的信任，于2014年的7月8日放出了第一笔互联网信用贷款。到了2017年，徐氢的队伍已经扩展到800多人，陶然和公司给予他们的信任从3000万扩大到了120亿，扩大了400倍，年收入超过25亿，净利润超过5亿，成为和拉卡拉支付集团并驾齐驱的拉卡拉红二方面军。

如果没有这些开疆拓土式的英雄人物，拉卡拉可能今天还是一个在便利店里做水电煤缴费和信用卡还款的小公司。甚至，可能早已经不复存在。

互联网金融第一阵营

说起来很有趣，作为一家金融领域的企业，拉卡拉其实一直比较缺钱。用陶然的话说，拉卡拉一直是用小米加步枪在战斗。开始时是和别人的飞机大炮对抗，后来就是和别人的核武器对抗。但是，拉卡拉又一直是"德智体美"全面发展，没有被挤到单项或者某个垂直领域，而是一直在综合性、全牌照的桌上位列第一阵营。

当然，如果严格区分，中国只有三家企业，一家是腾讯，一家是阿里，一家是其他企业。甚至在互联网金融领域，拉卡拉的量级也无法与这两个巨无霸相提并论。不过，从业务的全面性以及潜力来看，拉卡拉却足以和它们并驾齐驱。拉卡拉在这两家企业之外的广阔天地里，始终处第一阵营。

算起来，拉卡拉大概使用了蚂蚁金服五十分之一的投入，就做成了与对方一样的综合性互联网金融科技集团，并且是阿里和腾讯之外耀眼的一颗明星。这足以说明，陶然的战略能力以及陶然队伍的战斗力是一流的。

拆除 VIE 回到内资后，拉卡拉在 2014 年又进行了一轮融资。当时的融资是"3+3"，即陶然和团队用 3 亿元回购了 10% 的股权，另外 3 亿元用于增资。

说实话，陶然心中的目标是紧随蚂蚁金服的足迹，而 3 亿元的增资远远不够。但是，当时拉卡拉也只能融到这么多钱。

不过，对于做拉卡拉支付而言，这笔融资也确实够了。因为 2015 年，拉卡拉支付就进入了全面盈利并高速增长的阶段。只是，陶然心目中的拉卡拉，从来都不仅仅是一个支付公司，尽管这一点他从来没有跟当时的股东和董事会讲明。但陶然想做的，一直是一个赢家通吃的综合性互联网金融科技集团，一个可持续成长的共生系统，一个伟大的公司。不管董事会同不同意，陶然注定会带着拉卡拉向着这个方向进军。

斩获小贷牌照

2015 年，陶然抵押了自己的蓝色光标股票，贷款 1.5 亿人民币并借给拉卡拉。正是用这 1.5 亿人民币中的 1.3 亿，拉卡拉申请了第一张互联网小额贷款牌照。在当时，1.3 亿的注册资本已经是监管部门能够同意的最低注册资本了。

当时，拉卡拉做小额贷款希望突破两个问题，一个是拉卡拉希望全资，当时的规定是小贷公司的第一大股东持股不能高于 30%。第二个是希望通过互联网开展业务，这突破了小贷公司只能在本地开展业务的界限。北京当时只批准了两个突破这个持股限制的企业。一家是拉卡拉，一家是京东。而京东的注册资本金是 10 亿。

监管部门提出，拉卡拉无论如何不能低于 1 亿。陶然最后出到了 1.3 亿。

此后，再去申请个人征信牌照时，拉卡拉已经没有钱了，而个人征信牌照的最低注册资本金是5000万，那时拉卡拉无论如何也拿不出来这笔钱。

于是，陶然想了一个办法，即拉卡拉出2000万，然后邀请了蓝色光标、旋极信息、梅泰诺和拓尔思这四家比较信任陶然的创业板上市公司，每家各出了750万，各占比15%。最终，陶然顺利组建考拉征信，并成为人民银行第一批八家个人征信牌照试点单位之一。说到拉卡拉拿征信牌照的事情，就不能不提到一个人。他叫唐凌，现任拉卡拉支付股份资深合规总监。唐凌也是拉卡拉旗下的一位开疆拓土式人物，是陶然机缘巧合挖掘到的人才。唐凌和陶然的相识，说起来则带有一些传奇色彩。他们是在参加一个共同朋友孩子的婚礼时凑巧认识的。当时，陶然和唐凌坐前后桌，唐凌听到陶然接电话说几点启程去机场，于是就问陶然可不可以搭陶然的车。陶然说，当然可以。于是，两人在车上自然就聊开了。

唐凌原来是人民银行的副处长，和陶然相识那会儿在银联旗下的一家公司担任副总经理。两个人聊得不错。分别时，陶然讲了一句话。他说，你什么时候想换一种活法，拉卡拉欢迎你。没想到，仅仅过了两个月，唐凌真的给陶然打电话，探询加盟拉卡拉的可行性。

两人于是见面沟通。快谈完时，陶然问唐凌对待遇的期望，唐凌说了一个期望值，陶然说，没有问题。并告诉他，在拉卡拉，待遇和职位都是随时变动的，一个人的职位和收入与两个因素密切相关，一个是防区，防区越大权数越大，一个是战绩，战绩越好权数越大，两者相乘就是你在拉卡拉的贡献也是你的价值，对应的是你的收入和职位。所以，每个人要主动抢战斗任务，抢不到任务就没有防区，然后要竭尽全力打出好战绩。

今天和你约定的待遇只是一个初始值，仅供参考，未来是多少取决于你自己的表现。唐凌说，没有问题。就这样，唐凌加盟了拉卡拉。这之后，他迅速地显示出了自己积极进取的工作态度和工作能力，并迅速成为拉卡拉的高级副总裁。

陶然说，唐凌的最大特点是主动，他总会不断进取，主动地抢活干。

有一天，唐凌问陶然：人民银行要发征信牌照了，要不要？陶然当时没太在意，就打了个哈哈，说贪多嚼不烂。后来陶然说，他那会儿最朴素的反应是要专注和做减法，这一次，陶然差点出了昏着。大概过了半年，陶然和几个朋友正在打球，一个朋友问陶然，第一批征信牌照据说只批几家，应该有你们吧？陶然这时才突然意识到，这是一个非常稀缺的资源。

陶然马上给唐凌打电话说征信牌照要，而且，必须要。结果唐凌说，老板，牌照都快发了，当时你说不要的。陶然说，去想办法，全力争取！

唐凌答应了。

陶然了解唐凌。唐凌说不太好弄，只是陈述一下客观现实，他从来不是一个推三阻四的人。凡是交给他任务，他都会尽力完成。这一次同样如此。结果是，拉卡拉拿到了八张征信牌照之一，其他几家要么是阿里巴巴、腾讯、平安这样的大家伙，要么是已经从事征信业务多年的公司。

事后看来，获取征信牌照这件事，不仅为拉卡拉打开了一个新领域，同时，也进一步奠定了拉卡拉作为综合性互联网金融科技集团的基础。

很难想象，如果没有这张牌照，拉卡拉会受到多大影响。

随着牌照试点名单的公布，其他巨头也都明白过来自己需要这样一张牌照。小米、京东、百度等纷纷冲了上去。但是，中国的事就是这样，常常是过了这个村，便没了这个店。自第一批筹备名单公布之后，时至今日都没有再公布第二批名单。后来，个人征信牌照的发放几经反复，但是这八家始终处于第一阵营，地位无可撼动。当人民银行决定只成立一家百行征信时，股东名单中除了人民银行下属的互联网金融协会，剩下的就只有这八家。每家占8%股权，形成了无可匹敌的先发优势。而拉卡拉，始终身在其中，并拥有一个董事席位。

第三十九章

花开堪折直须折

我们必须时刻努力、时刻做好准备，同样一个机会来临，谁能抓住谁抓不住？显然，那些有准备的人更能够抓住机会。这种准备，既有能力上的，也有心理上的，能力上指你是否具备抓住这个机会的能力，心理上指你是否做好了随时迎着机会而上的准备，你敢不敢跳出来说："我来！"

——孙陶然《论机遇》

尽管差点出了昏着，征信牌照这件事最终还是因为陶然在最后一刻的企业家本能圆满收场。他的好运气始终伴随着他。最好的运气，当然就是在那个婚礼上遇到了唐凌。还有那次认识房建国带来的朋友。成功往往就是要有这样的运气。

从结果上来看，世界上任何一件事都是多种因素交叉作用的结果。任何单一因素都不足以也无法决定结果。

在那些共同影响了结果的诸多因素中，必然有一些是人类很难预知和不能掌控的力量。这种力量你可以将之称为上帝之手，也可以将之称为命中注定，总之是你无法直接干预的力量。

陶然有时甚至觉得，那或许才是起决定作用的因素。

这个观点陶然和我探讨过很多次。后来，细细琢磨，我终于理解了他的想法。那就是，对于那些你自己不能掌控或者不能左右的人和事，看得见的和看不见的，你完全不必去理会它，也不要寄希望于它。你要做的，就是做好自己该做的一切。

用一种正确的、正向的、正能量的方式。只要你相信自己做的事是正确的，是对社会和民众有益的，只要你的方法得当，请相信，命运一定会不断眷顾你。这个可以被称为正向墨菲定律。

所以，一直以来，陶然不管做什么事都尽心尽力。不臆想，不妄测，只认准自己的目标。这有点像"尽人事，听天命"，只是，他的"尽人事"从不是那种只消极地做自己该做的事的"尽人事"，而是真的会为了达成目标，拼尽全力。是没有条件创造条件也要上的尽人事。

在拉卡拉的发展史上，陶然的每一个手笔，几乎都能体现他不拘一格、不拘常规和敢越雷池的性格。在陶然看来，盯着终极目标做对的事是成功的唯一途径，其他都是扯淡。陶然的口头语是："凡是不以达成终极目标为目的的努力都是耍流氓；凡是不以解决问题为目的的努力都是扯淡。"

话糙理不糙。细细琢磨，确是真理。

股灾之前囤满粮草

2015年清明节，陶然带着家人度假，无意中看到朋友圈一则蚂蚁金服融资的新闻。他灵光一闪：拉卡拉也应该再做一轮新的融资，既可以补充公司的实力，更是为了向综合性互联网金融集团的方向迈进做准备。

度假回来，陶然便马上和董事会商量，陶然提出的方案是"90+10"，即投前估值90亿，融资10亿。朱立南当然支持，他认为如果能按照这个价格融资，结果当然好。陶然决定不聘请财务顾问，自己带着CFO周钢开始了融资。

很多时候，我都觉得陶然真的是胆子够大的。10亿人民币的融资，陶然竟然连财务顾问都没有聘请，自己直接就开干了。

关于融资，陶然当时提出了两个原则：

第一，不按照普通融资方式做，即不遵从领投跟投、领投方出Term Sheet（条款清单）之类的规则，而是按照上市公司或者新三板公司定增的方式做。由拉卡拉出具投资协议和进度，做一次以拉卡拉为主导方的融资。事实证明，陶然的这个思路又是一次非常睿智的决策。

因为按照传统融资需要确定领投跟投的模式，仅仅确定谁领投这件事就可能陷入无尽的扯皮和拉锯，融资时间将会被拉长且不可控。因为这种模式，让所有的事情之间都彼此关联，相互牵制相互影响，按下葫芦浮起瓢，很难求解。

陶然做事情，最喜欢的方式就是"解耦"，陶然认为，只有把事物之间的关联解开，让每个事情都单独跟一个因素有关，彼此之间没有因果关联，问题才容易解决。最不喜欢的就是几件事情纠缠在一块，互为因果，互为前提。

由拉卡拉主导，这种类似上市公司定增的融资模式，直接解除了投资人之间相互钳制和观望的问题，使拉卡拉变得强势和主动。

第二个原则是，陶然规定每个份额最低5000万人民币，低于5000万的投资不要，进度是第一位的，谁跟得上进度要谁的钱，跟不上进度的不等待。

陶然认为，投前90亿的估值是非常厚道的，就如同之前提到过的陶然后期融资时的原则一样，这个估值比公司的真实价值打了很大折扣。

陶然希望尽快完成融资，他最朴素的想法就是不想在融资上牵扯精力，想尽快拿到钱发展业务。结果，融资意向一经披露，陶然迅速收到了累计超过25亿的投资意向，超募了！这一方面是因为有靠谱的朋友引荐靠谱的投资机构，另一方面是因为拉卡拉和陶然自己积累了良好的品牌和历史纪录。

遇到超募的情况，一般有四种选择。一种是提高估值，融资额不变；一种是提高估值，同时扩大融资额；一种是估值不变，融资额不变；一种是估值不变，扩大融资额。

多数人会选择第一种，这也无可厚非，但陶然选择的则是第四种。

虽然有人建议，但陶然不同意提高估值，他认为自己给出了融资报价，便相当于一个邀约，而对方接受，则相当于交易已经达成，哪有这时候自己说自己邀约不算，要提高价格的道理？

但是，陶然愿意多拿一些钱，一方面是拉卡拉穷日子过久了，一直是在小米加步枪的情况下和别人的飞机大炮对抗，而陶然的目标从来都不是眼前的一亩三分地，他一直想要把拉卡拉带向星辰大海。另一方面，陶然认为自己是韩信。"韩信用兵，多多益善"，拿到更多的钱，他可以做更大的事情。

陶然拍板，估值不变，将融资额提高到15亿。同时，因为陶然深知这些潜在投资人大多数是国资，内部决策流程很漫长，他不想被拖累。所以，陶然设定了一个时间表，并且约定，谁跟得上进度就要谁的钱，跟不上进度的只能遗憾了。谁也不等。只要超过10亿就Close（结束本轮融资）。

当时，陶然给的进度表是2015年6月15日前钱到账。从4月15日陶然提出融资，到6月15日，时间刚好两个月。陶然提出这个时间表时，当然并不知道6月15日起的两个多月将发生中国史无前例的股灾。

在融资的两个月期间，陶然抽空去欧洲玩了两次，一次是去波兰和西班牙深度游，一次是与友人相约去看英格兰足总杯决赛和欧洲冠军杯决赛。每次行程长达15天，是朋友安排好的行程，两次陶然都舍不得不去。于是，融资的两个月中，加起来有一个月的时间，陶然竟然不在国内。都是CFO周钢在和投资人沟通，陶然电话遥控指挥。

当然，陶然在朋友圈里不断发的欧洲风光，也是在给投资人们施加一种无形的压力：融资这样紧张的关口，我还可以游历在外，说明我们是靓女不愁嫁，你要努力跟上进度才能把钱投进来！

也许还是因为陶然运气好，最后进来的投资人也在一个多月的时间内走完了内部流程。他们告诉陶然，这么短的时间走完流程，在他们这样的国资机构里，全都是开天辟地的第一次。就这样，陶然按照自己预期的时间完成了融资。最终方案是90亿加14.5亿，因为有一个准备投资5000万的投资人在最后时间到来之前没有走完内部流程，没赶上进度，陶然没等。

就这样，在史无前例的股灾发生之前，拉卡拉完成了14.5亿的融资。当股灾发生之时，陶然已经带领拉卡拉和仓库里满满的粮草飞速前行了。这次融资，对拉卡拉的发展至关重要。因为这笔资金，拉卡拉第一次摆脱了资金捉襟见肘的状况，并且有余力开始进行战略布局。也正是凭借这些资金，拉卡拉进军了互联网小额贷款市场，并且开始布局征信、银行、保理、保险经纪、企业评级等一系列牌照。

2016年初，拉卡拉和西藏旅游宣布了重大资产重组计划。

事情的起因是2015年末，券商给陶然提了个建议，当时中国A股关于类金融类的企业上市，政策上不鼓励，而拉卡拉内部已经成长起来的互联网小额贷款业务增长迅速，如果拉卡拉想整体上市，只有两条路，一条路是去海外，另外一条路就是尽快在A股以借壳方式上市。但是，当时的拉卡拉还不够借壳标准。因为中国规定借壳视同IPO，要求连续三年盈利。拉卡拉2015年才刚刚盈利，所以不能采用借壳方式。那就只能设计类借壳方案，即通过重大资产重组方式，实现拉卡拉资产整体上市，但资产重组的各项指标均不触及借壳的红线。

陶然觉得这个主意不错，如果能够加快对接资本市场的进度，无疑可以解决拉卡拉发展过程中与阿里、腾讯相比一直缺钱的状况。而自己这样一个"韩信用兵，多多益善"的人，一直是在"螺蛳壳里做道场"，实在是憋屈太久了（好多俗语都是陶然的原话，他是一个愿意借用所谓俗词儿让自己的表达更清晰更形象的人）。中介机构推荐了几家上市公司，其中一家在深圳的公司，双方本来已经全部都谈拢了，结果在最后时刻对方反悔了。这时候，陶然想到了他的大学同学欧阳旭。

欧阳旭是西藏旅游股份的大股东和实际控制人。当时，欧阳旭已经从北京去西藏十几年了。他在西藏做了大量工作，西藏的阿里神山圣湖景区、大峡谷以及巴松措等景区，都是欧阳旭的西藏旅游公司一手开发出来的，每个景区都做得非常不错，对西藏旅游事业的发展起到了非常大的推动作用。但是受限于西藏的种种现实条件，游客数量一直不理想，公司长期处于盈利艰难状态。

陶然找到欧阳旭，跟他讲，不如咱们同学加兄弟，兵合一处、将打一家，把拉卡拉全部装入西藏旅游。我们一起把上市公司打造成一个双主业、市值千亿的公司！

当时，欧阳旭刚刚完成了一笔5.8亿的定增，并且已经过会。但是，被陶然的计划吸引，也出于对陶然的信任，欧阳旭放弃了到手的定增，同意了陶然的提议。于是，在各大专业中介机构的策划之下，一个把拉卡拉整体装入西藏旅游的方案被提交到了证监会。提交方案之后，不出意外地引起了争议。一方面是因为拉卡拉的名气很大很受关注，另一方面是因为这个方案设计得太巧妙了，证监会规定借壳的几大红线，这个方案都没有触及。

不过，有人指出，这个方案的各项指标距离红线都比较近，按照实质重于形式的思路，这是一个挑战监管底线甚至挑战监管权威的方案，所以方案不能通过。

更多的人认为，法律是什么？法无禁止即可为。只要不触及法律禁止的事，不管多么接近边界都应该可以做，因为边界的意义就是不许逾越，否则还规定边界做什么？

这一次，陶然的好运气没能帮到他。方案公布是在2016年初，很快，证监会换了新主席，政策导向也发生了变化。

2016年4月份，西藏旅游自己宣布，因为市场情况变化，撤销本次重组。陶然希望把拉卡拉整体装入一个上市公司的计划就此泡汤。

原本这应该是一个三赢的局面。如果那时候，拉卡拉作为综合性互联网金融科技集团能够整体上市，拉卡拉将迈上一个巨大的台阶，今天或许已经成为与BATJ（百度、阿里巴巴、腾讯、京东）的金融板块并驾齐驱的公司；

如果西藏旅游完成和拉卡拉的重组，公司实力将数十倍增强，无疑将加大对旅游业的投入，对西藏的旅游事业将也大有助益。后来西藏旅游也不会陷入ST（因连年亏损而被发出退市风险警示），如果当时方案通过，中国股市将多一只市值千亿的绩优股，少一只ST股票。

结果，却是三输了。

分拆拉卡拉

2016年7月的一天，朱立南约陶然、李蓬在亚运村的无名居喝酒。那天还有个细节。陶然刚拔完牙，医嘱说不能喝酒。朱立南说，白酒可以消毒，没事。于是，三个人喝了两瓶茅台。为此，第二天拉卡拉略懂医术的副总裁曹奕狠狠训了陶然一顿，因为真的有吃了消炎药喝白酒出生命危险的事儿。陶然有的时候真的是心太大了。无知者无畏，陶然并不知道这件事的严重性。那天他们喝得很酣畅，并且形成了一个重要决策，朱立南提议，将拉卡拉分拆，把所有类金融业务剥离出去。分拆之后，拉卡拉支付去A股排队上市，而拉卡拉金融也有了发展的时间和空间。对两边都好。

陶然当即接受了这个提议。

在拉卡拉发展历程中，朱立南给拉卡拉提过两次重大建议，对拉卡拉的发展都起到了关键性的作用。这两次建议都是分拆。上一次是2014年，朱立南建议陶然把便利店的便民缴费业务分拆出去。2016年的这一次，朱立南建议陶然把类金融业务分拆出去。关于具体的操作方式，朱立南说，拉卡拉所有股东按比例出资20亿成立一家新公司，用现金购买拉卡拉的类金融资产。如果别的股东不参与，联想和陶然就按照50%对50%的比例干。

朱立南说，我们信任你，跟着你走，只要我们的比例跟你一样，我们就敢全权放手让你去做！当然，后来并不是这样。

这个方案最终变成了联想51%，陶然和团队49%的方案。这是李蓬的要求。这个要求，既是为了联想控股并表的需要，也是为了联想控股未来给公司担保的需要。另外，也是为了维护联想控股的领导地位需要。不过，对于陶然，股份比例的微调并不影响什么。因为朱立南和联想与陶然之间的相互信任一直没有改变。

这个方案谈好之后，并没有立刻实施。因为这个方案有两层含义，一层是把类金融业务分拆出去，支付业务自己去A股上市。另一层是谁来买走类金融业务的问题。陶然和所有股东商量，大家都同意分拆和上市，但对于陶然提出的所有股东按照比例出资20亿成立一家新公司，买走剥离出去的类金融资产一事，则认为不可行。因为对他们而言，这相当于又做了一次新的投资。而陶然给出的时间又太短了。

时间之所以这么紧，是因为拉卡拉必须在2016年的9月30日之前完成分拆。否则拖到年底，增长很快的类金融业务在资产规模、收入、利润中的占比会越来越大，分拆很可能又会因为"实质重于形式"造成对拉卡拉支付的重大资产剥离，影响拉卡拉支付的IPO。所以，一切举动必须在9月30日之前完成。最后其他股东都放弃了认购。这时，陶然和朱立南商量的保底方案起作用了。在紧锣密鼓的操作之下，2016年9月30日拉卡拉完成了分拆。联想控股和陶然团队组建的考拉科技出资14亿购买了拉卡拉支付公司的全部类金融资产，形成了陶然口中的拉卡拉红二方面军——拉卡拉金融，取了独立品牌名"考拉金科"。

拉卡拉就此彻底完成了分拆，从此进入一个全新的发展阶段。

第四十章

万里归来年愈少

当老大，你只能带头坚持，鼓励和要求下属一起坚持；做老大，得有一根坚强的神经，得有打落牙齿和血吞的狠劲儿和打肿脸充胖子的不要脸劲儿，泰山崩于前也必须色不变，内忧外患也必须谈笑风生。你别无选择。

——孙陶然《什么人适合创业？》

考拉是拉卡拉的副品牌。

说起这个副品牌，还有一个故事。2010年的某一天，俞敏洪给陶然打电话，说要推荐陶然去上中关村企业家党校四期班。这个党校是中关村和北京市委党校合办，旨在对中关村的优秀企业家进行培训。俞敏洪是一期班学员。四期班选择学员时，让一些以前的学员推荐。于是，俞敏洪推荐了陶然。陶然欣然同意。

其实，此前，中关村管委会给过已经是上市公司的蓝色光标的董事长赵文权名额，但赵文权因为业务很忙没有参加成。而陶然则第一时间意识到这是一个新的舞台。陶然的特质一贯如此，对新事物非常敏感，充满好奇心，从前没有接触过的领域，他都希望了解。

"黄埔四期"

于是，陶然就成了中关村企业家党校四期班的学员。果不其然，参加中关村企业家党校四期班带给陶然的，是一个全新的平台。在这里，他认识了一大批同学，他们中的很多人都成了陶然的好友。陶然在创办考拉征信时邀请的股东——旋极的陈江涛、拓尔思的李渝勤，都于此相识。还有让陶然给自己的上市公司担任独董的北陆药业董事长王代雪、广联达董事长刁志中、海兰信董事长申万秋等。

在陶然看来，中关村企业家党校四期和黄埔四期一样人才辈出。这批人在进入党校时，就已经有好几个人的公司上市了。学习期间以及其后，又有好几家公司上市。总计，四期班里的上市公司超过10家。

在此期间，同学们还给陶然狠狠地上了一课。因为这些企业都跟政府有很多联系，每年都从政府获得各种补贴和支持，而陶然的企业则正好相反。在那之前，无论是蓝色光标还是拉卡拉，陶然主导和参与的企业，都从未自政府拿到过一分钱。甚至从来没有跟政府打过交道。

陶然一直以为，他做的企业都是To C（面向用户）或者To B（面向企业）的，不需要跟政府打交道。他唯一打过交道的政府机构是中国人民银行，那是第三方支付的监管部门。

同学们听到这种情况后，有人就给陶然上课，告知他与政府打交道的必要性：虽然你不靠政府的补贴，也不需要政府的钱，但是若政府的补贴和钱都流到你的竞争对手那里，便相当于你输在了起跑线上。更何况，在中国做企业，政府的支持和认可很重要。聪明的陶然一点就透，他当即接受大家的教导，并且立刻行动起来。热心的同学们开始帮他牵线搭桥，很快陶然就组建起了拉卡拉小小的政府事务部，并且他自己亲自出马，参与政府组织的相关活动。这是陶然的特点，所有他认为重要的事情，以及还没有确定思路和胜任人选的事情，他都会亲临一线亲力亲为，待思路明确以及有了胜任人选，他便会日益向后退，把舞台交给别人，让自己的精力和时间空出来去处理其他更需要他的事情。

拉卡拉从此进入到海淀区、北京市政府的视野，从政府那获得了很多关注和支持。拉卡拉也没有让大家失望，高速的发展、亮丽的业绩，以及走正道的企业品质，让政府越来越信任和支持拉卡拉。

这是一个良性循环。在这之后，拉卡拉开始获得更大和更好的资源。而这些进步，某种程度上，是中关村企业家党校四期班带给陶然的。陶然后来还因此批评了赵文权。因为赵文权本可以更早地获得这样的机会，可是他却错过了。

这就是陶然，对一切未知事物充满好奇，每时每刻都在学习和吸取别人的长处。陶然专门写文章阐述过，这个世界上最强大的人是爱学习会学习的人，这样的人就像海绵，随时随地在汲取周边的营养，每时每刻都在让自己更强大。而不爱学习，不会学习的人，即便现在再强大，也是原地踏步，很快就会被别人超越。

在党校期间，陶然开始认识一些政府官员，并开始习惯和他们沟通。四期班开学那天，时任中关村管委会主任郭洪要到党校跟大家交流，同学们都说，晚上郭洪来，陶然竟然问：郭洪是谁呀？大家哄堂大笑。虽然已经做企业很多年，陶然却真的不知道中关村管委会主任是谁。

主任的两个问题

中关村企业家党校，是陶然与政府打交道的开始。后来，在海淀区政府的邀请下，陶然把公司从朝阳区搬到了海淀区，选址在了中关村西区的中关村金融大厦。在那里，拉卡拉进入了发展的快车道。所以，陶然总是强调"功夫在诗外"。一方面，他认为企业的天花板是领导人的见识，领导人需要在不断提升自己的见识；另一方面，他认同企业的发展需要人脉和资源，而人脉和资源不是董事长窝在办公室就可以获得的，它需要董事长走出去才能接触到。

但人脉从来不是你认识多少人，而是有多少人认同你。能不能够拥有人脉和资源，即取决于董事长的人品，像太阳一样愿意温暖他人的人朋友会越来越多，像黑洞一样只顾自己的人朋友会越来越少；也取决于你自己的企业做得怎么样，企业走正道做得大，朋友就会越来越多，反之，朋友就会越来越少。

2012年，郭洪来拉卡拉调研。当时，互联网金融风头正盛。有人总结了互联网金融的七个类别。

郭洪问了陶然两个问题，第一个是：第三方支付是不是互联网金融？

陶然说当然是。而且，第三方支付是互联网金融的基础设施。同时，他告诉郭洪，有些人做的互联网金融蕴含着巨大危险，例如P2P（点对点网络借款）。请注意，那是2012年，正是互联网金融风头正盛的时候，正是企业如果不沾互联网金融就不性感的时候，陶然就明确认为：中国正如雨后春笋般出现的几千家P2P金融是一个巨大的坑。

因为全球都没有这样的玩儿法，美国P2P公司也不过几家而已，英国也是如此。P2P这种点对点的借贷，本来就是整个借贷体系中非常边缘的业态，就像是在零售业，主力是百货商场、超市大卖场，然后是便利店杂货店，最后才轮得到跳蚤市场。跳蚤市场在零售中的占比是可以忽略不计的，如果非要把跳蚤市场当作零售的主力来投资和使用，不出问题才怪。

更何况，中国当时的P2P，大多数从业者对金融根本一无所知，对风险也毫无敬畏之心。陶然于是给郭洪算了一笔账，告诉他P2P的商业模式根本不成立，并劝郭洪千万不要去给任何P2P站台。当时，互联网金融可谓风光无限。陶然这样讲是需要很大勇气的。但陶然敢讲。他始终相信逻辑和常识。陶然的账是这样算的：P2P给投资人承诺的年收益是12%甚至18%，这是P2P的资金成本。加上P2P公司动辄在央视这样的大平台或者地方卫视做广告，又会产生海量广告费，再加上运营费用以及公司要赚取的利润，当然，还有必然的坏账。所有的成本全部加起来，P2P公司放出去的贷款必须要年息50%以上才能生存下去。能承担这样高昂利息的，陶然认为只有两种人。一种是卖毒品的，一种就是借了就不准备还的。这就是逻辑和常识。

更何况，高昂的利息会加大坏账率，高企的坏账率又会继续推高利息，形成恶性循环。后来，果然不幸被陶然言中。2018年，就在我们一起写这本书的时候，P2P开始出现大量的跑路潮。

郭洪问陶然的第二个问题是：互联网公司都有吉祥物，拉卡拉的吉祥物是什么？

陶然说还没有。

郭洪说他去澳大利亚考察时发现考拉是一种非常可爱的动物，他建议可以考虑考虑用考拉做吉祥物，因为考拉是世界上最幸福的动物，你们做金融产品，应该致力于让用户更幸福，你们要做幸福的金融。

陶然一听，深以为然。他马上部署公司的品牌部，设计出了考拉形象，作为吉祥物。后来，陶然又把考拉注册为公司的副品牌，于是有了考拉科技、考拉金科、考拉基金以及考拉征信。

陶然喜欢一句古语"文章本天成，妙手偶得之"。他认为，好的文章确实仿佛天成，他自己也是，有的阶段完全没有写作的欲望，有的阶段又文思如泉涌，每时每刻都会冒出新的创意、新的点子，只要拿语音记录软件口述加修订，十几分钟就可以写出一篇很有见地的文章。但有的时候，长达一两个月，也没有任何才思和写作欲望。

走正道

陶然说，这世界上一切伟大的事情，都是自然而然的结果。虽然过程历经艰辛坎坷，但是其萌发以及结果都如大势所趋、似有天意一般，就如奔腾入海的大江大河，汇聚四面八方支流，浩浩荡荡势不可挡，奔流入海。

对于拉卡拉来讲，成功的核心，还是陶然一直讲、始终讲、不断讲、反复讲的"走正道"。陶然认为，企业要想做大做好，就必须"走正道"，走正道，成功就会像"天成"一样，自然而然地到来，只是时间早晚的事儿。

走正道意味着要靠创新取得成功。之前我们说过，拉卡拉的历史就是一部金融创新史，并且绝不止于硬件创新，在软件和服务方面，拉卡拉也一直在创新。

2015年，拉卡拉推出基于云平台，整合了CRM、ERP等企业服务的云POS。借此，拉卡拉在收单市场占有率不断提高，最终达到现如今的市场地位。

2016年，拉卡拉推出的鹰眼风控系统以及天穹反欺诈系统又让他们在互联网信用贷款业务上保持优势至今。如今，鹰眼系统和天穹系统已经升级到第二代。

当一个企业用走正道的方式，真诚地和用户建立联系，那么他一定会被用户所接受。这样的品牌也就会具有巨大的动能和势能，无论开展什么业务，都更容易获得用户的支持。

走正道能带来好运气。别人只看到陶然运气好，但是很少人去想他为什么运气好。好运气的背后是企业走正道，人是太阳型人格。

拉卡拉在收单市场能够做到数一数二，相当大的原因是有些同行没走正道，被监管部门禁入市场，甚至被吊销牌照，空出来的市场拉卡拉成了某种"接盘侠"。很多人都说，拉卡拉的运气真好，其实拉卡拉只是一直坚持在走正道而已。

2015年大股灾之前的那次融资是拉卡拉迄今为止最重要的一次融资，过程被许多人视为好运气。这个好运气，同样是因为拉卡拉走正道。长期走正道给拉卡拉带来的影响力、公司的良好口碑以及对公司未来的看好，所以才有那么多人愿意投资，并且迅速完成投资。客观上，也是因为陶然在面临超募的情况下坚持走正道，守契约，不涨价，才让拉卡拉在当年大股灾之前完成了这么大额的融资。

一家企业的文化，直接取决于它的创始人和领导者。企业的基因和创始人及领导者的基因一脉相承。拉卡拉也是如此。

从我认识陶然那天开始，他就是一个谨慎、踏实的人，志存高远，稳扎稳打，既仰望星空，更脚踏实地。

拉卡拉走正道的价值观，是陶然树立的。从陶然到拉卡拉一直在弘扬正能量，弘扬阳光交易。长期以来，他带领拉卡拉，从不做违规事，不做僭越事，不做脏乱事，更不做黑暗事。就这样一步一步，走到现在。2017年3月，拉卡拉支付股份有限公司向证监会提交了IPO申请。这一年，拉卡拉收单业务额超过2.3万亿元，业务拓展到了全国330余个城市，覆盖超过1000万商户和8亿个人用户。

2017年，拉卡拉支付的利润近5亿元，加上考拉科技的盈利，拉卡拉总体的盈利近10亿人民币。

在年底由新华社主办的中国APP发展论坛上，拉卡拉钱包获得了金融理财类APP最具商业价值奖，这只是历年拉卡拉获得的数不清的奖项之一。

同年，孙陶然获得胡润中国新金融年度风云人物，同样，这也只是历史上孙陶然所获得的数不清的奖项之一。

进入2018年，陶然指挥考拉科技成为蓝色光标的第一大股东，把中国排名第一、全球排名第八的蓝色光标纳入拉卡拉旗下，同时纳入的还有蓝色光标超过200亿的营业收入，超过6亿的利润，以及遍布全球30多个国家的分支机构近6000名员工，蓝色光标成为陶然口中的拉卡拉红四方面军（其他三个方面军分别是拉卡拉支付集团、拉卡拉金融集团以及拉卡拉和蓝色光标旗下的四只投资基金群）。

3月，拉卡拉集团与蓝色光标联合宣布，成立拉卡拉蓝色光标联合大数据研究院，命名"昆仑堂"。包括云计算、人工智能算法服务、机器人、区块链应用四个实验室。双方将联合拉卡拉、蓝色光标、硅谷、行业专家、高校及科研院所等力量，融合多源数据，着力打造拉卡拉及蓝色光标的智慧经营平台。

截至目前，拉卡拉已经拿到了20多张金融牌照，已经打造出了一个金融科技共生系统。

拉卡拉支付集团已经是中国交易笔数第一、交易额第二的收单服务商。

拉卡拉金融集团，已经成为中国一流的金融科技集团，旗下的鹰眼大数据风控系统、天穹智能反欺诈平台、鹊桥智能交易撮合平台以及小蓝服务机器人体系，在业内都处于领先水平，且都饱经实战检验，证明直接有效。

拉卡拉和蓝色光标发起了四只股权投资基金，管理资金规模超过30亿人民币，专注于金融科技及文化创意两大领域，已经投资了超过100家企业。

拉卡拉上市

2019年4月25日，拉卡拉支付股份有限公司在A股挂牌上市，代码300773。

陶然已经初步实现了刚刚踏入社会，选择创业之路之初设定的创办乙方、甲方、媒体、服务以及投资五种类型公司的梦想。打造了一个欣欣向荣的共生系统，沿着为用户创造价值、与成员分享成果的企业使命健康、可持续成长中。

陶然还先后写作出版了《创业36条军规》和《有效管理的5大兵法——用文化管公司》两部著作，累积加印超过五十次，销售过百万册，帮助了很多创业者、管理者理解创业、企业的经营管理乃至人生。

这些所作所为既代表了陶然的分享理念，也代表了他做事做人的正向价值观。

这世上并没有什么十分的好运气，只是十二分的努力和水到渠成罢了。

罗列了这么多，我只是想告诉大家，我在30年余年前认识的陶然，走过了千山万水，仍然在路上。如今，他的目标越来越清晰，梦想也越来越近。

追逐梦想的过程也是朝圣。陶然曾经在一篇写冈仁波齐的文章中谈到过他对朝圣的看法：

"朝圣之路就是为了朝圣，更准确地讲，朝圣之路本身就是目的。朝圣之路上经历的所有事情都是朝圣者追求的生活，经历了什么、体验到什么以及感悟到什么，这三点本身就是生活的目的以及意义。"

这就是陶然的人生观：人生如朝圣。

从他做过的事，写过的文字，你都可以感受到，陶然是一个重视生命体验，坚信"我命由我不由天"，时时刻刻用是否精彩来衡量自己人生的人。

2017年1月，因感怀原首创集团董事长刘晓光去世，陶然写了一篇文章，《活法是自己选的》。在这篇文章中，他说：

> "我们为什么活着？因为我们不想现在去死，既然如此，我们就应该活好，活出人样来。所谓活出人样，就是当我们离去时，我们未竟的遗憾少少的，我们可以回忆的欣慰多多的，我们的存在为这个世界留下了一点点印记，有一些人因为我们的存在而感受到温暖。"

2019年，陶然迎来了自己的知天命之年。

作为一个成功企业家，他实在是年轻，作为一个活得通透、活得自在、活得明白的人，陶然也实在是年轻。

在"孙陶然"微信公众号的欢迎语中，陶然这样写道："我们无法扩展生命的长度，但我们可以扩展生命的广度和深度。"

幼时的个性，至今未改；少时的初心，至今仍在。

孙陶然仍在耕耘从小立下的志愿，仍在朝着少年时勾画的梦想前行。

历尽千帆，此刻归来，陶然其人、其心，仍是纯真少年。

而未来，我们已经可以窥见它的模样。

我相信拉卡拉一定会成为中国金融领域数一数二的平台级生态。我也相信，陶然一定能带着拉卡拉一直走下去，继续他们的宏图伟业。

当那一天到来，我想跟他一起再把盏言欢，谈谈过往，听听他给后来者的建议。当那一天到来，我想再为陶然写本书。

我期待那一天。

跋

献给60后和所有的心有灵犀者

这本书用了将近两年才完成。

并非笔有阻滞，只是因这两年中发生了许多事，让我一遍遍重新解读孙陶然。

至今，我仍然不敢说，这本书已经准确地描述了他。

所以以后还要再续章节。

感谢同事马越川的辛勤工作，使我的创作得以顺利进行。

感谢拉卡拉团队的配合，使我一次次领略拉卡拉文化的独特之处。

感谢友人袁锐的支持、督促与鼓励，没有她，就没有此书的问世。

感谢后浪的合作。

也感谢每一位读完此书的人，希望我的文字和陶然的生平都没有辜负您的时间与投入。

邓　蕾

附录一

北大带给我什么？

——在2015年北京大学经济学院毕业典礼上的演讲

尊敬的各位北大的老师、尊敬的北大的学生家长们，亲爱的学弟学妹们：

大家好，我是1987级经济管理系毕业生孙陶然。多年以后再次听平新乔老师演讲，还是那样熟悉。平新乔老师依然是那么睿智，那么风趣，那么说快了我们北方人听不懂……（众笑）。今天受邀参加经济学院2015届的毕业典礼，非常荣幸、非常高兴，还有一点点的小嫉妒，有点小嫉妒诸位的年轻，小嫉妒诸位身上的学士服，我们毕业那会儿还没有学士服……

1991年毕业后，我一直工作在北京，这些年也经常会回到北大。虽然现在北大已经物是人非，甚至很多景物都已经不在了，我们当时的28楼现在好像还在，可31楼已经拆了，那可是当年我们心目中的女神住的地方，学三、柿子林……很多地方都不见了，但是北大的精神、北大的灵魂没变……

曾经有人问我，你生命中最快乐的时光是哪一段？我说，毫无疑问是两段：高中三年和大学四年。高中三年是青涩的快乐，北大的四年是非常奔放，非常进取，也是非常舒展的快乐。

曾经有人问我，你最羡慕什么？我说我最羡慕的是诸君的年轻，你们不要羡慕有人比你们有钱，不要羡慕有人比你们有名、有人比你们有地位，这世上唯有一个东西是失去了再也无法追回的，那就是年轻，祝诸君好好享受

374

现在的年轻时光。

在我看来人生中两件事情特别重要，一件事是想清楚，一件事是坚持住。想清楚你要想过一种怎样的人生，想清楚如何看待这个世界，想清楚我们想坚持什么反对什么，想清楚这三件事对人生至关重要，这就是俗称的世界观、价值观和人生观三观。越早想清楚越好，早想清楚就可以在别人还在误打误撞四处闲逛的时候，你已经向着目标的方向靠近了，你自然比别人有优势，也会比别人活得明白、活得充实。

我非常欣慰的是早在高中时代我就想清楚了这三观。我的三观发端于我的高中时代，坚定于大学时代。

1984年到1987年，我在东北师大附中学习，有一个好朋友的表姐在吉林大学，她去找表姐玩儿的时候带我去了几次，那是一群读萨特、写朦胧诗，放荡不羁的大学生，虽然只有一两次的接触和屈指可数的阅读，但是激发了我最初的三观，至今未变。人生就是这样，领悟往往源于顿悟，朝夕相处未必能耳濡目染，但说者无心听者有意的顿悟可能影响深远。

1987年到1991年，我们在北大学习了四年，这四年对我影响更深远。那是一个波澜壮阔的时代，我们这一届比别人经历的更多，也更深刻。那几年其实跨越了中国一个非常重要的分界线，形成了我们独特的一代人。

怎么样去认知这个世界，什么是对的什么是错的，你想过什么样的人生，你越早地把这些问题想清楚，就活得越明白、越幸福。

人生第二个关键是坚持住，不要因为别人出国你就去出国，不要因为父母希望你嫁人就嫁人，不要因为这个社会上有些人有很多钱，就盲目去追求金钱，要去追求你自己想去追求的东西，坚持住，非常重要。而我非常感谢北大，就是我高中时代朦朦胧胧的三观，在北大通过跟老师的沟通、交流和同学之间的碰撞，变得清晰和坚定下来，让我可以在很早的时候就想清楚。

在此，我也很愿意跟诸位分享一下我当年想清楚的答案。我大女儿16岁生日时，我写给了她三句话。我对她说，作为一个父亲，我不敢要求她去过什么样的人生，我只是告诉她，我当年是怎么想的，这么多年我是怎么做的，才做成今天这个样子，供她参考做出自己的决定。第一是To be a nice one，做个好人。人生有没有捷径？有！做个好人就是捷径，做个好人可以睡得踏实，夜半不怕鬼敲门，做个好人可以有很多朋友，处得越久别人越认同你，越愿意帮你，愿意追随你。而做个坏人，出来混总要还的，好有好报恶有恶报，不是不报，时候未到而已。第二条就是那条广告语"just do it"，做你想做的事情，过你想过的日子。你想做什么都可以，不一定我做哪行你就要做哪行，人生很短，要做自己想做的事。这个世界上有很多束缚是我们必须接受的，伦理、道德，等等，每个国家还有很多束缚是你不得不接受的，剩下属于你自己选择的自由本来已经不多，还不去做自己喜欢的，是不是太傻？！第三是so what？做自己想做的，结果如何又如何？人生就是一场体验，所以你就应该去体验更多，去体验你想体验的，体验本身就是意义。我们无法扩展生命的长度，但我们可以扩展生命的宽度和深度，做自己想做的就是在扩展生命的宽度和深度。

今天是诸君的毕业日，四年的北大生活就要结束了，其实无形之中北大已经给你们每个人送了三个大礼，不知诸位是否已经收到？第一份大礼是自信，北大给你们每个人骨子里刻上了一个自信的烙印，这是一个会让你们每个人受益终生的东西，你一辈子都会感谢学校的。自信是成功者最重要的品质，我深有体会的是，做任何事，与任何人竞争，自信是最重要的。告诉自己：我是北大人，我一定能行，只有我能行！别人只会把信任票投给自信的人。自信，其实是北大留给我们每个北大同学一辈子非常重要的礼物。北大给我们大家的第二个礼物是情怀。什么是情怀？情怀就是有所为有所不为，就是为了原则可以放弃现实的利益甚至生命，这就是情怀。因为我们在这个校园里待过，因为我们有这些师长，因为我们有这个历史。我们入学时，有一本书叫《精神的魅力》，那时是北大90周年校庆，我们看到这本书里的很多文章，心驰神往。北大人天生有一种国家者我们的国家，民族者我们的民族的使命感，这是北大人独有的魅力和情怀。你可以看无论是北大从政的人，北大做学术的人，还是北大经商的人，我相信他们都会比其他人更愿意维护一些人类的普世价值，更愿意追求一些对人类进步有意义的事情，更敢为人先，更兼容并包，这就是北大的情怀，北大人的情怀。北大给大家的第三个礼物是一个圈子，一个北大人的圈子，这更是让我们每个人受用终生的财富。几十年来，我创业的合作伙伴、商业上的合作，甚至一起玩耍的伙伴最多的就是北大同学，同级的不同级的，同系的不同系的，很愉快。蓝色光标五个创始人四个是北大的，其中董事长赵文权和我是同级好友金兰兄弟，恒基伟业当年七个创始人二个北航两个北大，拉卡拉创始人中五个北大，现在七人执委会三个北大……这三个礼物中，前两个是北大独有，让每个北大人受益终生，你们现在也许还体会不深，我相信越往后你们越会体会到，会感谢母校的。

看着现在的诸君，回顾自己毕业二十多年的路，我在想，诸位可能还没有意识到，虽然现在大家都在一个起跑线上，但三年以后就会有好有坏，十年之后就会有人在天上有人在地下，这是一定会的。为什么会如此呢？四年前你们考入同一个大学时，大家是在一个水准上，因为你们都是各省的前几十名，大学四年大家在同一个校园，师从同一批老师，住同一个宿舍，受的是同样的熏陶，今天毕业虽然去向不同但应该是同一个起跑线，三年十年以后会有这样大的差别的原因是什么呢？我的体会是三个原因：第一是志向，志存高远，一心想做事业的在天上，鼠目寸光，追逐眼前收入的在地下；第二是态度，把工作当自己的事儿，把工作当作品竭尽全力的在天上，拿多少钱做多少事，当一天和尚撞一天钟的在地下；第三是学习，善于学习的在天上，不虚心学习的在地下。

没有人生来就会做总经理、工程师、艺术家，能成为这些人靠的是学习。北大的四年，能学到的再多，于一生而言也是有限的，北大给大家更多的是视野、情怀以及学习的能力。在今后的漫漫人生中，是否愿意学习、是否会学习，是能否成功的关键之一。

古往今来，凡有所成者，都是善于学习之辈。学习有三种方式，一种是向前人学，读书，消化，向前人学理论，借鉴他们的人生；一种是向先进学，三人行必有我师，发现身边的人哪里做得好就去琢磨，人家为什么这么做、是怎么做的，如果能从每个比自己有所长的人身上学一手，想不成为高手都难；第三种也是最重要的一种学习方式，是向自己学，通过复盘向自己学。复盘是柳传志先生倡导的联想文化之一，即通过对过去的冷静分析，发现战略及战术上的经验教训，总结规律，以指导未来的战略并提升自己的执行能力。复盘有大复盘和小复盘，大复盘例如年度季度的工作复盘、项目完成后的项目复盘，小复盘如一个会议、一个会谈的复盘，甚至是每天入睡前对当天事情的一个快速回顾和思考，类似古人所说的君子日三省吾身也。

一个善于学习的人如同随时随地汲取宇宙的精华、大地的营养，想不强大都不可能。

诸位学弟学妹，四年前你们以优异的成绩考进北大，但这不代表会有一个完美的人生，今天你们以优异的成绩毕业，也不意味着你们未来的人生一片坦途，但我相信，北大给诸君身上烙下的自信、情怀和圈子三个印记会让诸君的人生多一分精彩、多一丝机会。

所以，我坚信，今天在座的有很多很多未来的中国栋梁，我也祝愿在座的各位像孙祁祥院长讲的那样，做一个快乐的成功人士，谢谢大家！

孙陶然

良知是这个世界最可宝贵的东西

我看过一个小故事，东西德对立的时候，住在柏林的东德人用各种各样的办法想逃到西德，于是东德政府建起了柏林墙，用于阻止东德人的逃亡，但依然有很多东德人铤而走险，这时候东德政府命令士兵向越界的人开枪。很多越界者死于士兵的枪下，两德统一后法院审判那些开枪的士兵，有士兵辩解说他们只是在执行上级的命令，军人以服从命令为天职，但法官最后依然判决他们有罪，依据是执行命令是你的职责，但是把枪口抬高一寸是你的良知。言下之意，作为一名士兵，虽然你要执行命令向越境的人开枪，但是如果你有良知，你应该知道这个命令是错的，你可以把枪口抬高一寸让自己打不准。

良知是这个世界上最可宝贵的东西，好莱坞大片的标准模式是位置很高的坏人作恶，但最后体系内总有那么一两个小人物，因为自己的良知而站出来，揭露事实的真相，还世界一个公道。

人若失去了良知，就和动物无异了，按佛教所说就沦入了畜生道、魔鬼道；一个社会若没有良知，这个社会是没有希望的。最悲哀的，不是这个社会存在黑暗，而是这个社会没有良知；最悲哀的，不是这个世界上存在谎言，而是所谓的社会精英也在重复着谎言，甚者旁征博引、引经据典为谎言背书。

英雄和枭雄最大的区别是，英雄是有所为、有所不为，为了坚持道德底线和原则可以放弃金钱、地位甚至自己的生命；枭雄是为达目的不择手段，宁可我负天下人，不可天下人负我。从这个意义角度上讲，每个人都可以成为英雄，只要你坚守自己的道德底线，有所为、有所不为。这也是好莱坞电影永恒的主题，那些有良知的人、那些坚守道德底线的人最终还世界一个公平，留给了世界希望。时运不济的时候，英雄会蒙受巨大的损失，甚至失去生命，但依然会受后世所尊敬和神往。枭雄，纵然可以得逞于一时，但必然是一个孤家寡人，为后世所唾弃，所谓天网恢恢，疏而不漏。

早晨起来，朋友圈里面刷屏了一篇文章《资本的道德底线》，作者名叫钧叟，文中提到有人去抄底某个饱受诟病的公司的股票，其中甚至不乏某些大名鼎鼎的基金。作者认为资本市场的道德底线是有些钱是能赚的，有些钱是不能赚的，"我能接受黑社会与文明社会的共存，但必须泾渭分明，黑社会就该永远待在阴暗的角落里，如同鼹鼠一样生存。人类社会的资源是有限的，我无法接受文明社会以我们的资源和阳光，去为他们输血，去为他们洗白，去为他们背书——这是我不能接受的。"我非常赞同。

很多年前，中国企业家俱乐部的刘东华，曾经给我讲过中国企业家俱乐部的宗旨是"先论是非再论成败"，我非常赞同。中国社会有一种倾向：成王败寇。做成了没有人会关注他的手段是否正当，相反，所有人都会想去和他称兄道弟，以认识他为荣，并希望沾一点儿光、分一杯羹，这是非常错误的风气。必须先论是非再论成败，若方法不对、方法不当，违背了道德底线，即便获得了再多的名和利也不能称之为成功。一个社会若没有这样的良知，这个社会是没有希望的。

我们不能乞求每一个社会成员都具备这样的良知，但是作为社会精英，有责任和义务自己坚守良知，并引导社会大众坚守良知，尤其是媒体和公知，因为你们不仅仅是社会精英，更是社会的良心，应该要求自己有更高的道德底线。我是一个很有礼貌、很在乎对方感受的人，但印象中有两次我在饭桌上确实失礼了，都是因为同桌上有我认为有重大道德缺陷的人，虽然不至于拂袖而去，但我坚持不与对方寒暄、不与对方喝酒，因为我的良知不允许我和触犯道德底线的人称兄道弟。如果我们每个人都能够坚守良知，这个世界就会更好；如果每个人都放弃良知，这个世界就没有希望；如果多一个人坚守良知，这个世界就多一分希望。这也是所有好莱坞大片给人以信心和希望之所在：在世界陷于危难之中时，总有某个不起眼的人挺身而出，拯救地球；当黑暗已经笼罩整个社会时，总有某个小人物不畏强权去找出真相，让真相大白于天下。

前者，是责任，后者是良知，若无良知，就不可能挺身而出，担当责任。我喜欢那句话：你有肆无忌惮践踏道德底线的自由，上天也有惩罚你的自由。

孙陶然

附录三

谁也没有权力干预你的人生，即便是父母

我是一个蛮喜欢看电视的人，我把看电视既当作休息又当作感悟人生的引子。正如参禅者需要一个引子一样，我所有的人生感悟都是源于各种身边发生的故事有感而发。小时候一套《金庸全集》成了我"世事洞明皆学问，人情练达即文章"的主要引子。金庸的武侠小说我看过很多遍，不是看武功招式而是看故事，我认为武侠小说因为故事中的人物有武功，所以作者可以让矛盾冲突更加激烈，更能展现人性和人生。从金庸小说的那些恩怨情仇中，我体会到了"侠之大者，为国为民""大丈夫有所为有所不为""兄弟如手足""问世间情为何物，直教人生死相许"等哲理。

感悟，是人生的最高境界。人生有三层境界：经历、体验、感悟，我们经历过的事有多少，这是我们人生的宽度；从这些经历中我们体验到了多少，这是我们人生的深度；从这些体验之中我们感悟到了什么，这是我们人生的高度。经历、体验和感悟，也就是我们的物质生活、精神生活和灵魂生活。感悟，可以源于自己的经历，也可以源于自己看到的别人的经历，不论是现实生活中的还是艺术作品中的，只要你看到了并且走心了就可以产生感悟。

前一段把电视连续剧《欢乐颂2》看完了，一个突出的感悟是，为什么那么多父母都在干涉孩子的爱情和婚姻呢？

我在初中时就有一个清晰的认知，我认为父母虽然给了我们生命，但并没有权力决定我们的一辈子怎么过，尤其是父母不能把他们这辈子没有实现的理想强

加在我们身上，让我们替他去实现。所以我从小到大都认为，我自己的事情应该我自己来选，父母无权去替我选择。不管是当年的学文学理还是报考什么样的学校、选择什么样的专业以及毕业之后是回老家工作还是留在北京工作还是出国，我都是自己拿主意。我一直过的是我自己想过的生活，然而我身边的其他人并不全是如此。当年有很多人因为父母的压力就没有去学文科而选择了学理，因为当年的说法是"学好数理化，走遍天下都不怕"，认为只有那些学习不好的孩子才会去学文科，结果我的同学之中有好几个非常适合学文科的人没有能够选择学文科，最后发展得很不顺。因为他们选择了自己不擅长的理科，自然成绩不佳，不但大大打击了自信心，也使得他们无法上喜欢的学校，最终事业发展也不尽如人意。很多父母干涉孩子的事业选择，当然生活中感情上被父母干涉的例子更多，几乎是各种小说戏剧的经典题材。这也是我非常不理解的，为什么自己的感情会被父母所决定呢？我认为出现这种情况，责任一小部分在父母，父母应该自律不要去干涉孩子的生活和选择；但大部分的责任还是在于孩子自身，是你自己选择了逆来顺受，是你自己选择了听从没有去抗争，如果你自己旗帜鲜明地去抗争，如果你明确告诉父母希望自己决定自己的生活，我相信父母对你的干涉会减少很多，至少父母对你的影响力会大大减少。我有一个朋友，四十多岁的人了，还是喜欢什么都和父母讲，甚至是对某个下属的看法也要和父母倾诉，这种情况之下，自己的生活被父母干涉几乎是必然，这绝对是不明智的，因为任何人都不可能代替你生活。

当然，古往今来，父母所有的干涉都是以爱的名义，打着不放心、爱你的旗号干涉你的生活，这是非常迷惑人的理由，看似有理实则无理。

我历来旗帜鲜明地认为父母虽然生了我们，但是并不因此就有权干涉和左右我们的生活，而且我认为父母之所以能够干涉我们的生活，是我们潜意识里自愿的，至少是被我们纵容的。如果我们清醒地认知到"我命由我不由天"，我们一定可以自己把握自己的命运，选择自己喜欢的生活方式，至少不能让父母左右了自己的一生。

孙陶然

附录四

人生最大的悲哀是有眼不识泰山

人的成功源于两点：发现机会和把握机会。发现机会，让我们有可能去做想做的事；把握机会，让我们把想做的事情做成。成功路上，这两者缺一不可。

发现机会和把握机会是对我们成功至关重要的两件事，一方面取决于自己，一方面取决于贵人相助。

对自己而言，核心是要尽可能早地想清楚自己的三观，想清楚自己如何看待这个世界、如何看待是非以及想如何度过今生。三观清晰了，我们自然能够发现机会，也才有可能把握住机会。

另一方面就是贵人相助，所谓贵人，就是那些能够让我们的人生上台阶、上境界的人，至少是能帮助我们解决重大问题的人。能否结识贵人并且获得贵人的相助，对我们的人生同样至关重要。

我认为人生最大的悲哀是遇到贵人却不知道，有机会相处却没有主动地去认识和结交，与你的贵人失之交臂。

人与人之间，若没有相遇也就罢了，彼此原本不相识，所以彼此如何行事都不为过，未来如果某一天相识，此前的交情是一张白纸，彼此既无恩惠也无亏欠，可以从零开始打交道；但若已经相遇过，则相遇之后彼此各自如何行事，以及如何相处直接决定了彼此的关系远近。

人世间的事儿就是这样，相遇了而没有认识，认识了而没有同行，同行了而没有相处，相处了而没有深度相处，两个人的关系就是萍水相逢之交；相遇而不相处，相处而不相知，比未相遇还差，因为若未曾相遇，未来相遇时还有走近的可能，相遇而不相处则注定了彼此是远距离。

　　人生最大的悲哀就是有眼不识泰山，遇到了泰山却不知对方是泰山，相遇而不相识，相识而不相处，相处而不相知，与贵人擦肩而过、失之交臂，这是最大的悲哀。一起扛过枪，一起下过乡，一起同过窗，有过这些共同经历的人不一定能成为"铁哥们儿"。同学之中亦分远近，战友之间多有亲疏，因为彼此交情不同、缘分不同，而决定交情深浅和缘分深浅的，虽在于彼此的感觉，更在于单方的主动。没有单方的主动，何谈双方的共鸣，可见"有眼识泰山"是缘分的开始。

　　每一次长时间的户外活动中，我都会结交几个好友。其实一组人一起出去，最终走得近的一定是彼此"臭味相投"的，当然是否刻意相互结交也很重要，但我常常会觉得奇怪，明明队伍中有某人的"贵人"在，可为什么某人却浑然不觉呢？而且把心思都用在"莫名其妙"的人身上……后来我明白了，一方面是他们"有眼不识泰山"，另一方面是因为他们本来也不想刻意提升自己人生的质量，所以他们的一生注定会"随波逐流"。

　　我命由我还是由天？我们到底能否把握自己的命运？我认为我们肯定不能完全把握自己的命运，例如我们生活在哪个时代，出生在哪个国家、哪个家庭，这些都是先天决定的"命"，但我们肯定可以通过自己的努力，让未来变得更符合自己的意愿，这是后天我们可以把握的"运"。命在前运在后，命是昨天运是明天，只要我们知晓明天我们想要什么样的生活，并且在今天全力以赴，明天就很可能是我们期待的样子，所以我命可以由我不由天。

　　而贵人，是我们改变自己命运的关键因素，所以说人生最大的悲哀是泰山就在你身边，你却有眼不识泰山，与你的贵人失之交臂。当然这可能还不是最可悲的，最可悲的是在"泰山"面前，由于你"不识泰山"，表现的都是你的负面，让"泰山"对你留下非常不好的印象，本来可能对你相助变成了不相助，这是更大的悲哀。

那么，如何才能避免有眼不识泰山呢？核心还在于我们自己有没有识人之明，我们能不能判断自己遇到的人是谁？他们对我们的未来可能会有哪些影响？对于那些注定会与我们的未来相交的"强者"，即便不求"沾光"，也要避免让他们对我们的未来施加"负面影响"。

当然识人之明的前提是自知之明，一个不自知的人是不可能识人的，一个把自己看得比天还高的人必然会目中无人，一个把自己看得极其卑微的人也很难有勇气去直面比自己强大很多的人，只有能够正确看待自己的人才能够正确看待周边的人，才能发现那些自己生命中的贵人，才能不卑不亢地正视他们、结识他们……

人生需要贵人，我们不企盼遇到贵人帮我们实现天上掉馅饼，但也绝不能有眼不识泰山，让改变命运的机会与自己擦肩而过是人生最大的悲哀……

孙陶然

附录五

感受了一次我思故我在

昨天我经历了人生当中第一次全麻，说实话，在开始之前还是有些恐惧的。

我是一个很自信的人，向来对于自己能够掌控的事情充满信心，但对于方向盘不在自己手里的事情经常会感到一丝隐隐的恐惧。

作为一个文科生，不论是需要写多少文字还是处理多少问题，我历来都是信心满满，因为那是我自己可以掌控的事情，大不了熬个通宵或者呼唤一下自己的超能力……但是一旦让我去写代码、编程序，就会有些惶恐，因为那是我靠自己的能力掌控不了的事情。

玩户外，我对于徒步、自驾，再难也会信心十足，至于智力游戏，更是永远信心满满，而对于潜水就会有所恐惧。

全麻这件事儿，我以前从来没有接触过，一想到自己将会在一段时间内失去意识，无法自己做判断、做决策，更无法掌控自己的身体，就感到一种莫名的恐惧。全麻前，我在心里默默盘算，在我失去意识之前，脑海里留下来的最后思绪应该是什么呢？因为这可能意味着如果我不再醒来，进入另一个世界的是什么意识……

理论上我可以有三个选择：1.像正常情况一样，思考现阶段最重视的工作事务；2.默念我所知道的那些佛经；3.让大脑进入空明状态，心无所住。

麻醉是先从口腔麻醉开始的，喝下药物后，刚开始还在脑海里默念经文，但感觉大脑反应有些迟钝，也许是麻醉的效果吧。这时候医生开始做麻醉前的准备，于是亦步亦趋按照要求做好，这时候感觉似乎大脑进入了空明状态……忽然听到有人在喊我的名字……原来一个多小时已经过去了，不但麻醉结束，检查也已经结束了。

现在想想，时间真是一个很奇妙的东西，这一个多小时的时间，就这样从我的生命中流逝过去了，因为我处于全麻状态，所以无知无感，感觉中的记忆只是一刹那，而且没有快乐没有痛苦，只是一种空明、一种平和……

我想，这是不是就是佛家所说的，平和地存在着呢？

时间是什么？因为我们有意识，所以时间存在，如果我们没有意识，时间也许就不存在，因为一个小时、十个小时、一百个小时和一刹那没有区别。只有在有意识的状态下，我们才能感受到悲欢离合，才有了喜怒哀乐，时间也才有了它的意义。

人生的问题似乎就是我们如何度过生命中的全部时间，理论上讲有三种方法，第一种方法是让自己处于无意识状态，这样的话，时间就是一刹那的事儿，没有任何感觉时间就过去了；第二种方法是让自己处于现实的状态，去经历现实中的悲欢离合和爱恨情仇，去体会现实中的喜怒哀乐，用这些填满你的时间，所以你的经历是波澜壮阔的，感受是起伏不定的；还有第三种方法，就是让自己生活在别处，虽然在现实生活中要经历许多事情，但可以让自己的心一直处于现实之外，处于自己的想象和控制之中。就像吸食了大麻的人，他们的感觉和现实无关，现实是身处陋室，感受却是飘飘欲仙……

所以时间是非常神奇的东西，对我们而言，有意识，时间才有意义。而意识如何，有的人不会自我掌控、有的人能自我掌控。不能自我掌控意识的人是处于"苦海"的人，能自己掌控意识的，我想就是佛家所追求的脱离了

"苦海"的境界。快乐在于自己的感受，而自己的感受完全在于自己对事物的看法以及对生老病死的看法，我们可以通过调整自己的看法，调整自己的感受，让自己达到快乐的状态。

孙陶然

图书在版编目（CIP）数据

创业者：不一样的孙陶然 / 邓蕾著. —— 成都：四川人民出版社, 2019.9
ISBN 978-7-220-11523-3

Ⅰ. ①创… Ⅱ. ①邓… Ⅲ. ①创业—经验—中国 Ⅳ. ①F249.214

中国版本图书馆CIP数据核字(2019)第164823号

CHUANGYE ZHE: BU YIYANG DE SUN TAORAN

创业者：不一样的孙陶然

著　　者	邓　蕾
选题策划	后浪出版公司
出版统筹	吴兴元
编辑统筹	黄　犀
特约编辑	高龙柱
责任编辑	张东升
装帧制造	墨白空间
营销推广	ONEBOOK
出版发行	四川人民出版社（成都槐树街2号）
网　　址	http://www.scpph.com
E－mail	scrmcbs@sina.com
印　　刷	北京天宇万达印刷有限公司
成品尺寸	165毫米×230毫米
印　　张	25
字　　数	341千
版　　次	2019年9月第1版
印　　次	2019年9月第1次
书　　号	978-7-220-11523-3
定　　价	60.00元